创新型高等职业教育精品教材

实用民法教程

主编 陈明华

教·学资源

航空工业出版社
北京

内 容 提 要

本书以强化学生的法治观念，提高其法律素养为目的，全面、系统地介绍了《中华人民共和国民法典》的相关知识。本书遵循"实用为主、够用为度"的编写原则，注重法律知识阐述的准确性与实用性，引入典型案例，将法律知识与实际生活相结合，以便学生能够更好地理解和应用法律知识。全书分为六个项目，分别为民法总论、物权、债与合同、侵权责任、人格权、婚姻家庭和继承。

本书内容系统、重点突出、案例丰富、通俗易懂，可作为高等职业学校法治教育公共课的教材。

图书在版编目（CIP）数据

实用民法教程 / 陈明华主编. -- 北京 : 航空工业出版社，2024.2（2025.1重印）
ISBN 978-7-5165-3689-6

Ⅰ．①实… Ⅱ．①陈… Ⅲ．①民法－中国－高等职业教育－教材 Ⅳ．①D923

中国国家版本馆CIP数据核字(2024)第038680号

实用民法教程
Shiyong Minfa Jiaocheng

航空工业出版社出版发行
（北京市朝阳区京顺路5号曙光大厦C座四层　100028）
发行部电话：010-85672666　010-85672683　　读者服务热线：010-85672635
北京谊兴印刷有限公司印刷　　　　　　　　　　全国各地新华书店经售
2024年2月第1版　　　　　　　　　　　　　　2025年1月第2次印刷
开本：787×1092　1/16　　　　　　　　　　　字数：353千字
印张：14.5　　　　　　　　　　　　　　　　 定价：49.80元

前言

《中华人民共和国民法典》（以下简称《民法典》）被称为"社会生活的百科全书"，不仅与每个人的切身利益息息相关，更是维系社会有序运转的基石。"实用民法教程"是一门重要的法治教育公共课程，旨在帮助学生掌握必要的民事法律知识，培养法律思维，树立法治观念，提高明辨是非的能力，以更好地适应社会发展的需要。

为了方便教师教学，帮助学生更好地快速理解和学习法律知识，我们结合高等职业学校法治教育工作的要求和学生实际生活的需求，以"基础、必需、实用"为准则，采用教学评一体化的思路编写了本书。具体来说，本书具有以下特色。

1. 立德树人，德法兼修

党的二十大报告指出："育人的根本在于立德。"本书有机融入党的二十大精神，将德育与法治教育相结合，积极践行立德树人的根本任务，引导学生深入理解《民法典》的立法精神和原则，树立正确的世界观、人生观、价值观，关注和尊重社会公共利益，自觉为维护社会的公平正义做贡献。

2. 校企合作，学有所用

本书在编写过程中得到了众多法律专业人士的大力支持，确保了内容的准确性和实用性。书中穿插了大量与日常生活密切相关的案例，不仅增强了内容的可读性，帮助学生更好地理解所学知识，而且增添了趣味性，激发学生的学习热情，促使他们主动思考，锻炼法律思维和实践技能，学会运用法律手段解决民事纠纷。

3. 理念新颖，模块丰富

本书采用项目任务式结构编写，根据《民法典》的重要知识点设置项目和任务，结构新颖，条理清晰。具体来说，在每个任务前设置了"任务导入"，以典型案例引出理论知识，并

通过提问引导学生思考，激发学生的学习兴趣；在讲解理论知识时，穿插了"以案释法""知法用法""法苑广角""法律锦囊"等模块，以增强本书的互动性、趣味性，拓宽学生的知识面；在每个任务后设置了"任务实施"，让学生通过案件分析、知识竞赛等形式巩固所学知识，真正实现"在学中做，在做中学"。此外，本书还在每个项目最后设置了"学习成果自测"和"学习成果评价"模块，以帮助学生检测学习情况、巩固所学知识。

4. 平台支撑，资源丰富

本书配有丰富的数字资源，读者可以登录文旌综合教育平台"文旌课堂"查看和下载本书配套资源，如教学课件、学习成果自测答案等。读者在学习过程中有任何疑问，都可以登录该平台寻求帮助。

此外，本书还提供了在线题库，支持"教学作业，一键发布"，教师只需通过微信或"文旌课堂"App 扫描扉页二维码，即可迅速选题、一键发布、智能批改，并查看学生的作业分析报告，提高教学效率、提升教学体验。学生可在线完成作业，巩固所学知识，提高学习效率。

本书由陈明华担任主编。由于编者水平有限，书中难免存在疏漏与不妥之处，诚请广大读者批评指正。

特别说明：

（1）本书在编写过程中，参考了大量资料并引用了部分文章和图片。这些引用的资料大部分已获授权，但由于部分资料来自网络，我们暂时无法联系到原作者。对此，我们深表歉意，并欢迎原作者随时与我们联系，我们将按规定支付酬劳。

（2）本书"以案释法"模块中所选案例均来源于真实事件，但为了避免引起不必要的误会，部分人物使用了化名。其他没有注明资料来源的案例均为编者自编或根据真实事件改编。

本书配套资源下载网址和联系方式

网址　https://www.wenjingketang.com
电话　400-117-9835
邮箱　book@wenjingketang.com

目录

项目一　民法总论 / 1

任务一　认识民法 / 2
任务导入 / 2
一、民法的概念 / 2
二、民法的调整对象和调整方法 / 2
三、民法基本原则 / 4
四、民法的适用范围 / 6
任务实施 / 8

任务二　熟悉民事法律关系 / 8
任务导入 / 8
一、民事法律关系的概念和特征 / 9
二、民事法律关系的要素 / 9
三、民事法律事实 / 11
任务实施 / 12

任务三　认识民事主体 / 12
任务导入 / 12
一、自然人 / 13
二、法人 / 20
三、非法人组织 / 25
任务实施 / 25

任务四　熟悉民事法律行为 / 26
任务导入 / 26
一、民事法律行为的概述 / 26
二、民事法律行为的效力 / 28
三、民事法律行为的附条件和附期限 / 31
任务实施 / 32

任务五　熟悉代理 / 33
任务导入 / 33
一、代理的概述 / 33
二、代理权的概述 / 35
三、无权代理和表见代理 / 36
任务实施 / 38

任务六　了解民事责任与诉讼时效 / 39
任务导入 / 39
一、民事责任 / 39
二、诉讼时效 / 41
任务实施 / 43

学习成果自测 / 44
学习成果评价 / 45

项目二 物权 / 47

任务一 认识物权 / 48
任务导入 / 48
一、物权的特征和分类 / 48
二、物权的效力 / 49
三、物权的基本原则 / 51
四、物权变动 / 52
五、物权保护 / 55
任务实施 / 55

任务二 认识所有权 / 56
任务导入 / 56
一、所有权的特征 / 56
二、所有权的权能 / 56
三、所有权的取得 / 57
四、国家所有权、集体所有权和私人所有权 / 60
五、业主的建筑物区分所有权 / 61
六、相邻关系 / 65
七、共有 / 65
任务实施 / 67

任务三 认识用益物权 / 67
任务导入 / 67
一、用益物权的特征 / 68
二、土地承包经营权 / 68
三、建设用地使用权 / 71
四、宅基地使用权 / 73
五、居住权 / 74
六、地役权 / 74
任务实施 / 76

任务四 认识担保物权 / 76
任务导入 / 76
一、担保物权的特征 / 77
二、抵押权 / 78
三、质权 / 82

四、留置权 / 84
任务实施 / 86

任务五 认识占有 / 86
任务导入 / 86
一、占有的分类 / 87
二、占有的推定 / 88
三、占有人的权利和义务 / 89
任务实施 / 90

学习成果自测 / 90
学习成果评价 / 92

项目三 债与合同 / 94

任务一 了解债的一般原理 / 95
任务导入 / 95
一、债与债权的概念 / 95
二、债的发生 / 96
三、债的履行与不履行 / 97
四、债的担保与保全 / 100
五、债的转移与消灭 / 103
任务实施 / 107

任务二 认识合同 / 107
任务导入 / 107
一、合同的分类 / 108
二、合同的订立 / 110
三、合同的履行 / 114
四、合同的变更和解除 / 117
五、合同责任 / 118
任务实施 / 121

任务三 熟悉典型合同 / 122
任务导入 / 122
一、买卖合同 / 122
二、供用电、水、气、热力合同 / 123
三、赠与合同 / 124
四、借款合同 / 124

五、保证合同 / 125
　　六、租赁合同和融资租赁合同 / 126
　　七、保理合同 / 128
　　八、承揽合同和建设工程合同 / 129
　　九、运输合同 / 130
　　十、技术合同 / 130
　　十一、保管合同和仓储合同 / 131
　　十二、委托合同、行纪合同和中介合同 / 132
　　十三、物业服务合同 / 133
　　十四、合伙合同 / 134
　　任务实施 / 135

任务四　熟悉无因管理和不当得利 / 135
　　任务导入 / 135
　　一、无因管理 / 136
　　二、不当得利 / 137
　　任务实施 / 139

学习成果自测 / 139
学习成果评价 / 141

项目四　侵权责任 / 143

任务一　认识侵权行为和侵权责任 / 144
　　任务导入 / 144
　　一、侵权行为的归责原则 / 144
　　二、侵权行为的分类 / 145
　　三、承担侵权责任的重要方式——损害赔偿 / 145
　　任务实施 / 147

任务二　熟悉一般侵权行为及其责任 / 147
　　任务导入 / 147
　　一、一般侵权行为的构成要件 / 148
　　二、共同侵权行为及其责任 / 149
　　三、共同危险行为及其责任 / 150
　　四、分别侵权行为及其责任 / 151

　　任务实施 / 152

任务三　熟悉特殊侵权行为及其责任 / 152
　　任务导入 / 152
　　一、有关责任主体的特殊规定 / 153
　　二、产品责任 / 156
　　三、机动车交通事故责任 / 157
　　四、医疗损害责任 / 158
　　五、环境污染和生态破坏责任 / 159
　　六、高度危险责任 / 159
　　七、饲养动物损害责任 / 161
　　八、建筑物和物件损害责任 / 162
　　任务实施 / 164

学习成果自测 / 164
学习成果评价 / 166

项目五　人格权 / 167

任务一　认识人格权 / 168
　　任务导入 / 168
　　一、人格权的概念 / 168
　　二、人格权的法律关系 / 169
　　三、人格权的分类 / 171
　　任务实施 / 172

任务二　熟悉具体人格权 / 173
　　任务导入 / 173
　　一、生命权、身体权和健康权 / 173
　　二、姓名权和名称权 / 176
　　三、肖像权 / 178
　　四、名誉权和荣誉权 / 179
　　五、隐私权和个人信息保护 / 180
　　任务实施 / 183

学习成果自测 / 184
学习成果评价 / 185

项目六　婚姻家庭和继承 / 187

任务一　认识婚姻家庭 / 188
任务导入 / 188
一、婚姻家庭法的基本原则 / 188
二、亲属的概念和范围 / 189
三、结婚 / 190
四、家庭关系 / 194
五、离婚 / 198
六、收养 / 202
任务实施 / 205

任务二　认识继承 / 206
任务导入 / 206
一、继承法的基本原则 / 207
二、继承权 / 208
三、法定继承 / 209
四、遗嘱继承和遗赠 / 211
五、遗产处理 / 215
任务实施 / 217

学习成果自测 / 218
学习成果评价 / 220

参考文献 / 221

项目一

民法总论

项目引言

《中华人民共和国民法典》(以下简称《民法典》)的总则编起着统领全局的作用,凝练了民事法律制度中具有普遍适用性和引领性的规则,集中体现了该法典严谨的逻辑体系中"总"的特点和规律。《民法典》的总则编与分编之间存在着密切的联系,总则编的基本原则和指导思想为分编的具体规定提供了依据和指导。因此,通过学习本项目,学生可以更好地理解各分编的规定,更好地掌握《民法典》的整体结构和逻辑体系。

知识目标

- 了解民法的概念、调整对象、调整方法、基本原则和适用范围。
- 熟悉民事法律关系的相关知识。
- 熟悉各类民事主体。
- 熟悉民事法律行为的相关知识。
- 熟悉代理的相关知识。
- 了解民事责任和诉讼时效的相关知识。

素质目标

- 理解民法总论在维护社会公共利益和社会秩序中的作用,树立法治观念。
- 培养运用法律思维分析问题、解决问题的能力。

任务一　认识民法

任务导入

刘某与朋友在某餐厅就餐时，得知该餐厅给予高校教师和学生八折优惠。用餐结束付款时，刘某表示这是对其他消费者的歧视，违反了公平原则，要求该餐厅同样给予他八折优惠。该餐厅工作人员一再申明需顾客出示高校教师资格证或学生证方能打八折，刘某在交涉无果后，支付了800元餐费。

事后，刘某认为该餐厅涉嫌反向歧视，多收取160元于情无理，于法无据，该餐厅的行为违反了法律规定，故起诉到人民法院，请求判令该餐厅退还多收取的160元，并公开赔礼道歉，赔偿其精神损害抚慰金500元。

思考：

（1）这一纠纷可以用民法调整吗？应当如何妥善解决？

（2）民法基本原则包括哪些内容？上述案例中，该餐厅的行为是否违反了民法基本原则？

一、民法的概念

民法是指调整平等主体的自然人、法人和非法人组织之间的财产关系和人身关系的法律规范的总称。民法既包括形式上的民法（即《民法典》），也包括单行的民事法律（如《中华人民共和国著作权法》《中华人民共和国专利法》等）和其他法律、法规中的民事法律规范［如《中华人民共和国宪法》（以下简称《宪法》）中关于公民的私有财产权的规定］。

二、民法的调整对象和调整方法

（一）民法的调整对象

民法的调整对象是平等主体的自然人、法人和非法人组织之间的人身关系和财产关系。平等主体即表示当事人在民法上具有独立的人格（即作为权利义务主体的资格）和自由的意志，在法律上的地位是平等的，相互之间没有隶属关系。

【例1-1】某市场监督管理局与A公司签订办公用品采购合同,在该法律关系中,合同双方为平等主体。B公司因违法行为被某市场监督管理局罚款,在该法律关系中,市场监督管理局是行政管理者,而B公司是被管理者,两者的法律地位是不平等的,他们之间的关系应由行政法调整,而不是民法。

1. 平等主体之间的人身关系

人身关系是指人们基于人格或身份而产生的,与人身不可分离,且不具有直接财产内容的社会关系。平等主体之间的人身关系包括人格关系和身份关系。人格关系是指民事主体之间因生命、健康、姓名、肖像、名誉等方面的人格利益而产生的社会关系,在法律上体现为人格权关系。身份关系是指民事主体之间因婚姻、血缘等而产生的社会关系,如夫妻关系(见图1-1)、亲子关系、收养关系、继父母子女关系等,在法律上体现为身份权关系。

图1-1　夫妻关系

2. 平等主体之间的财产关系

财产关系是指人们在产品的生产、分配、交换和消费的过程中形成的具有经济内容的社会关系。平等主体之间的财产关系包括财产所有关系和财产流转关系。财产所有关系是指民事主体之间因财产的占有、使用、收益和处分而产生的社会关系。财产流转关系是指民事主体之间因转移财产而产生的社会关系。

(二)民法的调整方法

法律调整是指国家运用法律手段,对社会关系施加影响、进行规范的活动,其目的在于建立理想的社会秩序。民法的调整方法主要有事前调整和事后调整两类。

1. 事前调整

事前调整是指在当事人发生争议之前使用民法对社会关系施加影响的活动,主要包括确定和范导等。确定是为法律关系的形成提供前提条件的民法调整方法,其具体形式有规定法律关系的主体和客体、拟制等。范导是为当事人可能的行为提供法律模式的民法调整方法。事前调整可将社会关系塑造为法律关系,形成一种理想的民法秩序。

> **法律锦囊**
>
> 拟制是指立法者基于公共政策的考虑,把乙事实当作甲事实适用法律的活动,如将船舶、飞机视为不动产。立法者常使用带"视为"的句子制定拟制性条文。例如,《民法典》

第十八条第二款规定："十六周岁以上的未成年人，以自己的劳动收入为主要生活来源的，视为完全民事行为能力人。"

2. 事后调整

事后调整是指在当事人发生争议之后使用民法对社会关系施加影响的活动，主要包括修补、保障和惩罚等。修补是以补充性规定完善当事人之间的法律关系的民法调整方法，如《民法典》中关于合同当事人对某些事项未做约定或约定不明的补充性规定。保障是通过民事救济使被破坏的法律关系恢复的民法调整方法，如返还财产、恢复原状等。惩罚是在当事人没有按照法律要求实施行为的情况下，使其承担不利的法律后果的民法调整方法，如强令生效。事后调整可对破坏法律关系的当事人实施制裁，强制其按照民法规范实施行为，同时对权利受到侵害的当事人进行补偿。

三、民法基本原则

民法基本原则是效力贯穿整个民事法律制度的根本规则，是对民事立法、民事司法和民事活动具有普遍指导意义和约束功能的基本行为准则。民法基本原则主要包括以下几项。

（一）平等原则

平等原则是指民事主体在民事活动中的法律地位一律平等。在民事活动中，每个民事主体享有的权利是平等的，不存在命令和服从。平等原则是民法的核心原则，是民事法律关系区别于行政法律关系、刑事法律关系特有的原则。同时，平等原则也是国家立法规范民事法律关系的逻辑起点，集中地反映了民法所调整的社会关系的本质特征。

（二）自愿原则

自愿原则即意思自治原则。民事主体从事民事活动，应当遵循自愿原则，按照自己的意思设立、变更、终止民事法律关系。任何组织和个人不得非法干预民事主体的意思表达，民事主体的意思表达也不能危害他人利益和公共利益。

> **知·法·用·法**
>
> 老李一直由去世战友的儿子江某照顾，为表达谢意，老李决定将自己的房子赠与江某，并与江某签订了赠与合同。老李去世后，其儿子小李得知房子被父亲赠与江某，认为赠与无效，想要回房子，便就此事提起诉讼。
>
> 讨论：小李能要回老李的房子吗？为什么？

（三）公平原则

民事主体从事民事活动，应当遵循公平原则，合理确定各方的权利和义务。此外，民事主体在从事民事活动时，还应依法承担基本相当的民事责任。公平原则不仅是民事主体从事民事活动时应当遵循的基本行为准则，也是人民法院审理民事纠纷案件时应当遵循的基本裁判准则。

（四）诚信原则

民事主体从事民事活动，应当遵循诚信原则，秉持诚实，恪守承诺。民事主体在从事民事活动时，应秉持诚实，心怀善意，重诺言，守信用，不损人利己。

（五）公序良俗原则

民事主体从事民事活动，不得违反法律，不得违背公序良俗。公序良俗即公共秩序和善良习俗的合称。公共秩序是指政治、经济、文化等领域的基本秩序和根本理念，是与国家和社会整体利益相关的基础性原则和秩序。善良习俗是指基于社会主流道德观念的习俗，也称社会公共道德，是全体社会成员普遍认可并遵循的道德准则。善良习俗具有一定的时代性和地域性，随着社会成员普遍道德观念的改变而改变。需要注意的是，公共秩序强调的是国家和社会层面的价值理念，善良习俗突出的是民间的道德观念，两者相辅相成，互为补充。

> **法律锦囊**
>
> 《民法典》第十条规定："处理民事纠纷，应当依照法律；法律没有规定的，可以适用习惯，但是不得违背公序良俗。"

（六）绿色原则

民事主体从事民事活动，应当有利于节约资源、保护生态环境。绿色原则从法律角度支撑了节约资源、保护环境的基本国策，也为民事主体从事民事活动提供了内在的"绿色约束"，为避免环境污染和生态破坏提供了民法依据。

> **以 案 释 法**
>
> ### 广东首宗适用绿色原则的环境民事公益诉讼案
>
> ● 基本案情：
>
> SC公司于2004年建厂初期对环保设施投资5.4亿元，基本落实了环境影响评价及批复文件提出的各项环境保护措施，基本实现了主要污染物达标排放，并通过了工程竣工环境保护验收。

但近年来，SC 公司被生态环境部门多次抽查到存在超标排放大气污染物、水污染物的情形，对生态环境造成了损害，成为广东省重点排污单位。并且，SC 公司未按《中华人民共和国环境保护法》的规定向社会公开其超标排放情况、防治污染设施的建设和运行情况，导致其实际排污量和对生态环境实际造成的损害大小难以准确认定。

2021 年 1 月 27 日，北京市某环保组织、某市绿色生态文化服务中心对 SC 公司就环境污染提起诉讼。

● 裁决结果：

SC 公司所在地中级人民法院判决 SC 公司立即停止侵害、消除危险；在《中国环境报》上向社会公开赔礼道歉；赔偿生态环境修复费用及服务功能的损失共计 1 000 万元，转入 SC 公司所在市专项基金账户，用于生态环境保护。

（资料来源：郑小红、朱族英，《广东首宗适用民法典"绿色原则"环境民事公益诉讼案宣判》，中国新闻网，2021 年 2 月 22 日）

四、民法的适用范围

民法的适用范围即民法的效力范围，是指民法在何时、何地、对何人发生法律效力。

（一）民法在时间上的适用范围

民法在时间上的适用范围是指民事法律规范在时间上所具有的法律效力，即民事法律规范生效和失效的时间，以及民事法律规范对其生效前发生的民事法律关系有无溯及力。

民事法律规范生效的时间主要有以下两种类型：① 自民事法律规范公布之日起开始生效；② 民事法律规范公布后经过一段时间再开始生效。

民事法律规范失效的时间主要有以下几种类型：① 当某一民事法律规范规定的任务已经完成后，该民事法律规范的效力自然终止；② 新的民事法律规范直接规定废止旧的民事法律规范；③ 旧的民事法律规范与新的民事法律规范相抵触的部分失效；④ 国家机关颁布专门的决议，宣布某些民事法律规范失效。

【例1-2】2020 年 5 月 28 日，第十三届全国人民代表大会第三次会议通过《民法典》。《民法典》自 2021 年 1 月 1 日起施行。《中华人民共和国婚姻法》《中华人民共和国继承法》《中华人民共和国民法通则》《中华人民共和国收养法》《中华人民共和国担保法》《中华人民共和国合同法》《中华人民共和国物权法》《中华人民共和国侵权责任法》《中华人民共和国民法总则》同时废止。

关于民事法律规范的溯及力问题，我国的民事法律规范贯彻法律不溯及既往的原则，一般没有溯及力，但是在法律、法规有明文规定的某些特殊情况下，民事法律规范也可以具有溯及力。

【例 1-3】《最高人民法院关于适用〈中华人民共和国民法典〉时间效力的若干规定》第八条规定:"民法典施行前成立的合同,适用当时的法律、司法解释的规定合同无效而适用民法典的规定合同有效的,适用民法典的相关规定。"

(二)民法在空间上的适用范围

民法在空间上的适用范围是指民事法律规范在地域上所具有的法律效力。一般的原则是民事法律规范的空间效力范围为制定该民事法律规范的机关所管辖的地域范围。民事法律规范的制定机关不同,其适用的地域范围也不同,大体有以下两种情形:① 全国人民代表大会及其常务委员会、国务院及其所属部委等制定的民事法律、法规,适用于我国全部领域,但法律、法规中明确规定仅适用于某一地区的除外;② 地方各级立法机关根据各自的权限所制定的地方性民事法规,只在该立法机关管辖的行政区域内发生效力。

《民法典》第十二条规定:"中华人民共和国领域内的民事活动,适用中华人民共和国法律。法律另有规定的,依照其规定。"这里所说的"领域"不仅包括我国的领土、领空、领海,还包括根据国际法、国际惯例应当视为我国领域的我国驻外使领馆,以及在我国领域外航行的我国船舶(见图 1-2)和飞行器等。

图 1-2 船舶

(三)民法对人的适用范围

民法对人的适用范围是指民事法律规范对哪些人具有法律效力。我国民法对人的效力,采用许多国家所采用的原则,即以属地主义为主,与属人主义、保护主义相结合的原则。

我国民法对人的适用范围主要有以下几种情形:① 我国民法对居住在中国境内的中国公民和设立在中国境内的中国法人、非法人组织,具有法律效力;② 我国民法对居留在中国境内的外国人、无国籍人和经我国政府批准设立在中国境内的外国法人,原则上具有法律效力;③ 居留在外国的中国公民,原则上应适用住在国民法,但是依照我国法律、法规和我国缔结或参加的国际条约、双边协定以及经我国认可的国际惯例,应当适用我国民法的,仍然适用我国民法。

任务实施

民法知识竞赛

任务描述

全班学生以小组为单位,开展民法知识竞赛。各小组需要结合日常生活中的常见纠纷和社会热点问题,准备10道与本任务所讲民法知识相关的题目及其答案。

实施流程

(1) 全班学生推选出1名主持人和3名记分员,由他们分别负责活动主持工作和记分工作。剩余的学生分成若干组(每组4~6人),每组选出1名小组长和1名记录员。

(2) 小组长组织小组成员搜集相关的资料,准备10道与本任务所讲民法知识相关的题目及其答案,题型分为选择题和判断题两种。

(3) 各小组将准备的题目交给主持人,主持人在课堂上一一展示这些题目,由其他小组进行抢答,每道题的答题时间为30秒,答对1题计1分,答错或答题超时扣1分。

(4) 记分员记录各小组的得分,得分最高的小组为本次竞赛的冠军。

(5) 教师对各小组的表现进行评价。

任务二 熟悉民事法律关系

任务导入

甲与乙签订保管合同,甲将自己祖传的价值为10万元的古董交由乙保管。双方约定保管期限为一年,保管费为1 000元,期满后甲取古董时交付保管费。乙若在保管期间损坏或遗失古董,则应承担11万元的赔偿责任。保管期间,乙将古董以12万元的价格出售给不知情的丙。

> 思考：
> （1）什么是民事法律关系？
> （2）甲与乙之间涉及哪几种民事法律关系？

一、民事法律关系的概念和特征

（一）民事法律关系的概念

民事法律关系是指当事人之间符合民事法律规范，具有民事权利和民事义务内容的社会关系。在社会中，人们之间必然会形成各种社会关系，而调整社会关系的法律不同，由此形成的法律关系的性质也就不同，由民法调整的法律关系就是民事法律关系。

（二）民事法律关系的特征

民事法律关系不同于其他法律关系，具有以下特征。

（1）民事法律关系是平等主体之间的关系。民事法律关系的主体地位平等，他们相互独立、互不隶属。同时，地位平等决定了主体的权利义务一般也是对等的，一方在享受权利的同时，也要承担相应的义务。

（2）大部分的民事法律关系主要是当事人根据各自的意志自愿设立的，如合同关系。

（3）民事法律关系的保障措施具有补偿性。民事法律关系的保障措施以弥补损失为主要目的，惩罚性的赔偿责任不是主要的民事责任形式。

二、民事法律关系的要素

民事法律关系的要素是指构成民事法律关系必须具备的条件，包括主体、内容和客体。

（一）主体

民事法律关系的主体即民事主体。根据《民法典》的规定，民事主体包括自然人和法人、非法人组织。此外，国家在一些特定情况下也可以成为民事法律关系的主体，但是基于民事主体的平等性，国家在民事活动中的身份只能是法人。

（二）内容

民事法律关系的内容是民事主体间的民事权利和民事义务。

1. 民事权利

民事权利是指法律为保障民事主体实现其某种利益的意思而允许其行为的界限。根据

《民法典》的规定，民事主体享有以下民事权利。

（1）自然人享有生命权、身体权、健康权、姓名权、肖像权、名誉权、荣誉权、隐私权、婚姻自主权、继承权等权利。

（2）法人、非法人组织享有名称权、名誉权和荣誉权。

（3）自然人的个人信息受法律保护，自然人因婚姻家庭关系等产生的人身权利受法律保护，民事主体的财产权利受法律保护。

（4）民事主体依法享有物权、债权、知识产权、股权及法律规定的其他民事权利。

 法苑广角

行使民事权利时的注意事项

民事主体在行使民事权利时应注意以下事项。

（1）必须履行法律规定的和当事人约定的义务，不得仅行使民事权利，却不承担民事义务。

（2）不得滥用权利。《民法典》第一百三十二条规定："民事主体不得滥用民事权利损害国家利益、社会公共利益或者他人合法权益。"

2. 民事义务

民事义务是指民事主体为实现权利主体的权利而使自己的行为受到一定限制的界限。民事义务的产生可以基于法律的规定或当事人的约定，表现为为或不为一定行为。

民事义务可分为以下几类。

（1）法定义务和约定义务。法定义务是指民事法律规范规定的民事主体应负的义务，如父母对未成年子女的抚养义务；约定义务是指基于当事人之间的约定而产生的义务，如收货后付款的义务。

（2）积极义务和消极义务。积极义务是指义务人实施一定的积极行为以满足权利人利益要求的义务，如给付财物、完成工作、提供劳务等；消极义务是指义务人不实施一定行为，以保障权利人权利实现的义务。

（3）主义务、从义务和附随义务。主义务是指合同本身约定的、不依附他种义务而独立存在的义务；从义务是指依附于主义务而存在的义务；附随义务是指在当事人约定之外，以诚实守信为依据，根据民事法律关系的性质、目的、交易习惯而产生的义务。

（三）客体

民事法律关系的客体是指民事权利和民事义务共同指向的对象。在我国，民事法律关系的客体一般分为以下几类。

（1）物。物是指依法能为人所支配和控制并能满足人的需要的一切物质资料。物可按各种标准进行分类，主要包括动产和不动产、可分物和不可分物、主物和从物、原物和孳（zī）息等。

（2）行为。行为是指能够满足权利主体某种利益要求的活动。行为一般是债权法律关系的客体，通常也称给付。

> 【例1-4】甲借给乙10 000元，甲与乙之间形成了债权关系。在这一关系中，主体是甲与乙，内容是甲享有的要求乙还债的权利和乙应还债的义务。需要注意的是，甲的权利仅限于要求乙还债，而不能直接对乙的财产加以支配，因此这一关系中的客体不是"物"（即乙的财产），而是乙还债的行为。

（3）智力成果。智力成果是指人类利用脑力劳动创造的精神财富。智力成果一般是知识产权法律关系的客体，如作品、发明、外观设计等。

（4）人身利益。人身利益是指民事主体依法享有的，与其自身利益不可分离也不可转让的没有直接财产内容的利益。人身利益包括人格利益和身份利益，是人身法律关系的客体。

三、民事法律事实

民事法律事实是指能够引起民事法律关系发生、变更或消灭的现象或事实。

（一）民事法律事实的分类

根据是否与当事人的意志有关，民事法律事实可分为行为和事件。行为与人的意志有关，可分为表意行为和非表意行为。表意行为即民事法律行为，将在本项目的任务四中详细介绍；非表意行为是指行为人主观上没有产生民事法律关系的意思表示，但依据法律规定，客观上引起某种法律后果的行为，如侵权行为。事件是指与当事人的意志无关，能够引起民事法律关系发生、变更或消灭的客观现象，如人的自然死亡可引起继承法律关系的发生。

> **法律锦囊**
>
> 意思表示是指表意人将其内心设立、变更或终止民事法律关系的意思表现于外部的过程。

（二）民事法律事实构成

民事法律事实构成是指能够引起民事法律关系发生、变更或消灭的法律事实的总和。一般情况下，民事法律关系的发生、变更或消灭只需一个民事法律事实即可，但在一些特殊情况下，必须具备两个或两个以上的民事法律事实，才能使一个民事法律关系发生、变更或消灭。例如，遗嘱继承关系的发生，需要由遗嘱人立遗嘱的行为、遗嘱人死亡的事件两个民事法律事实构成。

任务实施

民事法律关系案例分析

任务描述

甲公司向 A 银行借款 1 000 万元。乙公司受甲公司委托，与 A 银行签订保证合同，约定为甲公司的借款提供连带责任保证。为保障乙公司的追偿权，甲公司以自己的一处房产为乙公司提供抵押担保，双方签订抵押合同并办理了抵押登记。

实施流程

（1）学生自由分组，每组 2~3 人，并选出一名小组长。

（2）小组成员阅读上述案例，并就以下问题进行讨论：① 在甲公司与 A 银行之间的借款合同关系中，客体是什么？为什么？② 在甲公司与乙公司之间的抵押合同关系中，客体是什么？为什么？

（3）小组长汇总讨论结果，并在课堂上分享。

（4）教师对各小组的表现进行评价。

任务三　认识民事主体

任务导入

张某家住上海，经常在上海和北京两地经商，八年前音信断绝，生死不明。张某与妻子柳某有一女张某甲，张某甲患有脊髓灰质炎。张某的邻居贾某时常照顾张某甲，并对其视如己出，关爱备至。三年前，贾某表示愿与柳某结婚，并与其共同抚养张某甲。同时，贾某力促柳某向人民法院申请宣告张某死亡。

思考：

（1）宣告死亡的条件是什么？贾某能否向人民法院申请宣告张某死亡？

（2）若张某被宣告死亡，则张某的死亡日期为哪一天？

（3）假如张某在被宣告死亡后重新出现了，发现柳某已与贾某结婚，此时张某能否强制与柳某恢复婚姻关系？

民事主体是民事关系的参与者、民事权利的享有者、民事义务的履行者和民事责任的承担者,包括自然人、法人和非法人组织。

一、自然人

自然人是最基本的民事主体,是指因出生而取得民事主体资格的人。

(一)自然人的民事能力

1. 自然人的民事权利能力

自然人的民事权利能力是指自然人依法享有民事权利和承担民事义务的资格。自然人的民事权利能力一律平等。《民法典》第十三条规定:"自然人从出生时起到死亡时止,具有民事权利能力,依法享有民事权利,承担民事义务。"同时,第十五条规定:"自然人的出生时间和死亡时间,以出生证明、死亡证明记载的时间为准;没有出生证明、死亡证明的,以户籍登记或者其他有效身份登记记载的时间为准。有其他证据足以推翻以上记载时间的,以该证据证明的时间为准。"

关于胎儿的民事权利能力,《民法典》第十六条规定:"涉及遗产继承、接受赠与等胎儿利益保护的,胎儿视为具有民事权利能力。但是,胎儿娩出时为死体的,其民事权利能力自始不存在。"

【例1-5】甲已去世,留有一笔遗产,去世时妻子乙怀有身孕。乙在分娩时,胎儿不幸为死体,则该胎儿对甲的遗产不享有继承权。

2. 自然人的民事行为能力

自然人的民事行为能力是指自然人依靠自己的独立行为取得民事权利、承担民事义务,并且能够对自己的违法行为承担民事责任的资格。根据自然人对自己行为的认识能力的不同,自然人的民事行为能力可分为完全民事行为能力、限制民事行为能力和无民事行为能力,具体介绍如表1-1所示。

表1-1 自然人的民事行为能力

分类	对应的人群	说明
完全民事行为能力	十八周岁以上的自然人,即成年人	可以独立实施民事法律行为
	十六周岁以上、以自己的劳动收入为主要生活来源的未成年人	视为完全民事行为能力人

表 1-1（续）

分类	对应的人群	说明
限制民事行为能力	八周岁以上的未成年人	实施民事法律行为由其法定代理人代理或者经其法定代理人同意、追认；但是，可以独立实施纯获利益的民事法律行为或者与其年龄、智力相适应的民事法律行为
	不能完全辨认自己行为的成年人	实施民事法律行为由其法定代理人代理或者经其法定代理人同意、追认；但是，可以独立实施纯获利益的民事法律行为或者与其智力、精神健康状况相适应的民事法律行为
无民事行为能力	不满八周岁的未成年人	由其法定代理人代理实施民事法律行为
	八周岁以上的不能辨认自己行为的未成年人	
	不能辨认自己行为的成年人	

注：无民事行为能力人、限制民事行为能力人的监护人是其法定代理人。

> **知法用法**
>
> 9岁的孩童甲，智力正常。一天，他用自己的零花钱购买了价值10元的文具。
> 讨论：甲购买文具的行为是否有效？为什么？

（二）监护

监护是一项重要的民事法律制度，是对无民事行为能力人和限制民事行为能力人的人身、财产及其他合法权益进行监督和保护的法律制度。监护的主要目的在于保护被监护人的合法权益，约束被监护人的行为，管理和教育被监护人，防止被监护人对社会或他人造成损害。

监护可分为法定监护、遗嘱监护、协议监护、指定监护、临时监护和意定监护。

1. 法定监护

（1）未成年人监护。《民法典》第二十六条和第二十七条规定，父母对未成年子女负有抚养、教育和保护的义务，父母是未成年子女的监护人。若未成年人的父母已经死亡或者没有监护能力，则由下列有监护能力的人按顺序担任监护人：① 祖父母、外祖父母；② 兄、姐；③ 其他愿意担任监护人的个人或者组织，但是须经未成年人住所地的居民委员会、村民委员会或者民政部门同意。

【例1-6】甲与乙婚后生育了孩童丙，并在结婚四年后协议离婚，商定丙由甲抚养。随后，甲因病去世。即使甲的母亲丁在世，丙的监护人仍为乙，而不应为丁。

项目一 民法总论

以案释法

乐平市民政局申请撤销罗某监护人资格案

● **基本案情：**

罗某系吴某甲（11岁）、吴某乙（10岁）、吴某丙（8岁）三姐弟的生母。罗某自三子女婴幼儿时期起既未履行抚养教育义务，又未支付抚养费用，不履行监护职责，且与他人另组建家庭并生育子女。罗某在知道三个孩子的父亲、祖父均去世，家中无其他近亲属照料、抚养孩子的情况下，仍不管不问，拒不履行监护职责达6年以上，导致三子女生活处于极其危困状态。为保障三姐弟的合法权益，乐平市民政局向人民法院申请撤销罗某对三姐弟的监护人资格，并指定该民政局为三姐弟的监护人。

● **裁决结果：**

罗某未履行监护职责，导致三名未成年人流离失所，其行为已严重侵害了三名未成年人的合法权益。经人民法院与乐平市民政局沟通后，明确三姐弟由乐平市民政局监护，便于其通过相应法定程序与"临时家庭"完善收养手续，将临时照料人转变为合法收养人，与三姐弟建立起完整的亲权法律关系。

（资料来源：张婧，《人民法院贯彻实施民法典典型案例（第二批）》，中国法院网，2023年1月12日）

（2）成年人监护。无民事行为能力或者限制民事行为能力的成年人，由下列有监护能力的人按顺序担任监护人：① 配偶；② 父母、子女；③ 其他近亲属；④ 其他愿意担任监护人的个人或者组织，但是须经被监护人住所地的居民委员会、村民委员会或者民政部门同意。

2. 遗嘱监护

《民法典》第二十九条规定："被监护人的父母担任监护人的，可以通过遗嘱指定监护人。"

3. 协议监护

依法具有监护资格的人之间可以协议确定监护人。协议确定监护人应当尊重被监护人的真实意愿。

【例1-7】甲与乙是夫妻，均在邻省的一座煤矿打工，夫妻二人为方便照顾孩子丙，便将其带在身边一同居住。在丙8岁时，甲与乙遭遇煤矿塌方事故，均不幸去世。丙在老家的爷爷和外婆都认为由自己抚养丙更为合适，并为此争执不下。根据上述规定，丙的爷爷和外婆应当充分考量各自的经济状况、教育能力，并在尊重丙的真实意愿的前提下，本着有利于丙健康成长的原则，由双方协商后确定监护人。

4. 指定监护

对监护人的确定有争议的,由被监护人住所地的居民委员会、村民委员会或者民政部门指定监护人,有关当事人对指定不服的,可以向人民法院申请指定监护人;有关当事人也可以直接向人民法院申请指定监护人。

居民委员会、村民委员会、民政部门或者人民法院应当尊重被监护人的真实意愿,按照最有利于被监护人的原则在依法具有监护资格的人中指定监护人。此外,监护人被指定后,应履行监护职责,不得擅自变更;擅自变更的,不免除被指定的监护人的责任。

5. 临时监护

在对监护人的确定有争议、需指定监护人前,被监护人的人身权利、财产权利以及其他合法权益处于无人保护状态的,由被监护人住所地的居民委员会、村民委员会、法律规定的有关组织或者民政部门担任临时监护人。

6. 意定监护

具有完全民事行为能力的成年人,可以与其近亲属、其他愿意担任监护人的个人或者组织事先协商,以书面形式确定自己的监护人,在自己丧失或者部分丧失民事行为能力时,由该监护人履行监护职责。

法 苑 广 角

监护人的监护职责

《民法典》第三十四条规定:"监护人的职责是代理被监护人实施民事法律行为,保护被监护人的人身权利、财产权利以及其他合法权益等。监护人依法履行监护职责产生的权利,受法律保护。监护人不履行监护职责或者侵害被监护人合法权益的,应当承担法律责任。因发生突发事件等紧急情况,监护人暂时无法履行监护职责,被监护人的生活处于无人照料状态的,被监护人住所地的居民委员会、村民委员会或民政部门应当为被监护人安排必要的临时生活照料措施。"

《民法典》第三十五条规定:"监护人应当按照最有利于被监护人的原则履行监护职责。监护人除为维护被监护人利益外,不得处分被监护人的财产。未成年人的监护人履行监护职责,在作出与被监护人利益有关的决定时,应当根据被监护人的年龄和智力状况,尊重被监护人的真实意愿。成年人的监护人履行监护职责,应当最大程度地尊重被监护人的真实意愿,保障并协助被监护人实施与其智力、精神健康状况相适应的民事法律行为。对被监护人有能力独立处理的事务,监护人不得干涉。"

(三) 宣告失踪和宣告死亡

1. 宣告失踪

宣告失踪是指自然人离开自己的住所，下落不明达到法定期限，经利害关系人申请，由人民法院宣告其为失踪人的法律制度。

（1）宣告失踪的条件

《民法典》第四十条规定："自然人下落不明满二年的，利害关系人可以向人民法院申请宣告该自然人为失踪人。"自然人下落不明的时间自其失去音信之日起计算。战争期间下落不明的，下落不明的时间自战争结束之日或者有关机关确定的下落不明之日起计算。

（2）宣告失踪的法律后果

若自然人被宣告失踪，则其财产由其配偶、成年子女、父母或者其他愿意担任财产代管人的人代管。财产代管人应当妥善管理失踪人的财产，维护其财产权益。失踪人所欠税款、债务和应付的其他费用，由财产代管人从失踪人的财产中支付。财产代管人因故意或者重大过失造成失踪人财产损失的，应当承担赔偿责任。

财产代管人不履行代管职责、侵害失踪人财产权益或者丧失代管能力的，失踪人的利害关系人可以向人民法院申请变更财产代管人。财产代管人有正当理由的，可以向人民法院申请变更财产代管人。人民法院变更财产代管人的，变更后的财产代管人有权请求原财产代管人及时移交有关财产并报告财产代管情况。

> 【例1-8】甲在外出探险中失踪，下落不明已有两年，甲的妻子乙向人民法院申请宣告失踪。乙与成年儿子丙协商后，由丙代管甲的财产。然而丙在朋友诱惑下，不断挥霍甲的财产。根据上述规定，乙在知晓情况后，有权向人民法院申请变更财产代管人。

（3）宣告失踪人重新出现的相关规定

《民法典》第四十五条规定："失踪人重新出现，经本人或者利害关系人申请，人民法院应当撤销失踪宣告。失踪人重新出现，有权请求财产代管人及时移交有关财产并报告财产代管情况。"

2. 宣告死亡

宣告死亡是指自然人离开自己的住所，下落不明达到法定期限，经利害关系人申请，由人民法院宣告其死亡的法律制度。

（1）宣告死亡的条件

自然人有下列情形之一的，利害关系人可以向人民法院申请宣告该自然人死亡：① 下落不明满四年；② 因意外事件，下落不明满二年。此外，因意外事件下落不明，经有关机关证明该自然人不可能生存的，申请宣告死亡不受二年时间的限制。

法律锦囊

假如甲已下落不明5年，利害关系人乙向人民法院申请宣告死亡，利害关系人丙向人民法院申请宣告失踪，请问人民法院应宣告失踪还是宣告死亡呢？

《民法典》第四十七条规定："对同一自然人，有的利害关系人申请宣告死亡，有的利害关系人申请宣告失踪，符合本法规定的宣告死亡条件的，人民法院应当宣告死亡。"

在这一案例中，甲下落不明的情况既符合宣告失踪的条件，也符合宣告死亡的条件，依据上述规定，人民法院应宣告死亡。

（2）死亡日期的确定

被宣告死亡的人，人民法院宣告死亡的判决做出之日视为其死亡的日期；因意外事件下落不明宣告死亡的，意外事件发生之日视为其死亡的日期。

（3）宣告死亡的法律后果

1）婚姻关系。被宣告死亡的人的婚姻关系，自死亡宣告之日起消除。

2）财产关系。被宣告死亡的人的财产成为遗产，按继承办理。

（4）宣告死亡人重新出现的相关规定

1）撤销死亡宣告。被宣告死亡的人重新出现，经本人或者利害关系人申请，人民法院应当撤销死亡宣告。

2）婚姻关系。死亡宣告被撤销的，婚姻关系自撤销死亡宣告之日起自行恢复。但是，其配偶再婚或者向婚姻登记机关书面声明不愿意恢复的除外。

3）财产关系。被撤销死亡宣告的人有权请求取得其财产的民事主体返还财产；无法返还的，应当给予适当补偿。

4）收养关系。被宣告死亡的人在被宣告死亡期间，其子女被他人依法收养的，在死亡宣告被撤销后，不得以未经本人同意为由主张收养行为无效。

（四）自然人的住所

住所是指民事主体进行民事活动的主要基地或中心场所。《民法典》第二十五条规定："自然人以户籍登记或者其他有效身份登记记载的居所为住所；经常居所与住所不一致的，经常居所视为住所。"自然人的住所对确定公民失踪地点、债务履行地点、诉讼管辖地点、继承开始的地点、法律文书送达地点等具有重要的法律意义。

居所与住所

居所与住所的区别主要在于：居所是暂时居住地，而住所一般指经常居住地或永久居住地；一个自然人可以同时有多个居所，但只能有一个住所。

在自然人无住所，或住所无从考查的情况下，居所具有住所的意义。

（五）个体工商户和农村承包经营户

1. 个体工商户和农村承包经营户的概念

个体工商户是指经过依法登记，从事工商业经营的自然人。农村承包经营户是指依法取得农村土地承包经营权，从事家庭承包经营的农村集体经济组织的成员。

2. 个体工商户和农村承包经营户的区别

（1）个体工商户从事的是工商业经营，而农村承包经营户从事的是土地承包经营，即农业生产（见图1-3）。

（2）个体工商户必须依法办理登记，而农村承包经营户不以登记为前提，只需依法取得农村土地承包经营权。

（3）个体工商户可以起字号，而农村承包经营户没有起字号的权利。

图1-3　农业生产

3. 个体工商户和农村承包经营户的债务

《民法典》第五十六条规定："个体工商户的债务，个人经营的，以个人财产承担；家庭经营的，以家庭财产承担；无法区分的，以家庭财产承担。农村承包经营户的债务，以从事农村土地承包经营的农户财产承担；事实上由农户部分成员经营的，以该部分成员的财产承担。"

以 案 释 法

个体工商户的债务承担案

● **基本案情：**

张某经营了一家火锅店，其妻子李某在火锅店从事收银与账目管理工作。2020年，两人协议离婚。张某在经营火锅店期间赊欠蔬菜及调料店一笔货款，并以火锅店名义给蔬菜及调料店店主王某出具了收货单和结算单。原告王某认为货款属于夫妻共同债务，张某和李某应该承担共同还款责任。

张某称，火锅店系其与李某共同经营，货款属于经营期间的夫妻共同债务，其虽然与李某离婚，但李某也应该承担共同还款责任。李某辩称其与张某已经离婚，火锅店登记者为张某一人，自己也没有参与经营，应该由张某一人承担还款责任。

● **裁决结果：**

本案主要争议焦点为个体工商户的债务是否能认定为夫妻共同债务。根据《民法典》第五十六条的规定，李某在火锅店中从事收银与账目管理工作，可以视为其与张某共同经营，故火锅店的债务可以认定为夫妻共同债务。因此，人民法院经审理，判决支持原告的诉讼请求，由张某和李某共同承担还款责任。

(资料来源：任建超，《个体工商户实为"夫妻店"，债务如何承担？》，中国法院网，2023年11月17日)

二、法人

法人是具有民事权利能力和民事行为能力，依法独立享有民事权利和承担民事义务的组织。法人的民事权利能力和民事行为能力，从法人成立时产生，到法人终止时消灭。

（一）法人的概述

1. 法人成立条件

（1）法人应当依法成立。
（2）法人应当有自己的名称、组织机构、住所、财产或者经费。
（3）设立法人，法律、行政法规规定须经有关机关批准的，依照其规定。

2. 法人的法定代表人

《民法典》第六十一条的规定，依照法律或者法人章程的规定，代表法人从事民事活动的负责人，为法人的法定代表人。由此可见，法人是一个组织，而法定代表人是一个自然人。

3. 民事责任承担

（1）法人以其全部财产独立承担民事责任。
（2）法定代表人以法人名义从事的民事活动，其法律后果由法人承受。
（3）法定代表人因执行职务造成他人损害的，由法人承担民事责任。法人承担民事责任后，依照法律或者法人章程的规定，可以向有过错的法定代表人追偿。

知法用法

王某与他人合作投资成立了一家有限责任公司，王某任法定代表人。后来公司倒闭，公司资产不足以偿还债务。公司的债权人要求王某偿还不足部分。有观点认为："王某投资成立的是有限责任公司，王某无须承担公司债务。"也有观点认为："王某是公司的投资人，公司的债权人可以要求王某偿还公司债务。"

讨论：根据所学知识，你认为哪种观点正确？为什么？

(二) 法人的分类

法人可分为营利法人、非营利法人和特别法人。

1. 营利法人

以取得利润并分配给股东等出资人为目的成立的法人，为营利法人。营利法人包括有限责任公司、股份有限公司和其他企业法人等。

(1) 营利法人的设立

营利法人经依法登记成立。依法设立的营利法人，由登记机关发给营利法人营业执照。营业执照签发日期为营利法人的成立日期。设立营利法人应当依法制定法人章程。

(2) 营利法人的组织机构

营利法人的组织机构是指依据法律和章程确立的、在营利法人内部设置的机构。营利法人的组织机构通常包括权力机构、执行机构、监督机构。需要注意的是，营利法人设立权力机构、执行机构是法律的强制性要求，但设立监督机构不是法律的强制性要求。

1) 权力机构。权力机构行使修改法人章程，选举或者更换执行机构、监督机构成员，以及法人章程规定的其他职权。有限责任公司的权力机构是股东会，股份有限公司的权力机构是股东大会，股东会和股东大会均由全体股东组成。国有独资公司不设股东会，由国有资产监督管理机构行使股东会职权。

2) 执行机构。执行机构行使召集权力机构会议，决定法人的经营计划和投资方案，决定法人内部管理机构的设置，以及法人章程规定的其他职权。营利法人的执行机构为董事会或者执行董事的，董事长、执行董事或者经理按照法人章程的规定担任法定代表人；未设董事会或者执行董事的，法人章程规定的主要负责人为其执行机构和法定代表人。

3) 监督机构。营利法人设监事会或者监事等监督机构的，监督机构依法行使检查法人财务，监督执行机构成员、高级管理人员执行法人职务的行为，以及法人章程规定的其他职权。

(3) 营利法人的其他相关规定

1)《民法典》第八十三条规定："营利法人的出资人不得滥用出资人权利损害法人或者其他出资人的利益；滥用出资人权利造成法人或者其他出资人损失的，应当依法承担民事责任。营利法人的出资人不得滥用法人独立地位和出资人有限责任损害法人债权人的利益；滥用法人独立地位和出资人有限责任，逃避债务，严重损害法人债权人的利益的，应当对法人债务承担连带责任。"

【例1-9】A公司的股东是B公司、自然人甲、自然人乙，B公司委派自然人丙担任A公司的董事长兼法定代表人。A公司成立一段时间后，经营逐渐陷入困境，遂分别向C、D公司借款100万元。随后，B公司指示丙在甲、乙不知情的情况下，将原出资的资产中价值较大的部分逐渐转入另一子公司。该案例中，B公司作为营利法人A公司的出资人，转移A公司资产，属于出资人滥用法人地位和出资人有限责任的行为，C、D公司有权要求B公司对A公司的债务承担连带清偿责任。

2）营利法人从事经营活动，应当遵守商业道德，维护交易安全，接受政府和社会的监督，承担社会责任。

2. 非营利法人

为公益目的或者其他非营利目的成立，不向出资人、设立人或者会员分配所取得利润的法人，为非营利法人。非营利法人包括事业单位法人、社会团体法人、捐助法人等。

（1）事业单位法人。事业单位法人是指国家为了社会公益目的，由国家机关举办或者其他组织利用国有资产举办的，提供教育、科技、文化、卫生等方面的社会公益服务的，且取得法定资格的法人，如公立学校、公立医院等。《民法典》第八十八条规定，取得事业单位法人资格的程序分为两种：① 具备法人条件，为适应经济社会发展需要，提供公益服务设立的事业单位，经依法登记成立，取得事业单位法人资格；② 依法不需要办理法人登记的，从成立之日起，具有事业单位法人资格。

（2）社会团体法人。社会团体包括两种，一是为公益目的设立的，如中华慈善总会、中国红十字会（见图1-4）等；二是为会员共同利益设立的，如行业协会、商会等。取得社会团体法人资格的程序分为两种：① 经依法登记成立，取得社会团体法人资格；② 依法不需要办理法人登记的，从成立之日起，具有社会团体法人资格。

图1-4　中国红十字会

（3）捐助法人。捐助法人是指具备法人条件，为公益目的以捐助财产设立的基金会、社会服务机构等组织。捐助法人的主要特征有：非营利性（为公益目的设立）、是财产的集合体（财产全部来自捐助）、没有会员或成员、必须登记成立等。

法苑广角

非营利法人的终止

为公益目的成立的非营利法人终止时，不得向出资人、设立人或者会员分配剩余财产。剩余财产应当按照法人章程的规定或者权力机构的决议用于公益目的；无法按照法人章程的规定或者权力机构的决议处理的，由主管机关主持转给宗旨相同或者相近的法人，并向社会公告。

3. 特别法人

根据《民法典》的规定，特别法人包括机关法人、农村集体经济组织法人、城镇农村的合作经济组织法人、基层群众性自治组织法人。

（1）机关法人。有独立经费的机关和承担行政职能的法定机构从成立之日起，具有机关法人资格，可以从事为履行职能所需要的民事活动。有独立经费的机关即国家机关；承担行政职能的法定机构是指不属于国家机关，但依法享有行政管理职能的组织。

（2）农村集体经济组织法人。农村集体经济组织是指利用农村集体的土地或其他财产，从事农业经营等活动的组织。农村集体经济组织依法取得法人资格。法律、行政法规对农村集体经济组织有规定的，依照其规定。

（3）城镇农村的合作经济组织法人。城镇农村的合作经济组织是指劳动者在互助基础上，自筹资金、共同经营、共同劳动并分享收益的经济组织，如供销合作社、农民专业合作社等。城镇农村的合作经济组织依法取得法人资格。法律、行政法规对城镇农村的合作经济组织有规定的，依照其规定。

（4）基层群众性自治组织法人。居民委员会、村民委员会具有基层群众性自治组织法人资格，可以从事为履行职能所需要的民事活动。未设立村集体经济组织的，村民委员会可以依法代行村集体经济组织的职能。

【例 1-10】甲被某居民委员会招用，从事治安联防工作，居民委员会每月为其发放工资。但甲工作忙碌，经常无法正常休假，没有加班工资，并且居民委员会没有为其缴纳社会保险费，因此甲向人民法院申请仲裁。根据《民法典》的规定，居民委员会属于特别法人，可以独立承担民事责任，甲的请求理应获得法律的支持。

（三）法人的变更和终止

1. 法人变更

法人变更是指在法人存续期间，法人在组织机构、性质、活动范围、财产、名称、住所或者隶属关系等重要事项上发生的变动。根据《民法典》第六十四条的规定："法人存续期间登记事项发生变化的，应当依法向登记机关申请变更登记。"

（1）法人合并。法人合并是指两个或两个以上的法人合并为一个法人。法人合并包括新设合并和吸收合并。新设合并是指两个或两个以上的法人合并为一个新的法人，原来的法人消灭，如 A 公司+B 公司=C 公司；吸收合并是指一个法人归并到一个现存的法人中去，如 A 公司+B 公司=A 公司。根据《民法典》第六十七条的规定，法人合并的，其权利和义务由合并后的法人享有和承担。

（2）法人分立。法人分立是指一个法人分为两个或两个以上的法人。法人分立包括两种形式：一种是新设分立，即原法人资格消失，分立成两个或两个以上的新法人；另一种是派生分立，即原法人继续存续，但从中分出新的法人。根据《民法典》第六十七条的规定，法人分立的，其权利和义务由分立后的法人享有连带债权，承担连带债务，但是债权人和债务人另有约定的除外。

2. 法人终止

法人终止，即法人消灭，是指法人丧失民事主体资格，不再具有民事权利能力和民事行为能力的一种状态。根据《民法典》第六十八条的规定，有下列原因之一并依法完成清算、注销登记的，法人终止：① 法人解散；② 法人被宣告破产；③ 法律规定的其他原因。

（1）法人解散

有下列情形之一的，法人解散：① 法人章程规定的存续期间届满或者法人章程规定的其他解散事由出现；② 法人的权力机构决议解散；③ 因法人合并或者分立需要解散；④ 法人依法被吊销营业执照、登记证书，被责令关闭或者被撤销；⑤ 法律规定的其他情形。其中，前三项属于自行解散，第四项属于强制解散。

（2）法人清算

法人清算是指法人解散时，清算义务人成立清算组，依据职权清理该法人的财产，了结其所参与的相应民事法律关系的活动。

1）法人解散的，除合并或者分立的情形外，清算义务人应当及时组成清算组进行清算。法人的董事、理事等执行机构或者决策机构的成员为清算义务人。法律、行政法规另有规定的，依照其规定。

2）法人的清算程序和清算组职权，依照有关法律的规定；没有规定的，参照适用公司法律的有关规定。

3）清算期间法人存续，但是不得从事与清算无关的活动。法人清算后的剩余财产，按照法人章程的规定或者法人权力机构的决议处理。法律另有规定的，依照其规定。清算结束并完成法人注销登记时，法人终止；依法不需要办理法人登记的，清算结束时，法人终止。

4）法人被宣告破产的，依法进行破产清算并完成法人注销登记时，法人终止。

（四）法人分支机构

根据《民法典》第七十四条的规定，法人可以依法设立分支机构。法律、行政法规规定分支机构应当登记的，依照其规定。法人的分支机构包括有限责任公司的分公司、各商业银行的分行、国家邮政局的分局、其他法人的分店或分所等。

法人分支机构具有如下特点。

（1）法人的分支机构是为了扩大法人的营业活动范围、实现法人的职能，由法人在总部之外设立的，且法人的分支机构从属于法人。

（2）法人的分支机构可在法人授权范围内独立进行民事活动。

（3）法人的分支机构不能独立承担民事责任。根据《民法典》第七十四条的规定，分支机构以自己的名义从事民事活动，产生的民事责任由法人承担；也可以先以该分支机构管理的财产承担，不足以承担的，由法人承担。

三、非法人组织

非法人组织是指不具有法人资格，但是能够依法以自己的名义从事民事活动的组织。非法人组织包括个人独资企业、合伙企业、不具有法人资格的专业服务机构等。

《民法典》中对非法人组织的规定主要包括以下方面。

（1）非法人组织应当依照法律的规定登记。设立非法人组织，法律、行政法规规定须经有关机关批准的，依照其规定。

（2）非法人组织的财产不足以清偿债务的，其出资人或者设立人承担无限责任。法律另有规定的，依照其规定。

（3）非法人组织可以确定一人或者数人代表该组织从事民事活动。

（4）有下列情形之一的，非法人组织解散：① 章程规定的存续期间届满或者章程规定的其他解散事由出现；② 出资人或者设立人决定解散；③ 法律规定的其他情形。非法人组织解散的，应当依法进行清算。

任务实施

民事主体案例分析

任务描述

小张与小王是好友，二人均厨艺过人，于是每人出资50万元成立了甲有限责任公司，准备做餐饮生意。公司成立伊始，生意火爆，门庭若市，大赚了一笔。后来，二人通过贷款，扩大了经营规模，但因经营不善，生意惨淡，资金链断裂。由于二人无力支付欠供货商的20余万元货款，供货商将甲有限责任公司、小张、小王诉至人民法院，要求还款。人民法院经审理查明，二人经营公司期间，严格遵守各项规定，依法依规经营，收付款全部使用公司账户，也未挪用公司的财物。

实施流程

（1）学生自由分组，每组2～3人，并选出一名小组长。

（2）小组成员阅读上述案例，并就以下问题进行讨论：① 案例中，小张、小王和甲有限责任公司分别属于什么类型的民事主体？② 甲有限责任公司是否需要承担还款责任？为什么？③ 小王和小张是否需要承担还款责任？为什么？

（3）小组成员一起查阅《民法典》，找出可以支持上述问题答案的法条。

（4）小组长汇总讨论结果，并在课堂上分享。

（5）教师对各小组的表现进行评价。

任务四　熟悉民事法律行为

任务导入

小张在花卉市场求购两种观赏花卉。王老板在听闻小张想购买的花卉品种后，挑选了两盆花卉并向小张推荐，称这两盆花卉的品相在小张想要的花卉中是最好的，并要价 10 000 元。小张欣然同意，付款 10 000 元后，购得两盆花卉。

思考：

（1）若小张是 20 岁且心智成熟的成年人，则双方交易花卉行为的效力如何？

（2）若小张未满 8 岁，则双方交易花卉行为的效力如何？

（3）若小张是尚未成年的高中生，或者虽已成年但因患有精神疾病而不能完全辨识自己的行为，则双方交易花卉行为的效力如何？

（4）如果双方买卖的花卉是国家明令禁止交易的国家重点保护野生植物，则双方交易花卉行为的效力如何？

一、民事法律行为的概述

民事法律行为是指民事主体通过意思表示设立、变更、终止民事法律关系的行为，是对合同行为、婚姻行为、遗嘱行为等一系列能够产生具体权利义务关系的行为的概括。

【例 1-11】甲喜提新车，与三五好友喝酒庆祝，结果甲酒后不慎将酒店大堂的花瓶打碎。甲打碎花瓶这一行为产生的法律后果是甲需要照价赔偿，但这个法律后果并不是根据甲的意思表示产生的，因此该行为不属于民事法律行为。

（一）民事法律行为的形式

《民法典》第一百三十五条规定："民事法律行为可以采用书面形式、口头形式或者其他形式；法律、行政法规规定或者当事人约定采用特定形式的，应当采用特定形式。"

1. 书面形式

书面形式是指行为人用书面文字所进行的意思表示，包括电报、电传、电子数据交换和电子邮件等数据电文形式。书面形式主要适用于不能即时清结、标的数额较大的交易。

书面形式可分为一般书面形式和特殊书面形式。一般书面形式是指当事人的意思表示无须由国家有关机关认可的文字记载形式。特殊书面形式是指当事人的意思表示除用文字记载外，还应得到国家有关机关认可的形式，包括公证、鉴证、审核登记等形式。对于特殊书面形式，在法律有特别规定时，当事人必须遵守，否则将影响民事法律行为的效力。

2. 口头形式

口头形式是指行为人通过谈话的形式进行意思表示，包括当面交谈、电话交谈（见图1-5）、托人带口信、当众宣布等。口头形式简单、迅速，但因缺乏相应记载，一旦发生纠纷，日后难以取证。因此，口头形式多用于能够即时清结、标的数额不大的交易。

3. 其他形式

其他形式主要包括以下两种。

图1-5 电话交谈

（1）推定形式。当事人通过有目的、有意识的积极行为将其内在的意思表示于外部，对方可以根据常识、习惯或相互间的默契等，推知其已做出某种意思表示。

（2）沉默形式。行为人既无语言文字表示，又无行为表示，在法律有特别规定的情况下即构成意思表示，产生成立法律行为的效果。

（二）民事法律行为的分类

1. 单方法律行为、双方法律行为和多方法律行为

根据民事法律行为的成立需要一方、双方还是多方的意思表示，民事法律行为可分为单方法律行为、双方法律行为和多方法律行为。单方法律行为是指基于一方当事人的意思表示即能成立的民事法律行为，如订立遗嘱。双方法律行为是指基于双方当事人的意思表示一致才能成立的民事法律行为，如合同行为。多方法律行为是指数个当事人并行的意思表示一致才可成立的民事法律行为，如合伙合同行为。

2. 有偿法律行为和无偿法律行为

根据民事法律行为中当事人是否均取得一定的利益，民事法律行为可分为有偿法律行为与无偿法律行为。有偿法律行为是指当事人一方进行给付而从对方取得相应利益的民事法律行为，如买卖行为。无偿法律行为是指当事人一方进行给付而不从对方取得任何利益的民事法律行为，如赠与行为。

3. 诺成法律行为和实践法律行为

根据民事法律行为的成立是否以一方向另一方交付实物为条件，民事法律行为可分为诺成法律行为和实践法律行为。诺成法律行为是指双方当事人意思表示一致即告成立的民事法律行为，如租赁行为。实践法律行为是指双方当事人除意思表示一致外，还必须交付实物才告成立的民事法律行为，如民间借贷行为。

4. 主法律行为和从法律行为

根据相互关联的民事法律行为之间关系的不同，民事法律行为可分为主法律行为与从法律行为。主法律行为是指无须凭借其他法律行为的存在即可成立的民事法律行为，如借贷合同行为。从法律行为是指必须以其他法律行为的存在为前提方可成立的民事法律行为，如担保行为。

> **知 法 用 法**
>
> 甲向乙借款，与乙签订了借款合同。同时，甲将自己的一处房产作为抵押，与乙签订了抵押合同。
>
> 讨论：签订借款合同和签订抵押合同，哪个为主法律行为？哪个为从法律行为？

二、民事法律行为的效力

根据法律效力的不同，民事法律行为可分为有效民事法律行为、无效民事法律行为、可撤销的民事法律行为和效力待定的民事法律行为。

（一）有效民事法律行为

有效民事法律行为是指因符合法律规定而获得能够引起民事法律关系设立、变更或终止的法律效力的法律行为。法律行为只有有效，才能得到法律的认可和保护。

根据《民法典》第一百四十三条的规定，具备下列条件的民事法律行为有效：① 行为人具有相应的民事行为能力；② 意思表示真实；③ 不违反法律、行政法规的强制性规定，不违背公序良俗。

（二）无效民事法律行为

根据《民法典》的规定，无效民事法律行为包括以下几种。

（1）无民事行为能力人实施的民事法律行为。

（2）行为人与相对人以虚假的意思表示实施的民事法律行为。

（3）违反法律、行政法规的强制性规定的民事法律行为（该强制性规定不导致该民事法律行为无效的除外）。

（4）行为人与相对人恶意串通，损害他人合法权益的民事法律行为。

（5）违背公序良俗的民事法律行为。

（三）可撤销的民事法律行为

可撤销的民事法律行为是指因意思表示瑕疵，当事人可以请求人民法院或仲裁机构予以撤销的民事法律行为。此种行为不是当然无效，只有当事人或受害人主张，人民法院或仲裁机构才能予以撤销，故又称之为相对无效的民事法律行为。可撤销的民事法律行为具有如下特征：① 可撤销的民事法律行为是意思表示不真实的法律行为；② 可撤销的民事法律行为在未被撤销之前，应为有效行为；③ 是否使可撤销的民事法律行为的效力归于消灭，取决于撤销权人的意思。

> **法律锦囊**
>
> 意思表示瑕疵是指行为人的表示意思与效果意思不一致的意思表示。行为人内心希望发生某种法律效力的意思，称为效果意思，而将这一效果意思通过表示行为表达于外部的意思，称为表示意思。表示意思与内心效果一致时，即具备了民事法律行为的生效条件之一，为意思表示真实；反之则为意思表示瑕疵。

1. 可撤销的情形

（1）重大误解。《民法典》第一百四十七条规定："基于重大误解实施的民事法律行为，行为人有权请求人民法院或者仲裁机构予以撤销。"重大误解又称意思表示错误，是指因表意人认识上的错误或表示行为上的误差，导致表示内容与自身主观意思不一致，且背离比较严重，并造成重大损失的情形。

以 案 释 法

买卖合同纠纷案

● **基本案情：**

2021年3月18日，原告侯某与被告张某某签订《旧机动车转让协议书》，约定被告张某某将汽车以22.3万元的价格转卖给侯某。同日，侯某通过案外人王某的银行账户向张某某转账支付了购车款。当晚，原告查询到该车辆存在重大质量瑕疵。另查明，原告侯某购买该车辆时，该车辆尚登记在另一被告胡某某名下。因此，原告于2021年4月13日向人民法院提起诉讼，请求撤销其与被告张某某于2021年3月18日签订的《旧机动车转让协议书》。

- 裁决结果：

人民法院经审理认为，原告所提交的证据不足以证明被告张某某在出卖涉案车辆时存在故意欺诈、隐瞒事实真相的主观故意。根据双方陈述，涉案车辆成交价格系该车型车况良好情形下的市场行情价格，而且原告在交易时误认为该车辆不存在重大质量瑕疵，才做出购买的意思表示。因此，原告实施该民事法律行为系基于重大误解。根据《民法典》的规定，基于重大误解实施的民事法律行为，行为人有权自知道或者应当知道撤销事由之日起九十日内请求人民法院或者仲裁机构予以撤销。故此，原告的请求符合法律规定，人民法院予以支持。

（资料来源：徐强、龙海奇，《订立合同时存在重大误解的认定》，中国法院网，2021年7月26日）

（2）欺诈。一方以欺诈手段，使对方在违背真实意思的情况下实施的民事法律行为，受欺诈方有权请求人民法院或者仲裁机构予以撤销。第三人实施欺诈行为，使一方在违背真实意思的情况下实施的民事法律行为，对方知道或者应当知道该欺诈行为的，受欺诈方有权请求人民法院或者仲裁机构予以撤销。

【例1-12】甲看中了乙的一块玉坠，并提出想要购买的意愿。乙明知自己玉坠的材质为普通石头，价值很低，但还是按照玉坠的市场价格卖于甲，并签订了买卖合同。乙的行为为欺诈，之后甲若察觉到该玉坠的材质并非玉，则有权请求人民法院或者仲裁机构撤销该民事法律行为。

（3）胁迫。一方或者第三人以胁迫手段，使对方在违背真实意思的情况下实施的民事法律行为，受胁迫方有权请求人民法院或者仲裁机构予以撤销。

（4）显失公平。一方利用对方处于危困状态、缺乏判断能力等情形，致使民事法律行为成立时显失公平的，受损害方有权请求人民法院或者仲裁机构予以撤销。

2. 撤销权的消灭

根据《民法典》第一百五十二条第一款的规定，有下列情形之一的，撤销权消灭：① 当事人自知道或者应当知道撤销事由之日起一年内、重大误解的当事人自知道或者应当知道撤销事由之日起九十日内没有行使撤销权；② 当事人受胁迫，自胁迫行为终止之日起一年内没有行使撤销权；③ 当事人知道撤销事由后明确表示或者以自己的行为表明放弃撤销权。同时，《民法典》第一百五十二条第二款还规定，自民事法律行为发生之日起五年内没有行使撤销权的，撤销权消灭。

> **法律锦囊**
>
> 《民法典》第一百五十五条规定："无效的或者被撤销的民事法律行为自始没有法律约束力。"

（四）效力待定的民事法律行为

效力待定的民事法律行为是指民事法律行为成立时因欠缺有效条件，能否发生行为人所期望的法律后果还不能确定，待有权追认的人追认之后才能确定其效力的民事法律行为。效力待定的民事法律行为成立后，既存在转变为确定有效的民事法律行为的可能性，也存在转变为无效民事法律行为的可能性。效力待定的民事法律行为能否成为确定有效的民事法律行为，取决于法律规定的特定人是否予以追认。

效力待定的民事法律行为主要包括以下三种。

（1）民事行为能力欠缺的行为。限制民事行为能力人实施的纯获利益的民事法律行为或者与其年龄、智力、精神健康状况相适应的民事法律行为有效；实施的其他民事法律行为经法定代理人同意或者追认后有效。

【例1-13】11岁的孩童甲，智力正常。甲在国外的舅舅送给他一辆价值昂贵的汽车模型，甲收下该礼物的行为是有效的；但若甲想将该汽车模型与同学的文具交换，则需经甲的法定代理人同意或者追认后才有效。

（2）代理权欠缺的行为。代理权欠缺的行为，即无权代理。无权代理的类型有：① 未经授权的代理；② 超越代理权的行为；③ 代理权已消灭后的代理。无权代理的具体介绍参见项目一的任务五。

（3）处分权欠缺的行为。处分他人财产或财产权利又没有处分权的，即为处分权欠缺的行为。无处分权人处分他人财产或财产权利的，经有处分权的人追认，或者无处分权人在实施该行为后通过其他途径取得处分权，使其处分权的欠缺得以弥补的，该行为自始有效。无处分权人在合同订立后至履行前未得到有处分权的人的追认，也未取得处分权的，该行为无效。

三、民事法律行为的附条件和附期限

民事主体在实施法律行为时，有时并不希望立即发生预期的法律后果，而是要等到一定事实发生或一定期限届至时，再发生法律后果或终止法律后果，这就是民事法律行为的附条件和附期限。

（一）附条件的民事法律行为

附条件的民事法律行为是指当事人在法律行为中附设一定条件，以条件是否成就来决定法律行为效力的发生或消灭的法律行为。根据《民法典》第一百五十八条的规定，民事法律行为可以附条件，但是根据其性质不得附条件的除外。附生效条件的民事法律行为，自条件成就时生效。附解除条件的民事法律行为，自条件成就时失效。附条件的民事法律行为，当事人为自己的利益不正当地阻止条件成就的，视为条件已经成就；不正当地促成条件成就的，视为条件不成就。

（二）附期限的民事法律行为

附期限的民事法律行为是指设定一定的期限，并把这一期限的到来作为行为人所追求的法律后果是否发生或消灭依据的民事法律行为。根据《民法典》第一百六十条的规定，民事法律行为可以附期限，但是根据其性质不得附期限的除外。附生效期限的民事法律行为，自期限届至时生效。附终止期限的民事法律行为，自期限届满时失效。

任务实施

民事法律行为效力判断小游戏

任务描述

将一些民事法律行为的案例写在纸条上，由学生抽取纸条，并对纸条上民事法律行为的效力进行判断，答对次数最多的小组获得奖励。

实施流程

（1）学生自由分组，每组2~3人，并选出一名小组长。

（2）小组长组织小组成员搜集民事法律行为的案例，并写在纸条上，可简单描述。下面列举一些案例，学生可参考或借鉴。

① 12岁的小李，能辨认自己的行为，接受了其叔叔5 000元的赠与。

② 9岁的小赵，能辨认自己的行为，用6 000元购买了一台电脑。

③ 小顾的父亲病重，急需用钱，小张趁机表明愿意低价购买小顾收藏的名画，并与小顾签订了买卖合同。

④ 某电器商行明知彩色电视机有质量问题，但在销售时故意不加说明，顾客甲购买了有质量问题的电视机。

⑤ 32岁的小陈为精神病患者，完全不能辨认自己的行为，与小周签订了房屋买卖合同。

⑥ 小吴手上握有小何行为不检点的证据，以此胁迫小何与自己签订物品买卖合同。

⑦ A公司与B公司签订了一份合同，在执行合同时发现对主要条款（标的物的质量）有重大误解。

⑧ 小金因工作繁忙，委托小王代表自己购买货物A，小王却购买了货物B，并以小金的名义与卖方签订了买卖合同。

（3）教师将纸条顺序打乱，学生抽取纸条，并判断纸条上民事法律行为的效力。

（4）教师对答对次数最多的小组进行奖励，并对学生易错题进行总结。

项目一 民法总论

任务五 熟悉代理

任务导入

2020年11月，刘大哥与小王口头约定：刘大哥出资委托小王在县城收购辣椒并在当地冷库储存，同时给小王300元/吨的代理费，冷库储存费用由刘大哥自己负担。小王收到刘大哥所转的款项后，共收购辣椒203吨，并在指定冷库储存。2022年9月，因当时辣椒价格比较低，刘大哥将辣椒转移到另一冷库。2023年7月10日，刘大哥以14.3元/千克的价格销售辣椒60吨，剩余辣椒143吨。2023年7月29日，小王未经刘大哥同意，以刘大哥的名义陆续将剩余的143吨辣椒销售出去，但只交给刘大哥40万元，剩余钱款迟迟未支付给刘大哥。刘大哥无奈，遂起诉至人民法院，要求小王退还钱款及利息。

思考：

（1）小王与刘大哥之间存在哪种类型的代理关系？
（2）刘大哥是否有权要求小王退还钱款及利息？

一、代理的概述

（一）代理的概念

代理是指代理人在代理权限内，以被代理人的名义与第三人实施表意行为，由被代理人直接承受所产生法律后果的法律制度。代理关系中至少涉及三方当事人：① 代理人，即以他人名义，代他人实施民事法律行为的人；② 被代理人，即被他人使用名义，并最终承担所代行为的法律后果的人；③ 第三人，即与代理人实施民事法律行为的相对人。

【例1-14】乙受甲之托与丙签订买卖合同，在这个代理关系中，代理人是乙，被代理人是甲，第三人是丙。

（二）代理的适用范围

代理的适用范围很广，民事法律行为和其他能够引起民事权利义务发生、变更、终止的

有法律意义的行为，都可通过代理完成。

但并不是所有的民事法律行为都能由他人代理。《民法典》第一百六十一条第二款规定："依照法律规定、当事人约定或者民事法律行为的性质，应当由本人亲自实施的民事法律行为，不得代理。"例如，要求结婚的男女双方应当亲自到婚姻登记机关申请结婚登记；在承揽合同中，如果约定必须由承揽人亲自完成其承揽的全部工作，则承揽人不能委托第三人完成。

（三）代理的分类

《民法典》第一百六十三条第一款规定："代理包括委托代理和法定代理。"

（1）委托代理。委托代理又称意定代理、授权代理、委任代理，是指根据委托人的委托而产生的代理。委托代理人按照被代理人的委托行使代理权。委托代理是最常见、应用最广泛的代理形式。

（2）法定代理。法定代理是指由法律根据一定的社会关系直接规定的代理。法定代理人依照法律的规定行使代理权。法定代理主要是为了保护无民事行为能力人和限制民事行为能力人的合法权益而设定的，其产生的基础关系主要是代理人与被代理人之间存在的血缘关系、婚姻关系等。

法律锦囊

关于委托代理，《民法典》做出了以下规定。

（1）委托代理授权采用书面形式的，授权委托书应当载明代理人的姓名或者名称、代理事项、权限和期限，并由被代理人签名或者盖章。

（2）数人为同一代理事项的代理人的，应当共同行使代理权，但是当事人另有约定的除外。

（3）代理人知道或者应当知道代理事项违法仍然实施代理行为，或者被代理人知道或者应当知道代理人的代理行为违法未做反对表示的，被代理人和代理人应当承担连带责任。

（4）代理人需要转委托第三人代理的，应当取得被代理人的同意或者追认。转委托代理经被代理人同意或者追认的，被代理人可以就代理事务直接指示转委托的第三人，代理人仅就第三人的选任以及对第三人的指示承担责任。转委托代理未经被代理人同意或者追认的，代理人应当对转委托的第三人的行为承担责任；但是，在紧急情况下代理人为了维护被代理人的利益需要转委托第三人代理的除外。

二、代理权的概述

（一）代理权发生的根据

代理权是指代替被代理人为意思表示或接受意思表示而其法律后果直接归于被代理人的一种资格。代理的种类不同，代理权发生的根据也不同：委托代理权基于被代理人的授权行为而发生，法定代理权根据法律的直接规定而发生。

（二）滥用代理权的情形

为防止代理人滥用代理权，利用代理权实施有损被代理人利益的行为，《民法典》对代理权进行了限制，主要包括以下方面。

1. 自己代理

自己代理是指代理人以被代理人的名义与自己实施民事法律行为。在自己代理中，极易出现代理人损害被代理人利益的情况。因此，自己代理一般是无效的。《民法典》第一百六十八条第一款规定："代理人不得以被代理人的名义与自己实施民事法律行为，但是被代理人同意或者追认的除外。"

> 【例1-15】甲委托乙帮助自己购买一辆摩托车，乙以甲的名义与自己签订买卖合同，将自己的摩托车卖于甲。根据《民法典》的规定，乙的行为为自己代理，应属无效。

2. 双方代理

双方代理是指代理人同时代理双方实施同一民事法律行为。通常情况下，双方代理也是无效的。这是因为在双方代理中，代理人一人兼任双方的代理人，以一个人的意志取代了双方的意思表示，从而违背了民事法律行为中双方当事人协商一致的要求。此外，当双方的利益发生冲突时，代理人必然要为一方被代理人的利益而损害另一方被代理人的利益。《民法典》第一百六十八条第二款规定："代理人不得以被代理人的名义与自己同时代理的其他人实施民事法律行为，但是被代理的双方同意或者追认的除外。"

> 【例1-16】甲委托乙帮助自己购买一辆摩托车，丙委托乙帮助自己销售摩托车，乙以甲、丙双方的名义签订买卖合同，将丙的摩托车卖于甲。根据《民法典》的规定，乙的行为为双方代理，应属无效。

3. 恶意串通代理

恶意串通代理是指代理人与第三人实施民事法律行为时故意串通，损害被代理人的利益。《民法典》第一百六十四条第二款规定："代理人和相对人恶意串通，损害被代理人合法权益

的，代理人和相对人应当承担连带责任。"

> **【例1-17】** 甲有一个市值约为80万的古董，委托乙代为销售。丙向乙表示出价60万，另付给乙回扣5万。于是乙与丙签订销售合同，同时欺骗甲说行情不好，60万已是最高价格。根据《民法典》的规定，乙与丙的行为为恶意串通代理，应属无效。

（三）代理权终止

代理权终止是指因某种法律事实的出现，代理权归于消灭的情况。代理的种类不同，代理权终止的原因也不同。

1. 委托代理权终止

《民法典》第一百七十三条规定，有下列情形之一的，委托代理权终止：① 代理期限届满或者代理事务完成；② 被代理人取消委托或者代理人辞去委托；③ 代理人丧失民事行为能力；④ 代理人或者被代理人死亡；⑤ 作为代理人或者被代理人的法人、非法人组织终止。

但是，被代理人死亡后，有下列情形之一的，委托代理人实施的代理行为有效：① 代理人不知道且不应当知道被代理人死亡；② 被代理人的继承人予以承认；③ 授权中明确代理权在代理事务完成时终止；④ 被代理人死亡前已经实施，为了被代理人的继承人的利益继续代理。此外，作为被代理人的法人、非法人组织终止的，参照适用上述规定。

> **知法用法**
>
> 甲要回老家探亲，乙知道甲老家盛产黑木耳，且价格便宜，便请甲代购50千克黑木耳。一个月后，甲从老家回来，给乙带回了50千克黑木耳。当甲去乙家中交货时，才得知乙已于半月前因病去世。
>
> 讨论：乙去世后，甲以乙的名义实施的代理行为是否还有效？

2. 法定代理权终止

《民法典》第一百七十五条规定，有下列情形之一的，法定代理权终止：① 被代理人取得或者恢复完全民事行为能力；② 代理人丧失民事行为能力；③ 代理人或者被代理人死亡；④ 法律规定的其他情形。

三、无权代理和表见代理

（一）无权代理

无权代理是指行为人没有代理权而以他人名义所实施的代理。《民法典》中关于无权代理的相关规定如下。

（1）行为人没有代理权、超越代理权或者代理权终止后，仍然实施代理行为，未经被代理人追认的，对被代理人不发生效力。

（2）相对人可以催告被代理人自收到通知之日起三十日内予以追认。被代理人未做表示的，视为拒绝追认。行为人实施的行为被追认前，善意相对人有撤销的权利。撤销应当以通知的方式做出。

法律锦囊

善意相对人是指不知道法律关系双方真实情况的第三人。

（3）行为人实施的行为未被追认的，善意相对人有权请求行为人履行债务或者就其受到的损害请求行为人赔偿。但是，赔偿的范围不得超过被代理人追认时相对人所能获得的利益。

（4）相对人知道或者应当知道行为人无权代理的，相对人和行为人按照各自的过错承担责任。

（二）表见代理

表见代理是无权代理的一种，是指无权代理人的代理行为，存在足以使第三人相信其有代理权的事由，因而产生被代理人对第三人负授权责任的代理。表见代理一旦构成，即产生与有权代理相同的法律效力，代理行为的法律后果直接归属被代理人。被代理人承担表见代理的法律后果后，有权向无权代理人追偿。《民法典》第一百七十二条规定："行为人没有代理权、超越代理权或者代理权终止后，仍然实施代理行为，相对人有理由相信行为人有代理权的，代理行为有效。"

以案释法

继承人代理签订房屋拆迁补偿协议案

● **基本案情：**

王某生前遗留有一栋自建房，死后该房产由其5个子女朱某1、朱某2、朱某3、朱某4和朱某5继承，其中朱某3已先于王某死亡，依法由其两个子女朱某甲和朱某乙代位继承。在房产继承过程中，因旧城改造，该房屋涉及拆迁，某房地产开发商便与上述继承人协商拆迁补偿事宜。朱某1、朱某4、朱某5和朱某乙书面委托朱某2和朱某甲与该房地产开发商签订了《房屋拆迁补偿安置协议》，双方约定了房屋拆迁后的置换面积为680平方米。签订协议后，该房地产开发商因股东出资问题进行了重组。完成重组后，该房地产开发商又重新单独与朱某甲签订了《受损户安置换房协议》。该协议中约定，上述房屋拆迁后的置换面积为600平方米，较之前的置换面积少了80平方米。朱某1、朱某2、朱某4、朱某5和朱某乙得知情况后，诉至人民法院。

原告朱某1、朱某2、朱某4、朱某5和朱某乙认为，朱某甲的行为构成无权代理，其与该房地产开发商签订的《受损户安置换房协议》无效。被告某房地产开发商则认为，房屋拆迁事宜一直由朱某甲在过问，其有理由相信朱某甲有代理权，因此本案构成表见代理，朱某甲的代理行为有效，朱某1、朱某2等人应当依约履行《受损户安置换房协议》。

● 裁决结果：

本案中，合同所涉房产属于朱某1、朱某2等继承人共有，该房地产开发商是知情的，且原先签订的《房屋拆迁补偿安置协议》由代理人朱某2和朱某甲代理其他继承人所签，此后所签订的《受损户安置换房协议》是对原先协议的补充和变更，理应由原先的合同相对人授权朱某2和朱某甲共同签订。然而，该房地产开发商明知合同所涉房产属共有，在签订合同时却未通知其他继承人，也未审查朱某甲是否获得授权，存在明显的过失。因此，本案不构成表见代理，属无权代理。

人民法院最终判决，朱某甲与该房地产开发商签订的《受损户安置换房协议》对朱某1、朱某2、朱某4、朱某5和朱某乙不发生效力。因签订上述《受损户安置换房协议》所产生的民事责任由朱某甲和该房地产开发商根据各自的过错分别承担。

（资料来源：李远红，《无权代理抑或表见代理——被代理人与善意相对人的权益保护之争》，湖南省高级人民法院网，2022年3月17日）

任务实施

代理案例分析

任务描述

张某是A商贸公司的采购员，曾长期代表A商贸公司向B家电生产厂家采购家电。半年前，张某因严重违反公司的规章制度而被A商贸公司开除。但是，A商贸公司并未收回给张某开具的仍然有效的介绍信和授权委托书。张某凭此介绍信以A商贸公司的名义与B家电生产厂家签订了10万元的家电采购合同，并约定在交货后一个月内付款。B家电生产厂家在与张某签订合同时，并未得知张某已被开除一事。B家电生产厂家在向张某交货一个月后，仍未收到货款，也不知张某的下落。B家电生产厂家于是要求A商贸公司支付10万元货款，A商贸公司以张某已被开除与其无关为由拒绝支付，双方发生争执。

实施流程

（1）学生自由分组，每组2~3人，并选出一名小组长。

(2) 小组成员阅读上述案例，并就以下问题进行讨论：① 张某的行为属于哪种类型的代理？② A 商贸公司是否应承担支付货款的责任？

(3) 小组成员一起查阅《民法典》，找出可以支持上述问题答案的法条。

(4) 小组长汇总讨论结果，并在课堂上分享。

(5) 教师对各小组的表现进行评价。

任务六　了解民事责任与诉讼时效

任务导入

李某于 5 年前借给张某 5 万元，双方约定借款到期后张某连本带息还给李某 7 万元。张某因做生意亏损，借款到期时未还款给李某。李某考虑到与张某的交情和张某的处境，便没有向张某催款。又过了 3 年，李某经营的饭店生意惨淡，不仅将前些年的盈利亏损，还欠下银行一大笔债。李某便想起了张某欠自己的钱款，于是催张某还款，但张某迟迟不还。李某一气之下将张某告上法庭，法庭上，张某以这笔欠款过了诉讼时效而拒绝归还。

思考：

(1) 什么是诉讼时效？

(2) 上述案件是否已过诉讼时效？

一、民事责任

民事责任是法律责任的一种，是指民事主体违反民事义务所应承担的民事法律后果。《民法典》第一百七十六条规定："民事主体依照法律规定或者按照当事人约定，履行民事义务，承担民事责任。"

（一）民事责任的分类

1. 单独责任和共同责任

按照责任主体数量的不同，民事责任可分为单独责任和共同责任。

(1) 单独责任

单独责任是指由一个当事人独立承担的民事责任。

(2) 共同责任

共同责任是指由两个或两个以上的当事人共同承担的民事责任。共同责任主要包括按份责任和连带责任。

1) 按份责任。按份责任是指共同承担民事责任的多个当事人之间，依据法律规定或者合同约定，按照一定的份额比例承担相应的民事责任。二人以上依法承担按份责任时，能够确定责任大小的，各自承担相应的责任；难以确定责任大小的，平均承担责任。

2) 连带责任。连带责任是指根据法律规定或当事人有效约定，两个或两个以上的连带义务人都对不履行义务的行为承担全部责任。连带责任人的责任份额根据各自责任大小确定；难以确定责任大小的，平均承担责任。实际承担责任超过自己责任份额的连带责任人，有权向其他连带责任人追偿。

2. 财产责任和非财产责任

按照责任的内容是否为财产，民事责任可分为财产责任和非财产责任。

（1）财产责任。财产责任是指行为人必须要承担财产上的不利后果而使受害人得到财产上的补偿的责任形式。财产责任的承担方式有赔偿损失、支付违约金等。

（2）非财产责任。非财产责任是指行为人必须承担责任时，不必以财产交付或财产损失为内容，而只要以自己适当的行为防止损害的发生或消除已经发生了的损害后果的责任形式。非财产责任的承担方式有停止侵害、赔礼道歉、消除影响、恢复名誉等。

（二）民事责任的承担方式

民事责任的承担方式主要有：① 停止侵害；② 排除妨碍；③ 消除危险；④ 返还财产；⑤ 恢复原状；⑥ 修理、重做、更换；⑦ 继续履行；⑧ 赔偿损失；⑨ 支付违约金；⑩ 消除影响、恢复名誉；⑪ 赔礼道歉。这些民事责任的承担方式可以单独适用，也可以合并适用。

（三）民事责任的免责事由

民事责任的免责事由是指不履行合同或法律规定的义务而致他人损害者依法可以不承担民事责任的事由。根据《民法典》的规定，民事责任的免责事由主要包括以下几种。

（1）不可抗力。不可抗力是指不能预见、不能避免且不能克服的客观情况。自然现象中的地震、洪水，社会现象中的战争等，对个人来说都可以成为不可抗力。不可抗力独立于人的行为之外，并且不受当事人意志支配。《民法典》第一百八十条第一款规定："因不可抗力不能履行民事义务的，不承担民事责任。法律另有规定的，依照其规定。"

（2）正当防卫。正当防卫是指为了国家、公共利益、本人或者他人的权利免受正在进行的不法侵害，行为人不得已而采取防卫措施，以致对不法侵害人造成损害的行为。《民法典》第一百八十一条规定："因正当防卫造成损害的，不承担民事责任。正当防卫超过必要的限度，造成不应有的损害的，正当防卫人应当承担适当的民事责任。"

（3）紧急避险。紧急避险是指为了国家、公共利益、本人或者他人的合法利益免受正在发生的危险，行为人在紧急情况下不得已而采取的损害较小的应急行为。《民法典》第一百八十二条规定："因紧急避险造成损害的，由引起险情发生的人承担民事责任。危险由自然原因引起的，紧急避险人不承担民事责任，可以给予适当补偿。紧急避险采取措施不当或者超过必要的限度，造成不应有的损害的，紧急避险人应当承担适当的民事责任。"

（4）自愿实施紧急救助行为。《民法典》第一百八十四条规定："因自愿实施紧急救助行为造成受助人损害的，救助人不承担民事责任。"自愿实施紧急救助行为属于见义勇为行为，行为人对受助人造成的损害并非出于主观恶意。自愿实施紧急救助行为成为民事责任的免责事由既符合法理，也兼顾情理，是对见义勇为行为的鼓励和保护。

> 【例 1-18】甲在小区公园散步，突然发现不远处乙正持刀对丙实施抢劫，甲赶紧上前制止。厮打中，为躲避乙的刀刺，甲将丙推倒在地，导致丙腿部骨折。后警察赶到，乙匆忙逃窜。根据上述规定，甲的行为是自愿实施紧急救助行为，因此甲不需要对丙腿部骨折承担民事责任。

二、诉讼时效

诉讼时效是指权利人能行使权利而不行使，经过法律规定的时间，便丧失了请求人民法院强制义务人履行义务的权利的时效制度。诉讼时效的设立有利于督促权利人及时行使权利，保证权利义务关系的确定，也有利于人民法院及时、正确地处理民事纠纷。

（一）诉讼时效的分类

（1）普通诉讼时效。《民法典》第一百八十八条第一款规定："向人民法院请求保护民事权利的诉讼时效期间为三年。法律另有规定的，依照其规定。"

> 【例 1-19】甲向乙借款 10 万元，约定于 2022 年 6 月 1 日前还清。若甲未在规定的期限内还款，则乙可以在 2022 年 6 月 2 日起三年内向人民法院提起诉讼，请求人民法院强制债务人履行债务。

（2）最长诉讼时效。自权利受到损害之日起超过二十年的，人民法院不予保护，有特殊情况的，人民法院可以根据权利人的申请决定延长。

（二）诉讼时效的效力

诉讼时效的效力是指诉讼时效期间届满后发生的法律后果。诉讼时效的效力主要包括以下两个方面。

（1）权利人在诉讼时效期间届满后起诉的，人民法院应予以受理，不得以诉讼时效期间届满为由不予受理。只有受理，才能查明诉讼时效期间是否真正届满，以及有无可以延长诉讼时效期间的正当理由。

（2）诉讼时效期间届满的，义务人可以提出不履行义务的抗辩。诉讼时效期间届满后，义务人同意履行的，不得以诉讼时效期间届满为由抗辩；义务人已经自愿履行的，不得请求返还。

【例1-20】甲欠乙5万元，2017年7月1日到期，则诉讼时效期间为2017年7月2日至2020年7月1日。若甲未在诉讼时效期间内还款，而乙在2020年7月1日之后才起诉，则甲可以基于诉讼时效期间届满而不归还欠款。

但是，若甲在2020年7月1日之后曾明确表示过愿意归还欠款，则甲不得再以诉讼时效期间届满为由不归还欠款。若甲于2020年8月1日归还了欠款，则即使甲后来意识到诉讼时效期间届满，自己无须归还欠款，也不能请求乙返还。

（三）诉讼时效期间的计算

1. 诉讼时效期间的起算

诉讼时效期间自权利人知道或者应当知道权利受到损害以及义务人之日起计算。此外，《民法典》中对诉讼时效期间的起算还做出了以下规定：① 当事人约定同一债务分期履行的，诉讼时效期间自最后一期履行期限届满之日起计算；② 无民事行为能力人或者限制民事行为能力人对其法定代理人的请求权的诉讼时效期间，自该法定代理终止之日起计算；③ 未成年人遭受性侵害的损害赔偿请求权的诉讼时效期间，自受害人年满十八周岁之日起计算。

2. 诉讼时效的中断

有下列情形之一的，诉讼时效中断，从中断、有关程序终结时起，诉讼时效期间重新计算：① 权利人向义务人提出履行请求；② 义务人同意履行义务；③ 权利人提起诉讼或者申请仲裁；④ 与提起诉讼或者申请仲裁具有同等效力的其他情形。

3. 诉讼时效的中止

在诉讼时效期间的最后六个月内，因下列障碍，不能行使请求权的，诉讼时效中止：① 不可抗力；② 无民事行为能力人或者限制民事行为能力人没有法定代理人，或者法定代理人死亡、丧失民事行为能力、丧失代理权；③ 继承开始后未确定继承人或者遗产管理人；④ 权利人被义务人或者其他人控制；⑤ 其他导致权利人不能行使请求权的障碍。

此外，自中止时效的原因消除之日起满六个月，诉讼时效期间届满。

【例1-21】甲借给乙10万元,约定于2020年3月1日前还清,则普通诉讼时效期间从2020年3月2日起算,至2023年3月1日止。

若甲于2020年5月1日向乙催收款项,则诉讼时效期间从2020年5月1日起重新计算三年;若甲于2020年10月1日向人民法院起诉要求乙还款,则诉讼时效期间从2020年10月1日起重新计算三年。这便是诉讼时效的中断。

若乙于2023年1月1日突发精神疾病,被认定为限制民事行为能力人,直至2024年1月1日,乙的法定代理人才确定下来,则诉讼时效期间应从2024年1月1日起计算6个月。这便是诉讼时效的中止。

任务实施

民事纠纷判一判

任务描述

刘某驾驶大货车顺着国道往北出城,车辆驶至郊区,刘某见行人、车辆渐少,遂加快行驶速度。此时,刘某突然发现前面有行人横穿公路,眼看就要撞上对方,刘某慌乱之下猛打方向盘避开,但车辆由于方向急转,失去平衡侧翻在地,车辆、货物均有受损。刘某遂要求行人王某赔偿,王某拒绝。在多次要求赔偿未果的情况下,刘某诉至人民法院,请求人民法院判决王某赔偿其所受损失。

实施流程

(1)学生自由分组,每组2~3人,并选出一名小组长。

(2)小组成员阅读上述案例,并就以下问题进行讨论:王某是否需要承担民事责任?为什么?

(3)小组成员一起查阅《民法典》,找出可以支持上述问题答案的法条。

(4)小组长汇总讨论结果,并在课堂上分享。

(5)教师对各小组的表现进行评价。

学习成果自测

1. 填空题

（1）民法基本原则包括_____、_____、_____、诚信原则、公序良俗原则和绿色原则。

（2）民事法律关系的内容是民事主体间的_____和_____。

（3）八周岁以上的不能辨认自己行为的未成年人为_____民事行为能力人。

（4）滥用代理权的情形包括自己代理、双方代理和_____。

2. 选择题

（1）甲因遭遇海难下落不明，3年后，甲的妻子乙（　　）。

　　A. 只能申请宣告失踪

　　B. 可以申请宣告死亡

　　C. 只能申请宣告死亡

　　D. 应当先申请宣告失踪，然后再申请宣告死亡

（2）甲委托乙代购 A 款打字机，而乙代购的是 B 款打字机，乙的代购行为是（　　）。

　　A. 有效民事法律行为　　　　B. 无效民事法律行为

　　C. 可撤销的民事法律行为　　D. 效力待定的民事法律行为

（3）7岁的小明将妈妈的价值为2万元的铂金钻戒与邻居价值为10元的玩具交换，以下说法不正确的是（　　）。

　　A. 小明的妈妈可以要求邻居返回钻戒

　　B. 小明的妈妈不能要求邻居返回钻戒

　　C. 小明与邻居的交换行为无效

　　D. 小明是无民事行为能力人

（4）甲欠乙1万元，约定于2022年5月7日前还款。甲没有在规定时间内还款。到了2022年6月1日，甲联系乙，表示愿意在15天内还清欠款。则甲的行为在法律上将产生（　　）的后果。

　　A. 诉讼时效的延长

　　B. 诉讼时效的中止

　　C. 诉讼时效的中断

　　D. 诉讼时效不变

3．判断题

（1）因不可抗力不能履行民事义务的，不承担民事责任。法律另有规定的，依照其规定。（ ）

（2）自然人下落不明满一年的，利害关系人可以向人民法院申请宣告该自然人为失踪人。（ ）

（3）行为人与相对人以虚假的意思表示实施的民事法律行为是可撤销的民事法律行为。（ ）

（4）附条件的民事法律行为是指设定一定的期限，并把这一期限的到来作为行为人所追求的法律后果是否发生或消灭依据的民事法律行为。（ ）

4．简答题

（1）简述法定监护的内容。

（2）简述关于法人民事责任承担的规定。

（3）简述诉讼时效的分类。

学习成果评价

请进行学习成果评价，并将评价结果填入表1-2中。

表1-2　学习成果评价表

班级		组号		日期	
姓名		学号		指导教师	
项目名称	民法总论				
评价项目	评价内容		分值	自我评分	教师评分
知识（50%）	民法的概念、调整对象、调整方法、基本原则和适用范围		6		
	民事法律关系的概念、特征、要素、民事法律事实的分类和民事法律构成		6		
	民事主体的类型		6		
	民事法律行为的形式、分类和效力		6		
	附条件的民事法律行为和附期限的民事法律行为		4		
	代理的概念、适用范围和分类		5		

表1-2（续）

评价项目	评价内容	分值	自我评分	教师评分
知识（50%）	滥用代理权的情形、无权代理和表见代理	6		
	民事责任的分类、承担方式和免责事由	6		
	诉讼时效的分类、效力和诉讼时效期间的计算	5		
技能（30%）	能够利用所学知识分析具体案例	15		
	能够查阅《民法典》，找寻具体法条	15		
素养（20%）	具备良好的学习态度	5		
	具备团队精神	5		
	增强社会责任感	5		
	提升法治素养	5		
合计		100		
总分（自我评分×40%+教师评分×60%）				
自我评价				
教师评价				

项目二

物 权

项目引言

《民法典》物权编对物的支配权力关系进行了明确的规定，为享有物权的民事主体行使权利提供了法律依据，进一步维护了自然人、法人和非法人组织的财产权益。了解物权的相关知识，不仅可以帮助个人明确自身享有的民事权利，也有利于个人强化尊重他人合法财产、依法维护自身合法权益的意识，助力建设和谐社会。

知识目标

- 熟悉物权的特征和分类、物权的效力、物权的基本原则、物权变动和物权保护的相关知识。
- 掌握所有权的特征、所有权的权能、所有权的取得、国家所有权、集体所有权、私人所有权、业主的建筑物区分所有权、相邻关系和共有的相关知识。
- 掌握用益物权的特征、土地承包经营权、建设用地使用权、宅基地使用权、居住权和地役权的相关知识。
- 掌握担保物权的特征、抵押权、质权和留置权的相关知识。
- 熟悉占有的分类、占有的推定、占有人的权利和义务的相关知识。

素质目标

- 持续培育民法精神，弘扬民法文化，做社会主义法治的忠实崇尚者、自觉遵守者、坚定捍卫者。
- 能够依法维护个人权益，努力扣好学法、尊法、守法、用法的"第一粒扣子"，为将来参与社会法治建设打下坚实的基础。

任务一 认识物权

任务导入

王某自建了一栋二层楼房，与好友李某相约一同去房地产管理机构办理不动产物权登记。房地产管理机构工作人员由于疏忽，错将所有权人登记为李某，王某一时大意并未察觉。随后王某因长期外出务工，遂将该楼房交由李某保管。某天，李某以该楼房为抵押物，向赵某借款15万元，且双方前往房地产管理机构办理了抵押登记。后李某因无法按时还款，便与赵某协商将该楼房进行拍卖，以偿还借款。王某得知此事后，坚决反对赵某拍卖该楼房，但未达成一致，王某遂将李某和赵某一同诉至人民法院，要求确认李某和赵某的抵押行为无效。

赵某认为，产权证上登记的权利人是李某，且李某是该楼房的实际居住人，自己在不知情的情况下完全有理由相信该楼房归李某所有，因此抵押行为是有效的。王某则认为，李某并不是楼房的实际所有人，无权擅自将该房屋抵押给他人，该抵押行为是无效的。

思考：

（1）该楼房在法律上属于谁？
（2）赵某是否有权拍卖该楼房？
（3）王某应该如何维护自己的权益？

一、物权的特征和分类

（一）物权的特征

物权是指权利人依法对特定的物享有直接支配和排他的权利，属于财产权。具体来说，物权具有以下特征。

（1）物权客体是特定的物，即具有独立的特征或者被权利人指定而特定化的物，不能是种类物、抽象物等。

（2）物权的权利人是特定的，除权利人以外的人均为义务人。

（3）物权是具有直接支配性的权利。权利人可以直接支配物，直接享受物带来的利益，并有权排除他人侵害、干涉、妨碍。

(二) 物权的分类

根据不同的分类标准，物权可以分为不同的类型，具体如下。

1. 所有权和他物权

根据物的归属的不同，物权可分为所有权和他物权。其中，所有权是指权利人对自己的财产依法享有的占有、使用、收益和处分的权利；他物权是所有权派生出来的物权，是指权利人对他人所有的财产依法或者依约定享有的支配权。

> **法律锦囊**
>
> 所有权是一种对自己的物全面支配的权利，而他物权的权利人只能对他人所有物进行有限支配。

根据权利人对他人所有物支配范围的不同，他物权还可进一步分为用益物权和担保物权。其中，用益物权是指用益物权人对他人所有的不动产或者动产，依法享有占有、使用和收益的权利，包括土地承包经营权、建设用地使用权、宅基地使用权、居住权和地役权；担保物权是指担保物权人在债务人不履行到期债务或者发生当事人约定的实现担保物权的情形，依法享有就担保财产优先受偿的权利，包括抵押权、质权和留置权。

2. 不动产物权和动产物权

根据物权客体的不同，物权可分为不动产物权和动产物权。一般来说，不动产和动产是以物能否移动，或者是否会因移动而损坏其价值为区分标准的。常见的不动产物权包括建设用地使用权、土地承包经营权、不动产抵押权等，常见的动产物权包括动产所有权、动产抵押权、动产质权等。

3. 主物权和从物权

根据是否具有独立性，物权可分为主物权和从物权。其中，主物权是指不依赖其他权利而能够独立存在的物权，如所有权、建设用地使用权等；从物权是指从属于其他权利，以其他权利的存在为前提的物权，如抵押权、质权、留置权等。从物权会随着主物权的转让、变更、消灭而转让、变更、消灭。

二、物权的效力

物权的效力是指根据物权的排他性和对物的支配性的本质属性而产生的特殊法律效力，主要包括物权排他效力、物权优先效力、物权追及效力和物上请求权等。

（一）物权排他效力

物权排他效力是指在一个特定物上不能有两个或两个以上内容或效力互不相容的物权同时存在，具体表现为以下三个方面。

（1）同一标的物上不能同时存在两个或两个以上所有权。

【例2-1】甲将自己所有的一套房屋卖给乙，此时，该房屋的所有权即归属于乙。

（2）所有权人在同一所有物上不能同时设立两个或两个以上以独占为内容的用益物权（但地役权除外）。

（3）所有权人在同一所有物上不能同时设立两个或两个以上以占有为内容的担保物权（但抵押权除外）。

（二）物权优先效力

物权优先效力包括物权相互之间的优先效力和物权优先于债权的效力。

1. 物权相互之间的优先效力

当同一标的物上同时存在两个或两个以上可能发生权利冲突的物权时，物权相互之间的优先效力按照以下原则确定：① 先设立的物权优先于后设立的物权；② 他物权优先于所有权；③ 当法律特别规定某些物权具有优先效力时，无论设立的时间和物权的性质，均按照法律规定确定优先效力。

2. 物权优先于债权的效力

当物权和债权可能发生权利冲突时，无论物权设立在先还是在后，物权原则上具有优先于债权的效力。但是，物权优先效力也存在例外情况，如买卖不破租赁。

法苑广角

买卖不破租赁

《民法典》第七百二十五条规定："租赁物在承租人按照租赁合同占有期限内发生所有权变动的，不影响租赁合同的效力。"可见，在租赁关系存续期间，出租人将租赁物的所有权转让给他人后，受让人不能以该所有权对抗占有租赁物的承租人的租赁权。

（三）物权追及效力

物权追及效力是指物权客体无论辗转落入何人手中，除法律另有规定外，权利人都有权追及物之所在并主张自己的权利。

【例2-2】甲在某邮政储蓄银行取款时，误将手机忘在柜员机上。随后乙在该银行存钱时，在柜员机上发现了这部手机，并将手机带走自行使用。此时，甲可通过合法途径找到该手机并要求乙返还。

（四）物上请求权

物上请求权又称物权请求权，是指当权利人对特定物的圆满支配状态受到妨害时，权利人享有排除他人侵占其权利客体和干涉、妨害其物权行使的权利，具体包括返还原物请求权、排除妨害请求权、消除危险请求权等。

三、物权的基本原则

物权的基本原则包括物权法定原则、物权平等保护原则和物权公示原则。

（一）物权法定原则

《民法典》第一百一十六条规定："物权的种类和内容，由法律规定。"可见，物权法定原则具有以下含义。

（1）物权的种类是由法律规定的，当事人不得随意创设法律没有的物权。

（2）物权的内容是由法律规定的，当事人不得做出与物权的法定内容相悖的约定。

（二）物权平等保护原则

《民法典》第二百零七条规定："国家、集体、私人的物权和其他权利人的物权受法律平等保护，任何组织或者个人不得侵犯。"可见，物权平等保护原则具有以下含义。

（1）地位平等。所有权利人在法律中都具有平等的地位，依法享有相同的权利。

（2）适用规则平等。除法律有特别规定的情况外，所有权利人在取得、设立和转让物权时，都遵循共同的规则。

（3）保护平等。所有权利人都受到同样的保护，任何组织或者个人不得侵犯其权利。

（三）物权公示原则

物权公示原则是指立法者为了使物权法律关系更加清晰，并保证交易的安全性，要求物权发生变动时，必须通过法定的方式使公众知悉物权变动的事实。物权公示原则具有强制性，具体表现为以下两个方面。

（1）物权的设立和变动必须依法进行公示。

（2）公示的方法必须符合法律规定，当事人不得随意改变公示方法，否则，该公示就不具备法律效力。

四、物权变动

物权变动是指物权的动态现象，即物权的设立、变更、转让和消灭。《民法典》第二百零八条对物权变动的公示方法做出了明确的规定："不动产物权的设立、变更、转让和消灭，应当依照法律规定登记。动产物权的设立和转让，应当依照法律规定交付。"

（一）不动产物权变动的公示方法——登记

《民法典》第二百一十条第二款规定："国家对不动产实行统一登记制度。统一登记的范围、登记机构和登记办法，由法律、行政法规规定。"进一步明确了不动产物权变动以登记为公示方法。

1. 不动产物权变动登记的类型

不动产物权变动登记是指不动产登记机构经权利人的申请，依照法律规定的条件和程序将不动产物权变动的事实记载在不动产登记簿上的行为，一般包括以下几种类型。

（1）首次登记。首次登记即不动产权利第一次登记。未办理不动产首次登记的，不得办理不动产其他类型登记，但法律、行政法规另有规定的除外。

（2）变更登记。当不动产登记簿记载的事项发生改变时，权利人可以申请变更登记。

（3）转移登记。因买卖、互换、赠与、继承、受遗赠等导致不动产权利发生转移时，当事人可以申请转移登记。

（4）注销登记。因不动产灭失、权利人放弃、不动产被依法没收等导致不动产权利消灭时，当事人可以申请注销登记。

（5）更正登记。权利人、利害关系人认为不动产登记簿记载的事项错误的，可以申请更正登记。不动产登记簿记载的权利人书面同意更正或者有证据证明登记确有错误的，登记机构应当予以更正。

（6）异议登记。不动产登记簿记载的权利人不同意更正的，利害关系人可以申请异议登记。登记机构予以异议登记，申请人自异议登记之日起十五日内不提起诉讼的，异议登记失效。异议登记不当，造成权利人损害的，权利人可以向申请人请求损害赔偿。

（7）预告登记。当事人签订买卖房屋的协议或者签订其他不动产物权的协议，为保障将来实现物权，按照约定可以向登记机构申请预告登记。预告登记后，未经预告登记的权利人同意，处分该不动产的，不发生物权效力。预告登记后，债权消灭或者自能够进行不动产登记之日起九十日内未申请登记的，预告登记失效。

> **知法用法**
>
> 张某从自己的朋友李某手中购入一套房屋，并与李某签订了房屋买卖合同。
>
> 讨论：该房屋是否需要进行登记？如果需要，张某应进行哪种登记？

项目二 物权

2. 不动产物权变动的登记机构

不动产登记一般由不动产所在地的登记机构办理。根据《民法典》，登记机构应当履行以下职责：① 查验申请人提供的权属证明和其他必要材料；② 就有关登记事项询问申请人；③ 如实、及时登记有关事项；④ 法律、行政法规规定的其他职责。申请登记的不动产的有关情况需要进一步证明的，登记机构可以要求申请人补充材料，必要时可以实地查看。

此外，为了维护当事人的合法权益，登记机构不得有以下行为：① 要求对不动产进行评估；② 以年检等名义进行重复登记；③ 超出登记职责范围的其他行为。

> **法律锦囊**
>
> 因登记错误，造成他人损害的，登记机构应当承担赔偿责任。登记机构赔偿后，可以向造成登记错误的人追偿。

3. 不动产物权变动登记的效力

不动产物权变动登记的效力主要表现为以下三个方面。

（1）生效效力。不动产物权的设立、变更、转让和消灭，依照法律规定应当登记的，自记载于不动产登记簿时发生效力。

（2）对抗效力。当不动产物权未经过合法登记或登记有误时，未经登记的权利人不能以此为由主张权利。

> 【例2-3】甲购买了一套房屋，并约定将该房屋赠与乙，但未办理转移登记。后甲将该房屋卖给丙，并陪同丙办理了转移登记。此时该房屋归属于丙，乙无权以房屋所有人的身份要求丙返还。

（3）权利正确性推定效力。不动产登记簿是物权归属和内容的根据，除非有相反证据，否则应推定登记记载的权利人就是真正的物权人。

 以 案 释 法

一房二卖，房子到底归谁

● **基本案情：**

某日，王某从刘某处购买了某市的一套商品房，并支付了3万元定金。双方签订了房屋买卖合同，合同约定：该商品房总价120万元；任何一方解除合同或拒绝履行合同，均由违约方向另一方支付房屋总价的20%作为违约金，实际损失超过违约金总额的，责任方应据实赔偿。然而，合同签订后，刘某未将房屋交付王某，而是另与张某签订了房屋买卖合同，并将该商品房登记在张某名下。于是，王某起诉至人民法院，请求解除案

涉房屋买卖合同，并要求刘某支付违约金24万元及退回定金3万元。

● 裁决结果：

《民法典》第二百零九条第一款规定："不动产物权的设立、变更、转让和消灭，经依法登记，发生效力；未经登记，不发生效力，但是法律另有规定的除外。"因此，人民法院经审理认为，在本案中，案涉房屋已登记在张某名下，且张某对王某和刘某之间的民事法律关系并不知情，张某依法享有该房屋的所有权。但刘某一房二卖的行为严重侵犯了王某的权益，人民法院对王某的请求予以支持，判决解除涉案房屋买卖合同，刘某返还定金3万元，并支付违约金24万元。

（资料来源：章程，《"一房二卖"！卖家违约被判赔24万元》，广州日报网，2023年11月18日）

（二）动产物权变动的公示方法——交付

动产物权变动以交付为公示方法。交付是指动产物权的出让人将其对于动产的占有转移给受让人。

交付的方式包括现实交付和观念交付。现实交付是指对动产占有的现实转移，可以通过送货上门、上门提货、代办托运等方式实现；观念交付是指对动产占有在观念上的转移，其目的在于简化交易流程，降低交易成本，节省交易时间。观念交付主要包括以下三种情形。

（1）简易支付，是指动产物权设立和转让前，受让人已经依法占有该动产的，物权自民事法律行为生效时发生效力。

【例2-4】甲向乙借用电脑，一个月后，甲从乙手中买下了这台电脑。自甲买下电脑当日起，该电脑归甲所有。

（2）指示支付，是指动产物权设立和转让前，第三人占有该动产的，负有交付义务的人可以通过转让请求第三人返还原物的权利代替交付。

【例2-5】甲将电脑借给乙使用，之后又将电脑卖给了丙，此时该电脑归丙所有，丙可请求乙返还。

（3）占有改定，是指动产物权转让时，当事人又约定由出让人继续占有该动产的，物权自该约定生效时发生效力。

【例2-6】甲将电脑卖给乙，本应立即进行交付，但双方约定甲继续使用一周后再将电脑交给乙，此时甲可以继续占有该电脑，但自约定生效起，乙享有该电脑的所有权。

五、物权保护

物权保护是指因物权受到侵害或者防止物权受到侵害而建立的各种保护制度。当物权受到侵害时,《民法典》规定权利人依法享有物权确认请求权、返还原物请求权、排除妨害请求权、物权复原请求权和物权损害赔偿请求权。

（1）物权确认请求权，是指因物权的归属、内容发生争议的，利害关系人可以请求确认权利。有权确认物权的单位有行政机关、人民法院、仲裁机构等。

（2）返还原物请求权，是指无权占有不动产或者动产的，权利人可以请求返还原物。

（3）排除妨害请求权，是指妨害物权或者可能妨害物权的，权利人可以请求排除妨害或者消除危险。

（4）物权复原请求权，是指造成不动产或者动产毁损的，权利人可以依法请求修理、重做、更换或者恢复原状。提出物权复原请求权的前提是，被损毁的物有修复的可能，否则权利人只能请求侵权人赔偿损失。

（5）物权损害赔偿请求权，是指侵害物权，造成权利人损害的，权利人可以依法请求损害赔偿，也可以依法请求承担其他民事责任。

 任务实施

物权案例分析

任务描述

国庆节长假期间，孔某夫妇有意购买正在建设中的某小区三室二厅商品房一套，售楼专员介绍：该房建筑面积 129.6 平方米，每平方米 6 960 元，国庆节活动期间签订商品房买卖合同即可享受 3 万元现金优惠。孔某夫妇对楼层、房型、价款都挺满意，但对房屋要 2 年后才能交付有些顾虑，担心遭遇一房二卖、卖后抵押等纠纷。思虑再三，孔某夫妇决定先向律师咨询。

实施流程

（1）学生自由分组，每组 4~6 人，并选出一名小组长。

（2）小组成员结合所学知识，就以下问题展开讨论：① 签订商品房买卖合同后，该房屋的所有权是否就归属孔某夫妇？② 对该房进行预告登记，能否能够防范一房二卖、卖后抵押等情况？③ 如果房屋不能如期交付，孔某夫妇可以行使哪些权利保护自己的合法权益？

（3）小组长汇总讨论结果，并在课堂上分享。

（4）教师对各小组的表现进行评价。

任务二　认识所有权

任务导入

张某买了一块价值 30 000 元的手表，张某的母亲私自将该手表以 1 000 元的价格卖给刘某。张某得知此事后，主动找到刘某，耐心地向刘某说明情况，希望刘某返还手表，并表示愿意退回刘某 1 000 元，但遭到了刘某的拒绝。刘某认为该手表是张某的母亲主动出卖，且自己已经付款，属于合法交易，张某无权要求自己返还。

思考：

（1）这块手表应该归谁所有？

（2）张某有权要求刘某返还手表吗？为什么？

一、所有权的特征

所有权具有以下特征。

（1）所有权是完全物权。除受法律限制外，所有权人对物享有占用、使用、收益和处分四项基本权能。

（2）所有权是他物权的基础和前提，所有权人可在自己的不动产或者动产上设立用益物权和担保物权。用益物权人、担保物权人行使权利时，不得损害所有权人的权益。

（3）所有权不因时效而消灭，除标的物灭失、所有权人抛弃等原因外，所有权本质上可以永久存续。

二、所有权的权能

所有权的权能具体包括占有权能、使用权能、收益权能和处分权能。

（一）占有权能

占有权能是指依法对物进行实际控制、管领的权能。占有权能既可以由所有权人享有，也可以由非所有权人享有。符合法律规定或者所有权人意志的占有是合法占有，不符合法律规定或者所有权人意志的占有是非法占有。在法律没有特别规定的情况下，非法占有人应将占有物返还给所有权人或者合法占有人，不能返还或造成损失时应予以赔偿。

（二）使用权能

使用权能是指按照物的性能和用途依法对其进行利用的权能。使用权能通常由所有权人享有，但非所有权人也可根据法律规定或者与所有权人的约定而享有使用权能，如果使用不当导致使用物损毁、灭失，应予以赔偿。

法律锦囊

使用权能的享有以对物的占有为前提，享有使用权能必定同时享有占有权能，但享有占有权能不一定享有使用权能。

（三）收益权能

收益权能是指依法收取物所产生的孳息的权能。孳息即物或权利产生的收益，分为天然孳息和法定孳息。天然孳息是指依物的自然属性所产生的物，如种植果树产生的果实、养殖牲畜获得的仔畜等；法定孳息是指物依据法律规定或民事法律关系而产生的收益，如利息、租金等。

（四）处分权能

处分权能是指依法对物进行处置的权能，包括事实上的处分权能和法律上的处分权能。事实上的处分权能是指在生产生活中使物的形态发生变更或者消灭的权能，如将原材料投入生产、食用粮食等；法律上的处分权能是指使物的权利归属状态发生改变的权能，如买卖、赠与等。

知法用法

下列事件分别体现了所有权人的哪项权能？请与同学进行讨论。
（1）罗某在宠物市场买了一条狗，并将其带回家饲养。
（2）罗某将自家的房屋出租给王某使用，收取租金。
（3）罗某将购买的电脑用于日常办公。
（4）罗某把刚买的橘子榨成橘子汁喝下。

三、所有权的取得

所有权的取得是指主体根据一定的法律事实获得某物的所有权，从而在该主体与其他人之间发生以该物为客体的所有权法律关系。所有权的取得形式包括原始取得和继受取得。

（一）原始取得

原始取得是指依法律的直接规定而非他人权利的转让而取得所有权。原始取得的方式主要包括生产、收取孳息、国家强制取得、无主物取得、善意取得等。

1. 生产

劳动者可以通过劳动生产取得所有权，如农民可通过种植取得农作物的所有权，某物品生产商可通过生产活动取得该物品的所有权。

2. 收取孳息

《民法典》第三百二十一条规定："天然孳息，由所有权人取得；既有所有权人又有用益物权人的，由用益物权人取得。当事人另有约定的，按照其约定。法定孳息，当事人有约定的，按照约定取得；没有约定或者约定不明确的，按照交易习惯取得。"

【例2-7】某村的一座山属于国有财产，山上有许多橘子树，每到10月就会结满果子，这些果子归国家所有。后村民甲承包了这座山，则橘子树上结的果子归甲所有。

3. 国家强制取得

国家强制取得是指在法律规定的特定场合，国家从社会公共利益出发，不顾所有权人的意志，而取得他人的所有权，如征收、征用等。国家强制取得具有强制性和合法性，只要符合公共利益的需要，无论所有权人是否同意，相关部门都可以依照法律规定的权限和程序取得所有权。

4. 无主物取得

无主物是指没有所有权人或所有权人不明的物，无主物取得一般包括以下几种情况。

（1）遗失物。拾得遗失物，应当返还权利人。拾得人应当及时通知权利人领取，或者送交公安等有关部门。有关部门收到遗失物，知道权利人的，应当及时通知其领取；不知道的，应当及时发布招领公告。遗失物自发布招领公告之日起一年内无人认领的，归国家所有。

（2）漂流物、埋藏物和隐藏物。拾得漂流物、发现埋藏物或者隐藏物的，参照适用拾得遗失物的有关规定。法律另有规定的，依照其规定。

（3）无人继承又无人受遗赠的遗产，归国家所有，用于公益事业；死者生前是集体所有制组织成员的，归所在集体所有制组织所有。

此外，在法律没有特别规定时，无主动产按先占原则由最先占有者取得所有权。

5. 善意取得

善意取得是指无处分权人将不动产或者动产转让给他人，受让人在受让该物时是善意的，可依法取得该物的所有权。善意取得应具备以下条件。

项目二　物权

（1）受让人受让该不动产或者动产时不知道或者不应当知道转让人无处分权。

（2）以合理的价格转让。

（3）转让的不动产或者动产依照法律规定应当登记的已经登记，不需要登记的已经交付给受让人。

此外，善意受让人取得动产后，该动产上的原有权利消灭。但是，善意受让人在受让时知道或者应当知道该权利的除外。原所有权人不得再主张对原物的权利，否则受让人可基于善意取得予以抗辩。原所有权人对于自己权利消灭导致的损失，可要求无权处分人赔偿。

以 案 释 法

周某丽诉唐某刚侵权纠纷案

● **基本案情：**

周某民与罗某娟系夫妻关系。2012年2月8日，周某民与罗某娟到民政局办理了离婚手续，约定将夫妻关系存续期间所购买的一套房屋归罗某娟所有，该房屋仍登记在周某民名下，没有办理房产转移手续。2014年1月21日，罗某娟突发疾病死亡。2015年7月6日，周某民将诉争房屋出卖给唐某刚，并签订了房屋买卖合同，该合同已履行完毕，房屋产权也已转移至唐某刚名下。周某丽是周某民和罗某娟的女儿，周某丽以诉争房屋为母亲罗某娟所有，母亲罗某娟去世后，该房产应为其个人所有为由，起诉至人民法院，请求判令唐某刚返还房屋。

● **裁决结果：**

人民法院认为，本案中，争议房屋产权登记在被告周某民名下，唐某刚有理由相信周某民对该房屋有所有权、处分权，并且该房屋的出卖价并不低于市场价格，房屋也已经依法登记在第三人唐某刚名下，符合善意取得的构成要件，唐某刚依法善意取得房屋的所有权。最终，人民法院判决驳回原告周某丽的诉讼请求。

（资料来源：《以案说"典"｜所有权——所有权的取得》，临朐人民法院网，2023年3月7日）

（二）继受取得

继受取得是指基于原所有权人的权利和意志，通过法律行为或者法定事件而取得所有权。继受取得可分为转移的继受取得（如通过买卖、赠与、继承等取得）和创设的继受取得（如通过合同或者行政划拨取得土地使用权、采矿权等）。

四、国家所有权、集体所有权和私人所有权

（一）国家所有权

国家所有权是指国家对国有财产占有、使用、收益和处分的权利。

1. 国家所有权的主体

在我国，中华人民共和国是国家所有权的唯一主体，国有财产由国务院代表国家行使所有权。法律规定，国家机关对其直接支配的不动产和动产，享有占有、使用以及依照法律和国务院的有关规定处分的权利；国家举办的事业单位对其直接支配的不动产和动产，享有占有、使用以及依照法律和国务院的有关规定收益、处分的权利；国家出资的企业，由国务院、地方人民政府依照法律、行政法规规定分别代表国家履行出资人职责，享有出资人权益。

2. 国家所有权的客体

国家所有权的客体即国有财产。国有财产属于全民所有，受法律保护，禁止任何组织或者个人侵占、哄抢、私分、截留、破坏。国有财产具体包括以下几种。

（1）矿藏、水流、海域。

（2）无居民海岛。

（3）城市的土地，以及法律规定属于国家所有的农村和城市郊区的土地。

（4）森林、山岭、草原、荒地、滩涂等自然资源（法律规定属于集体所有的除外）。

（5）法律规定属于国家所有的野生动植物资源。

（6）无线电频谱资源。

（7）法律规定属于国家所有的文物。

（8）国防资产。

（9）依照法律规定为国家所有的铁路、公路、电力设施、电信设施和油气管道等基础设施。

> **知法用法**
> 教师依次说出10～20种不同的物的名称，学生抢答该物是否属于国有财产。

（二）集体所有权

集体所有权是指集体组织对其所有的财产享有占有、使用、收益和处分，并排除他人干涉的权利。

1. 集体所有权的主体和客体

集体所有权的主体是各种集体经济组织。

集体所有权的客体是属于集体经济组织成员集体所有的不动产和动产,即集体财产。集体财产受法律保护,禁止任何组织或者个人侵占、哄抢、私分、破坏。集体财产具体包括以下几种。

(1) 法律规定属于集体所有的土地和森林、山岭、草原、荒地、滩涂。

(2) 集体所有的建筑物、生产设施、农田水利设施。

(3) 集体所有的教育、科学、文化、卫生、体育等设施。

(4) 集体所有的其他不动产和动产。

2. 集体所有权的行使

为体现集体成员的意志,反映集体成员的利益,《民法典》对集体所有权的行使做出了以下规定。

(1) 对于集体所有的土地和森林、山岭、草原、荒地、滩涂等,依照下列规定行使所有权:属于村农民集体所有的,由村集体经济组织或者村民委员会依法代表集体行使所有权;分别属于村内两个以上农民集体所有的,由村内各该集体经济组织或者村民小组依法代表集体行使所有权;属于乡镇农民集体所有的,由乡镇集体经济组织代表集体行使所有权。

(2) 城镇集体所有的不动产和动产,依照法律、行政法规的规定由本集体享有占有、使用、收益和处分的权利。

(3) 农村集体经济组织或者村民委员会、村民小组应当依照法律、行政法规以及章程、村规民约向本集体成员公布集体财产的状况,如图2-1所示。同时,集体成员有权查阅、复制相关资料。

(4) 农村集体经济组织、村民委员会或者其负责人做出的决定侵害集体成员合法权益的,受侵害的集体成员可以请求人民法院予以撤销。

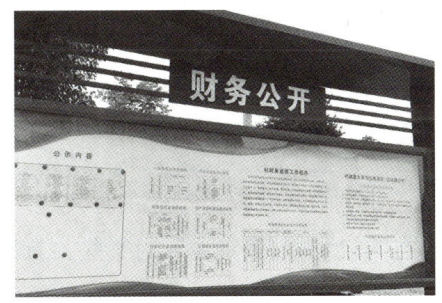

图 2-1　某村财务公开栏

(三) 私人所有权

私人所有权是指除国家、集体以外的民事主体对其所有的财产享受的占有、使用、收益和处分,并排除他人干涉的权利。

私人所有权的主体具有广泛性,自然人、法人、非法人组织都可以成为私人所有权的主体。私人所有权的客体即私有财产,包括房屋、合法的收入、生活用品、生产工具、原材料等不动产和动产。

五、业主的建筑物区分所有权

业主的建筑物区分所有权是指业主对建筑物内的住宅、经营性用房等专有部分享有所有权,对专有部分以外的共有部分享有共有和共同管理的权利。业主的建筑物区分所有权是一

种复合形态的权利,包括业主的专有权、共有权和共同管理权。这三项权利相互依赖、相互制约,共同构成不可分割的权利整体。业主不能保留其中一项权利,而将其他权利转让、抵押或抛弃等。

(一)业主的专有权

业主的专有权是指业主对其建筑物专有部分享有占有、使用、收益和处分的权利。业主的专有权在业主的建筑物区分所有权中居于主导地位,业主在取得专有权的同时即可取得共有权和共同管理权。

业主的专有权的客体为建筑物专有部分。专有部分必须具备结构上和使用上的独立性,即在建筑结构上能够明确区分,且可以独立、排他使用。

【例2-8】甲购买了一套商品房,房屋面积为100.8平方米,该房屋即为甲的专有权的客体。

业主的专有权范围十分广泛,业主既可以直接占有、使用其专有部分,满足自身居住、开展商业活动的需要,也可以将其转让、出租、出借、抵押等。需要注意的是,业主在行使专有权时,不得危及建筑物的安全(如损毁建筑物、拆除承重墙等),不得损害其他业主的合法权益(如彻夜喧哗、不按规定时间装修房屋等),也不得违反法律、法规以及管理规约,将住宅改变为经营性用房。

(二)业主的共有权

业主的共有权是指业主对其建筑区划内的共有部分依法或者依管理规约享有占有、使用、收益的权利。《民法典》对某些共有部分的归属进行了规定,具体如下。

(1)建筑区划内道路、绿地等的权利归属。建筑区划内的道路,属于业主共有,但是属于城镇公共道路的除外;建筑区划内的绿地,属于业主共有,但是属于城镇公共绿地或者明示属于个人的除外;建筑区划内的其他公共场所、公用设施和物业服务用房,属于业主共有。

(2)车位、车库的归属。建筑区划内,规划用于停放汽车的车位、车库的归属,由当事人通过出售、附赠或者出租等方式约定;占用业主共有的道路或者其他场地用于停放汽车的车位,属于业主共有。

业主的共有权从属于专有权,当业主转让建筑物内的住宅、经营性用房时,其共有权也随之转让。此外,业主在享有共有权时,也应承担相应的义务,如遵守管理规约、缴纳相关费用等,不得以放弃权利为由不履行义务。

以案释法

某小区业主诉某公司业主共有权纠纷案

● **基本案情：**

2014年3月，某公司取得某大厦底层、二层房屋的产权，但未支付过上述房屋的专项维修资金。2020年9月，该大厦业主决定提起追讨维修资金的诉讼，要求该公司就其所有的大厦底层、二层的房屋缴纳专项维修资金57 566.9元。

● **裁决结果：**

人民法院认为，维修资金性质上属于专项基金，系为特定目的，即为住宅共用部位、共用设施设备保修期满后的维修和更新、改造而专设的资金。共有部分的维护关乎全体业主的共同或公共利益，业主有分摊建筑物及其附属设施费用的义务。根据《民法典》第二百八十三条，建筑物及其附属设施的费用分摊、收益分配等事项，有约定的，按照约定；没有约定或者约定不明确的，按照业主专有部分面积所占比例确定。因此，该公司应当按照国家有关规定缴纳专项维修资金。据此，人民法院判决该公司按照原告诉求支付专项维修资金。

（资料来源：《指导案例65号：某小区业主大会诉某公司业主共有权纠纷案》，最高人民法院网，2022年5月30日）

（三）业主的共同管理权

业主的共同管理权是指业主对其建筑区划内的共有部分依法或者依管理规约享有共同决定事项的权利。《民法典》第二百七十八条对业主共同决定事项做出了具体的规定，如表2-1所示。

表2-1　业主共同决定事项

具体事项	表决条件
筹集建筑物及其附属设施的维修资金	经参与表决专有部分面积四分之三以上的业主且参与表决人数四分之三以上的业主同意
改建、重建筑物及其附属设施	
改变共有部分的用途或者利用共有部分从事经营活动	
制定和修改业主大会议事规则	经参与表决专有部分面积过半数的业主且参与表决人数过半数的业主同意
制定和修改管理规约	
选举业主委员会或者更换业主委员会成员	
选聘和解聘物业服务企业或者其他管理人	
使用建筑物及其附属设施的维修资金	
有关共有和共同管理权利的其他重大事项	

注：业主共同决定事项，应当由专有部分面积占比三分之二以上的业主且人数占比三分之二以上的业主参与表决。

【例 2-9】 某物业公司采用问卷调查的方式，就是否同意调整物业服务费的事项征求业主意见。该小区共有 4 033 户业主，物业公司挨户上门发放问卷后，共回收 3 399 份问卷。其中，表示同意调整物业服务费的问卷有 3 058 份，表示不同意调整物业服务费的问卷有 298 份，未表态的问卷有 43 份。

本次问卷调查中，参与表决的业主专有部分面积占比超过三分之二且人数占比超过三分之二。同时，参与表决的业主中，专有部分面积过半数的业主且人数过半数的业主同意。因此，该物业公司调整物业服务费是符合规定的。

业主大会是业主为了更有效地管理和决定共同事务，而设立的自我管理的团体组织；业主委员会是基于业主的选举和业主大会的授权，执行业主大会决议的机构。业主大会或者业主委员会的决定，对业主具有法律约束力。业主或者其他行为人拒不履行相关义务的，有关当事人可以向有关行政主管部门报告或者投诉，有关行政主管部门应当依法处理。同时，业主大会或者业主委员会做出的决定侵害业主合法权益的，受侵害的业主可以请求人民法院予以撤销。

 以 案 释 法

小区加装电梯，补交钱后能申请使用吗

● **基本案情：**

某栋 9 层住宅因年代久远，未配备电梯，居民上下楼颇为不便，该楼业主于 2017 年至 2018 年间共商加装电梯事宜。经多次协商，该栋住宅内的业主谢某等 32 户业主同意增设电梯，并就电梯加装的工程方案和费用分摊、补偿方案等事项达成一致意见。依据筹资方案，80 岁高龄的郭某作为三楼业主应支付 10 077 元集资款，但郭某因持异议未实际参与出资。

2018 年 6 月，电梯集资完成。一年后，电梯完工并交付使用，前期参与筹资的业主通过刷电梯卡的形式使用该电梯。在加建电梯投入使用后，郭某提出在补交集资款后使用电梯的诉求，但谢某等 32 户业主认为郭某前期对加装电梯持有异议，导致加装电梯工程延期，反对郭某使用电梯。郭某遂诉至人民法院，请求人民法院确认其在支付 10 077 元的集资款后，对加建电梯拥有与 32 户业主同等的权利和义务。

● **裁决结果：**

人民法院审理后认为，案涉电梯在使用属性上系建筑物的共有部分，郭某与其他业主对其享有使用权和共同管理的权利。同时，郭某使用案涉电梯并不属于相关法律及司法解释所规定的应由业主共同决定的事项，不会导致该住宅其他业主使用电梯的合法权益受到损害，故无须经该住宅多数业主同意。但依据公平原则，郭某要使用电

梯的前提是交纳集资款，故人民法院判决由郭某支付集资款 10 077 元后，由该住宅业主代表向郭某提供电梯卡供其搭乘电梯使用。

（资料来源：《小区加装电梯，八旬老人事前反对事后后悔，补交钱后能申请使用吗？》，湖南省高级人民法院网，2022 年 1 月 25 日）

六、相邻关系

（一）相邻关系的概念

相邻关系是指相邻近的不动产所有人或使用人之间，一方所有人或使用人的支配力与他方所有人或使用人的排他力相互冲突时，为调和冲突以谋求共同利益，而由法律直接规定的权利义务关系。简单来说，不动产的相邻权利人在使用不动产时，相互之间应当为对方行使权力提供便利，同时接受法律规定的对自己使用不动产的限制。

不动产的相邻权利人应当按照有利生产、方便生活、团结互助、公平合理的原则，正确处理相邻关系。

（二）相邻关系的内容

《民法典》对相邻关系的内容做了规定，具体如下。

（1）用水、排水相邻关系。不动产权利人应当为相邻权利人用水、排水提供必要的便利。对自然流水的利用，应当在不动产的相邻权利人之间合理分配。对自然流水的排放，应当尊重自然流向。

（2）相邻土地、建筑物的利用。不动产权利人对相邻权利人因通行等必须利用其土地的，应当提供必要的便利。不动产权利人因建造、修缮建筑物以及铺设电线、电缆、水管、暖气和燃气管线等必须利用相邻土地、建筑物的，该土地、建筑物的权利人应当提供必要的便利。

（3）通风、采光和日照。建造建筑物，不得违反国家有关工程建设标准，不得妨碍相邻建筑物的通风、采光和日照。

（4）相邻不动产之间不可量物侵害。不动产权利人不得违反国家规定弃置固体废物，排放大气污染物、水污染物、土壤污染物、噪声、光辐射、电磁辐射等有害物质。

（5）维护相邻不动产安全。不动产权利人挖掘土地、建造建筑物、铺设管线以及安装设备等，不得危及相邻不动产的安全。

此外，法律、法规没有规定的相邻关系，可以按照当地习惯进行处理。

七、共有

共有是指两个或者两个以上的权利主体对同一财产共同享有所有权，包括按份共有和共

同共有。

（一）按份共有

按份共有是指共有人按各自的份额对同一财产享有所有权。按份共有人对共有的不动产或者动产享有的份额，没有约定或者约定不明确的，按照出资额确定；不能确定出资额的，视为等额享有。

按份共有人拥有以下权利和义务。

（1）共有财产的使用、收益权。按份共有人应当按照应有份额来行使权利或者享有利益，没有经过其他共有人的同意，任何共有人不得擅自占有、使用共有财产。

（2）应有份额的处分权。按份共有人有权转让其享有的共有财产份额。

（3）共有财产的处分权。处分共有财产以及对共有的财产做重大修缮、变更性质或者用途的，应当经占份额三分之二以上的按份共有人同意，但是共有人之间另有约定的除外。

（4）共有财产的优先购买权。当按份共有人转让其享有的共有财产份额时，其他按份共有人在同等条件下享有优先购买的权利。两个以上其他共有人主张行使优先购买权的，协商确定各自的购买比例；协商不成的，按照转让时各自的共有份额比例行使优先购买权。

（5）分担共有财产的管理费用。按份共有人对共有财产的管理费用以及其他负担，有约定的，按照其约定；没有约定或者约定不明确的，按份共有人按照其份额负担。

（6）承担因共有财产产生的债权债务关系。除共有人另有约定外，按份共有人按照份额享有债权、承担债务。偿还债务超过自己应当承担份额的按份共有人，有权向其他共有人追偿。

（二）共同共有

共同共有是指各共有人对全部共有财产享有平等的所有权。共同共有是以共同关系为基础的，如以夫妻关系为基础的夫妻共有财产、以家庭关系为基础的家庭共有财产等。

共同共有人拥有以下权利和义务。

（1）共有财产的使用、收益、处分权。共同共有人可以共同或者单独使用共有财产，平等地享有共有财产产生的收益。处分共有财产以及对共有财产做重大修缮、变更性质或者用途的，应当经全体共同共有人同意，但是共有人之间另有约定的除外。

（2）共有财产的管理权。共同共有人可按照约定管理共有的不动产或者动产；没有约定或者约定不明确的，各共同共有人都有管理的权利和义务。

（3）分割共有财产的权利。共同共有人在共有的基础丧失或者有重大理由需要分割共有财产时可以请求分割。因分割造成其他共有人损害的，应当给予赔偿。

（4）共同承担共有财产的管理费用。共同共有人对共有财产的管理费用以及其他负担，有约定的，按照其约定；没有约定或者约定不明确的，共同共有人共同负担。

（5）承担因共有财产产生的债权债务关系。除另有约定外，共同共有人共同享有债权、承担债务。

项目二 物权

任务实施

普法进社区：为社区居民提供所有权法律建议

任务描述

以小组为单位，选择一个社区，与社区居民进行沟通，了解社区居民在生活中所有权遭到侵害的事件，并根据所学知识，从法律角度为他们提供建议。

实施流程

（1）学生自由分组，每组 8~10 人，并选出一名小组长。

（2）各小组选择一个可开展活动的社区，并商定走访社区的时间。注意：各小组应提前与社区居委会或小区物业联系，避免产生不必要的误会。

（3）在开展活动前，小组成员可整理一些常见问题及其解决方案，如业主有哪些权利，物业能否对小区业主共有的车位进行收费，房顶漏水楼上住户不配合怎么办等。

（4）活动开展的方式应多样化，如在社区内设点，在社区人群聚集处和居民亲切交谈等。

（5）小组成员对活动过程进行回顾和总结，小组长汇总和整理活动资料，并制作 PPT。

（6）小组长进行课堂分享，教师对各小组的表现进行评价。

任务三　认识用益物权

任务导入

李某是 A 村村民。2023 年，李某嫁给邻村 B 村的刘某，婚后随刘某在 B 村生活，但是并没有将户籍迁入 B 村，而是保留在了 A 村。结婚前，李某在 A 村承包了一块林地，该林地收益很不错。因此，李某并未在 B 村参与土地承包，而是继续承包经营原有的在 A 村的林地。后 A 村因修建公路等基础设施而进行集体土地征收，林某承包经营的林地也在内。然而，在制订补偿款分配方案时，A 村有一些村民认为，李某已嫁入 B 村，不再享有征地补偿款的分配权益。

> **思考：**
> （1）什么是土地承包经营权？
> （2）李某结婚后，是否仍享有A村征地补偿款的分配权益？

一、用益物权的特征

用益物权具有以下特征。

（1）用益物权是一种他物权，是用益物权人对他人所有的物享有的权利。

（2）用益物权是一种主物权，不以用益物权人对物享有其他物权为前提（地役权除外）。

（3）用益物权人依法行使权利时可以排除包括所有权人在内的其他人的非法干扰。

（4）用益物权以对物的占有、使用和收益为内容，不具备对他人所有的物的处分权，侧重于实现物的使用价值。

二、土地承包经营权

土地承包经营权是指土地承包经营权人依法对其承包经营的耕地、林地、草地等享有占有、使用和收益的权利。土地承包经营权人有权从事种植业、林业、畜牧业等农业生产。

（一）土地承包经营权的取得

土地承包经营权的取得主要有三种方式。

1. 通过家庭承包取得

《中华人民共和国土地管理法》（以下简称《土地管理法》）规定，农民集体所有和国家所有由农民集体使用的耕地、林地、草地，以及其他用于农业的土地，采取农村集体经济组织内部的家庭承包方式承包。

家庭承包的承包方是本集体经济组织的农户，农户内家庭成员有权依法平等享有承包土地的各项权益。土地承包经营权自土地承包经营权合同生效时设立。登记机构应当向土地承包经营权人发放土地承包经营权证、林权证等证书，并登记造册，确认土地承包经营权。

2. 通过招标、拍卖、公开协商等方式取得

根据《土地管理法》，不宜采取家庭承包方式的荒山（见图2-2）、荒沟、荒丘、荒滩等，可以采取招标、拍卖、公开协商等方式承包。在同等条件下，本集体经济组织成员有权优先承包。

图 2-2　荒山

以招标、拍卖、公开协商等方式承包农村土地的，应当签订承包合同。当事人的权利和义务、承包期限等，由双方协商确定。

3. 基于土地承包经营权流转取得

土地承包经营权人在法定范围内，有权对土地承包经营权进行流转，包括土地承包经营权的互换、转让和土地经营权的流转。

（1）通过土地承包经营权的互换、转让取得。依照法律规定，土地承包经营权人有权将土地承包经营权互换、转让。通过土地承包经营权互换、转让取得的，当事人可以向登记机构申请登记；未经登记，不得对抗善意第三人。

（2）通过土地经营权的流转取得。土地承包经营权人承包土地后，可以保留土地承包权，通过出租、入股或者其他方式流转其承包地的土地经营权，由他人经营。土地经营权人有权在合同约定的期限内占有农村土地，自主开展农业生产经营并取得收益。流转期限为五年以上的土地经营权，自流转合同生效时设立。当事人可以向登记机构申请土地经营权登记；未经登记，不得对抗善意第三人。

（二）土地承包经营权的权利和义务

土地承包经营权涉及发包方和承包方，两者的权利和义务如表 2-2 所示。

表 2-2　发包方和承包方的权利和义务

类别	发包方	承包方
权利	（1）发包本集体所有的或者国家所有依法由本集体使用的农村土地； （2）监督承包方依照承包合同约定的用途合理利用和保护土地； （3）制止承包方损害承包地和农业资源的行为； （4）法律、行政法规规定的其他权利	（1）依法享有承包地使用、收益的权利，有权自主组织生产经营和处置产品； （2）依法互换、转让土地承包经营权； （3）依法流转土地经营权； （4）承包地被依法征收、征用、占用的，有权依法获得相应的补偿； （5）法律、行政法规规定的其他义务

表 2-2（续）

类别	发包方	承包方
义务	（1）维护承包方的土地承包经营权，不得非法变更、解除承包合同； （2）尊重承包方的生产经营自主权，不得干涉承包方依法进行正常的生产经营活动； （3）依照承包合同约定为承包方提供生产、技术、信息等服务； （4）执行县、乡（镇）土地利用总体规划，组织本集体经济组织内的农业基础设施建设； （5）法律、行政法规规定的其他义务	（1）维持土地的农业用途，未经依法批准不得用于非农建设； （2）依法保护和合理利用土地，不得给土地造成永久性损害； （3）法律、行政法规规定的其他义务

（三）土地承包经营权的消灭

当出现以下情形时，土地承包经营权就会消灭。

（1）承包期限届满。土地承包经营权是有期限的物权，在期限届满时消灭，其期限一般在承包合同中进行明确规定。其中，耕地的承包期为 30 年，草地的承包期为 30～50 年，林地的承包期为 30～70 年。

（2）承包方自愿交回。承包期内，承包方可以自愿将承包地交回发包方。承包方自愿交回承包地的，可以获得合理补偿，但是应当提前半年以书面形式通知发包方。承包方在承包期内交回承包地的，在承包期内不得再要求承包土地。

（3）承包地被征收、征用。

（4）承包地灭失或严重损毁，无法继续从事农业生产。

（5）其他消灭事由。

以 案 释 法

某村村民委员会诉苏某祥农村土地承包合同纠纷案

● **基本案情：**

2006 年 3 月，某村村民委员会与苏某祥签订了一份《草原承包合同书》，将草原 104 亩（约 69 333 平方米）发包给苏某祥，期限 30 年，收取承包费 7 020 元。2007 年 2 月 6 日，经行政主管部门批准，该市一湿地公园被列为国家城市湿地公园，苏某祥承包的草原包含在内。2019 年 2 月，该市自然资源局对该村村民委员会下发通知，要求其将包含湿地的发包合同解除、迁出承包户，恢复土地原始地貌，做好湿地环境保护。该村村民委员会诉至人民法院，要求解除《草原承包合同书》，苏某祥迁出湿地。

● **裁决结果：**

人民法院认为，《草原承包合同书》合法有效，但在合同履行过程中，因案涉地块被划归为国家湿地公园范围内，客观情况发生了当事人在订立合同时无法预见的、非不可抗力造成的不属于商业风险的重大变化，合同目的不能实现，应予解除。该村村民委员会应将剩余期限的承包费退还给苏某祥。苏某祥应迁出湿地，其因迁出湿地受到损失的，可另行主张。

（资料来源：《黑龙江一起案例入选 2019 年度人民法院环境资源典型案例》，黑龙江法院党建网，2020 年 5 月 11 日）

三、建设用地使用权

建设用地使用权是指建设用地使用权人依法对国家所有的土地享有占有、使用和收益的权利。建设用地使用权人有权利用该土地建造建筑物、构建物及其附属设施。

建设用地使用权的客体是国家所有的土地。建设用地使用权人不得改变土地用途，需要改变土地用途的，应当依法经有关行政主管部门批准。

（一）建设用地使用权的设立

建设用地使用权的设立包括出让、划拨等方式。设立建设用地使用权的，应当向登记机构申请建设用地使用权登记。建设用地使用权自登记时设立，同时，登记机构应当向建设用地使用权人发放权属证书。

1. 出让

出让是指国家通过签订出让合同，将建设用地使用权在一定年限内出让给使用者，并由使用者向国家支付出让金。出让方式包括拍卖、招标、协议等。工业、商业、旅游、娱乐和商品住宅等经营性用地以及同一土地有两个以上意向用地者的，应当采用招标、拍卖等公开竞价的方式出让。

法苑广角

土地使用权出让的最高年限

根据《中华人民共和国城镇国有土地使用权出让和转让暂行条例》第十二条，土地使用权出让最高年限按用途确定，具体规定如下。

（1）居住用地 70 年。
（2）工业用地 50 年。
（3）教育、科技、文化、卫生、体育用地 50 年。
（4）商业、旅游、娱乐用地 40 年。
（5）综合或者其他用地 50 年。

2. 划拨

划拨是指经依法批准，国家无偿地将土地交付给权利人使用，或者在权利人缴纳土地补偿、安置等费用后，将土地交付其使用。以划拨方式取得建设用地使用权的，除法律、行政法规另有规定外，没有使用期限的限制。

（二）建设用地使用权的流转

建设用地使用权人有权将建设用地使用权转让、互换、出资、赠与或者抵押，但是法律另有规定的除外。在进行建设用地使用权流转时，应注意以下几点。

（1）建设用地使用权转让、互换、出资、赠与或者抵押的，当事人应当采用书面形式订立相应的合同。使用期限由当事人约定，但是不得超过建设用地使用权的剩余期限。

（2）建设用地使用权转让、互换、出资或者赠与的，应当向登记机构申请变更登记。

（3）建设用地使用权转让、互换、出资或者赠与的，附着于该土地上的建筑物、构筑物及其附属设施一并处分。

（4）建筑物、构筑物及其附属设施转让、互换、出资或者赠与的，该建筑物、构筑物及其附属设施占用范围内的建设用地使用权一并处分。

【例2-10】甲公司对某地享有建设用地使用权，并在该地建造了一栋3层的房屋。由于经营不善，甲公司将该地的建设用地使用权转让给了乙公司，此时这栋3层的房屋也一并归乙公司所有。后来，乙公司将这栋3层的房屋和丙公司的一处房屋互换，此时，该3层房屋占用范围内的建设用地使用权归丙公司所有。

（三）建设用地使用权的消灭

当出现以下情形时，建设用地使用权就会消灭。

（1）承包期限届满。住宅建设用地使用权期限届满的，自动续期；非住宅建设用地使用权期限届满后的续期，依照法律规定办理。该土地上的房屋以及其他不动产的归属，有约定的，按照约定；没有约定或者约定不明确的，依照法律、行政法规的规定办理。

（2）国家提前收回。在特殊情况下，根据社会公共利益的需要，国家可以依照法律程序提前收回建设用地使用权，并根据权利人使用土地的实际年限和开发土地的实际情况给予相应的补偿。

（3）土地灭失。因洪水、海啸等自然灾害导致土地灭失的，建设用地使用权也随之消灭。

（4）其他消灭事由。

四、宅基地使用权

（一）宅基地使用权的主体和客体

宅基地使用权是指宅基地使用权人依法对农村集体所有的土地享有占有和使用的权利。宅基地使用权人有权利用该土地建造住宅及其附属设施。

宅基地使用权的主体是农村集体经济组织的成员，目的在于解决农村集体经济组织成员的居住问题。农村集体经济组织成员以外的城镇居民或其他经济组织的成员，均不享有宅基地使用权。

宅基地使用权的客体是农村集体所有的规划用于建造住宅的土地。宅基地使用权的取得是无偿的，但须由乡（镇）人民政府审核批准，且每户只能拥有一处宅基地。

【例2-11】甲一家有四口人，分别是甲、甲的妻子乙、甲的母亲丙和甲的儿子丁，四人登记在同一户口簿上，则在申请宅基地时，甲、乙、丙、丁只能共同拥有一处宅基地。

（二）宅基地使用权人的权利和义务

1. 宅基地使用权人的权利

（1）宅基地使用权人有权在依法取得的宅基地上建造住宅及附属设施，如厕所、鸡舍（见图2-3）等，还有权在使用范围内的宅基地上种植树木、花草等，并享有对这些物的所有权。

（2）宅基地使用权人有权依法转让宅基地上的住宅及附属设施。转让住宅时，宅基地使用权也一并转让，且该农村集体经济组织成员不可再申请宅基地。

（3）宅基地使用权是无期限的，宅基地上的住宅或其他附属设施灭失时，不影响宅基地使用权的效力，宅基地使用权人有权进行重建。

图2-3 鸡舍

2. 宅基地使用权人的义务

（1）宅基地使用权人建住宅，应当符合乡（镇）土地利用总体规划、村庄规划，不得占用永久基本农田，并尽量使用原有的宅基地和村内空闲地。

（2）当国家为了公众利益需征用或调整土地时，宅基地使用权人须接受国家的统一规划，并予以配合。

（3）未经依法批准，宅基地使用权人不得随意改变宅基地用途，如利用宅基地建设厂房、旅馆等。

（4）宅基地使用权人不得非法转让宅基地使用权。以馈赠钱款、索取物资等方式变相买卖宅基地使用权的，不产生宅基地使用权转移的法律效力。

五、居住权

居住权是指居住权人有权按照合同约定，对他人的住宅享有占有、使用的权利，以满足生活居住的需要。

居住权是为特定的自然人设立的权利，且通常是无偿的，其目的是为了解决居住权人的赡养、扶养等问题。同时，居住权以期限届满或居住权人死亡为限，不得转让、继承。设立居住权的住宅不得出租，但是当事人另有约定的除外。

（一）居住权的设立

居住权的设立包括签订合同和立遗嘱两种方式。

（1）签订合同。当事人双方就居住权协商一致时，应采用书面形式订立合同。合同的内容一般包括当事人的姓名或者名称和住所、住宅的位置、居住的条件和要求、居住权期限、解决争议的方法等。合同签订后，当事人应向登记机构申请居住权登记，居住权自登记时设立。

（2）立遗嘱。遗嘱是单方法律行为，房屋所有权人可以在遗嘱中设立居住权。居住权自立遗嘱人死亡时设立，居住权人可以依据遗嘱主张居住权，并向登记机构申请居住权登记。

（二）居住权的消灭

根据《民法典》第三百七十条，居住权期限届满或者居住权人死亡的，居住权消灭。此外，居住权人抛弃、房屋被征收、房屋灭失等，也会导致居住权的消灭。

居住权消灭的，当事人应当及时办理注销登记。

六、地役权

地役权是指按照合同约定，利用他人的不动产，以提高自己不动产的效益的权利。为他人提供不动产使用便利的不动产为供役地，需要利用他人不动产为自己不动产的使用提供便利的不动产为需役地。

地役权是不以占有为要件的用益物权。地役权人对供役地的利用，既可以是积极利用，如通行地役权、取水地役权等，也可以是消极利用，即限制供役地权利人的某种行为。

【例 2-12】甲房地产公司在海边建造了一栋高层观景商品住宅楼，为了保证住户的居住体验，甲房地产公司与靠近海边的乙工厂协商，并达成协议：乙工厂在 20 年内不得在该处建造三层以上建筑，甲房地产公司每年向乙工厂支付 10 万元补偿金。

（一）地役权的取得

地役权自地役权合同生效时设立。当事人要求登记的，可以向登记机构申请地役权登记；未经登记，不得对抗善意第三人。

地役权的取得一般有以下两种方式。

1. 因用益物权的设立而取得

《民法典》第三百七十八条规定："土地所有权人享有地役权或者负担地役权的，设立土地承包经营权、宅基地使用权等用益物权时，该用益物权人继续享有或者负担已经设立的地役权。"

需要注意的是，土地上已经设立土地承包经营权、建设用地使用权、宅基地使用权等用益物权的，未经用益物权人同意，土地所有权人不得设立地役权。

【例 2-13】甲有一块地，用于种植蔬菜，但每次去菜地时，都要绕过乙的菜地，路途十分遥远，于是甲和乙商量，希望能够从乙的菜地通行，直接到达自己的菜地。但乙表示，该菜地已经出租给丙使用。此时，甲需要经丙同意，才能获得地役权，从乙的菜地通行。

2. 因用益物权的分割转让而取得

《民法典》第三百八十条规定："地役权不得单独转让。土地承包经营权、建设用地使用权等转让的，地役权一并转让，但是合同另有约定的除外。"

其中，需役地以及需役地上的土地承包经营权、建设用地使用权等部分转让时，转让部分涉及地役权的，受让人同时享有地役权；供役地以及供役地上的土地承包经营权、建设用地使用权等部分转让时，转让部分涉及地役权的，地役权对受让人具有法律约束力。

（二）地役权的消灭

根据《民法典》第三百八十四条，地役权人有下列情形之一的，供役地权利人有权解除地役权合同，地役权消灭。

（1）地役权人违反法律规定或者合同约定，滥用地役权。

（2）有偿利用供役地，约定的付款期限届满后在合理期限内经两次催告未支付费用。

此外，期限届满、土地灭失、地役权人抛弃等，也会导致地役权的消灭。已经登记的地役权消灭的，应当及时办理注销登记。

任务实施

用益物权之"我来当法官"

任务描述

全班学生以小组为单位,每组选择一个用益物权的相关案件,以这些案件作为背景开展"我来当法官"活动。

实施流程

(1) 学生自由分组,每组4~6人,并选出一名小组长。

(2) 各小组选择一个用益物权相关的案件,可以涉及土地承包经营权、建设用地使用权、宅基地使用权、居住权或地役权,并将案件的基本案情记录在纸上。

(3) 小组间交换记录案情的纸张,小组成员进行内部讨论,梳理案情,给出判决结果,并说出法律依据。注意:须将纸张打乱顺序,确保每一小组拿到的都是另一小组的纸张。

(4) 小组长上台分享案情及小组给出的判决结果,并说明理由。

(5) 教师对各小组的表现进行评价。

任务四 认识担保物权

任务导入

徐某向杨某借款10万元,并约定利息为2 000元,若徐某到期未清偿,还应支付违约金3 000元。因杨某担心徐某无清偿能力,徐某遂以一辆价值15万元的汽车为担保,双方签订了担保合同。一年后,徐某又向林某借款10万元,约定利息和违约金分别为2 000元和3 000元,林某未要求徐某提供担保。后徐某用以担保的汽车在一次事故中报废,徐某获得10万元赔偿金。此时,徐某表示无力偿还杨某和林某的债务。

项目二 物权

 思考：

（1）什么是担保物权？上述案例中，杨某和林某是否享有担保物权？

（2）杨某和林某应如何获得清偿？

一、担保物权的特征

担保物权以确保债权的实现为目的，通常发生在借贷、买卖等民事活动中。担保物权人不能对物进行使用、收益，仅就物的价值享有优先受偿权。具体来说，担保物权具有以下特征。

（1）从属性。担保物权必须从属于债权，其成立以债权的成立为前提，并因债权的转移而转移，因债权的消灭而消灭。

（2）不可分性。担保物权人在被担保的全部债权受清偿前，可就担保财产的全部行使其权利。被担保的债权即使经过分割、部分清偿或消灭，担保物权仍为了担保各部分债权或剩余债权而存在；担保财产即使经分割或一部分灭失，各部分或余存的担保财产仍为担保全部债权而存在。

【例2-14】甲公司向乙公司借款100万元，以10辆小汽车为担保。债务到期时，甲公司偿还了90万元欠款，还有10万元未能偿还，此时乙公司仍能就这10辆小汽车全部主张优先受偿。

（3）物上代位性。担保期间，担保财产毁损、灭失或者被征收等，担保物权人可以就获得的保险金、赔偿金或者补偿金等优先受偿。被担保债权的履行期限未届满的，也可以提存该保险金、赔偿金或者补偿金等。

【例2-15】2022年10月，甲以房子为担保向银行贷款150万元，约定2023年10月还款。2023年5月，该房子被征用，甲获得150万元补偿金，则该补偿金代替房子成为担保物，银行可以提存该补偿金。2023年10月，若甲未能偿还贷款，银行有权优先获得该补偿金。

（4）担保权按顺序实现。被担保的债权既有物的担保又有人的担保的，债务人不履行到期债务或者发生当事人约定的实现担保物权的情形，债权人应当按照约定实现债权；没有约定或者约定不明确，债务人自己提供物的担保的，债权人应当先就该物的担保实现债权；第三人提供物的担保的，债权人可以就物的担保实现债权，也可以请求保证人承担保证责任。提供担保的第三人承担担保责任后，有权向债务人追偿。

【例 2-16】 甲向乙借款 200 万元，以自己的一套商品房和丙的一辆小汽车为担保，并约定了还款时间，未约定其他事项。债务到期时，甲无力偿还。此时，乙应先将甲的商品房折价、拍卖或变卖，若所得价款不能够清偿借款，则乙可以折价、拍卖或变卖丙的小汽车，或请求丙还款。若丙承担担保责任，替甲还款，丙有权向甲追偿。

二、抵押权

抵押权是指债权人对于债务人或第三人提供的作为债务履行担保的财产，于债务人到期不履行债务或者约定的情形出现时，就抵押财产的折价或者拍卖、变卖的价款优先受偿的权利。在抵押担保法律关系中，债务人或者第三人为抵押人，债权人为抵押权人，提供担保的财产为抵押财产。

（一）抵押财产及其范围

抵押财产又称抵押物，是指被设立了抵押权的不动产、动产或权利。《民法典》中规定了抵押财产的范围和禁止抵押的财产，具体如下。

1. 抵押财产的范围

抵押人有权处分的下列财产可以抵押。
（1）建筑物和其他土地附着物。
（2）建设用地使用权。
（3）海域使用权。
（4）生产设备、原材料、半成品、产品。
（5）正在建造的建筑物、船舶、航空器。
（6）交通运输工具。
（7）法律、行政法规未禁止抵押的其他财产。

需要注意的是，以建筑物抵押的，该建筑物占用范围内的建设用地使用权一并抵押。以建设用地使用权抵押的，该土地上的建筑物一并抵押。

> **知法用法**
>
> 郑某是 A 公司的一名员工，他想向李某借款 10 万元，并将以下财产作为抵押。
> （1）A 公司的电脑；（2）郑某的金戒指；（3）郑某的小汽车。
> 讨论：上述财产中，哪些可以抵押？为什么？

2. 禁止抵押的财产

下列财产不得抵押。

（1）土地所有权。

（2）宅基地、自留地、自留山等集体所有土地的使用权（法律规定可以抵押的除外）。

（3）学校、幼儿园、医疗机构等为公益目的成立的非营利法人的教育设施、医疗卫生设施和其他公益设施。

（4）所有权、使用权不明或者有争议的财产。

（5）依法被查封、扣押、监管的财产。

（6）法律、行政法规规定不得抵押的其他财产。

（二）抵押权的设立

设立抵押权一般需要订立抵押合同，并办理抵押登记。

1. 抵押合同

《民法典》第四百条第一款规定："设立抵押权，当事人应当采用书面形式订立抵押合同。"抵押合同一般包括以下条款：① 被担保债权的种类和数额；② 债务人履行债务的期限；③ 抵押财产的名称、数量等情况；④ 担保的范围。

2. 抵押登记

以建筑物和其他土地附着物、建设用地使用权、海域使用权或者正在建造的建筑物等不动产抵押的，应当办理抵押登记，抵押权自登记时设立。以动产抵押的，抵押权自抵押合同生效时设立，未经登记，不得对抗善意第三人。

（三）抵押权的效力

1. 抵押权对抵押财产的效力

在实现抵押权时，抵押权人可以将抵押财产进行折价、拍卖或变卖，但需要注意以下几点。

（1）抵押权设立前，抵押财产已经出租并转移占有的，原租赁关系不受该抵押权的影响。

【例2-17】2022年12月，甲将自己的房子出租给乙，租期一年。2023年5月，甲又将该房屋抵押给丙。此时，乙仍可以使用该房屋，直至租期到期。

（2）以动产抵押的，不得对抗正常经营活动中已经支付合理价款并取得抵押财产的买受人。

（3）建设用地使用权抵押后，该土地上新增的建筑物不属于抵押财产。该建设用地使用权实现抵押权时，应当将该土地上新增的建筑物与建设用地使用权一并处分。但是，新增建筑物所得的价款，抵押权人无权优先受偿。

【例 2-18】甲公司将自己享有建设用地使用权的土地抵押给银行，贷款 300 万元，并在该地上建造了一栋新的办公楼。后贷款到期，甲公司无力偿还，银行决定转让该土地的建设用地使用权。此时，这栋办公楼须一同转让，且银行只能以转让建设用地使用权的价款偿还贷款，而对转让办公楼的价款不享有优先受偿权。

（4）以集体所有土地的使用权依法抵押的，实现抵押权后，未经法定程序，不得改变土地所有权的性质和土地用途。

2. 抵押权对抵押权人的效力

抵押权对抵押权人的效力包括以下内容。

（1）抵押权人有权就抵押财产优先于其他债权人受偿。

（2）抵押人的行为足以使抵押财产价值减少的，抵押权人有权请求抵押人停止其行为；抵押财产价值减少的，抵押权人有权请求恢复抵押财产的价值，或者提供与减少的价值相应的担保。抵押人不恢复抵押财产的价值，也不提供担保的，抵押权人有权请求债务人提前清偿债务。

（3）抵押权人与抵押人未就抵押权实现方式达成协议的，抵押权人可以请求人民法院拍卖、变卖抵押财产。

（4）债务人不履行到期债务或者发生当事人约定的实现抵押权的情形，致使抵押财产被人民法院依法扣押的，自扣押之日起，抵押权人有权收取该抵押财产的天然孳息或者法定孳息，但是抵押权人未通知应当清偿法定孳息义务人的除外。

法律锦囊

抵押权人应当在主债权诉讼时效期间行使抵押权；未行使的，人民法院不予保护。

3. 抵押权对抵押人的效力

抵押权对抵押人的效力包括以下内容。

（1）抵押期间，抵押人可以转让抵押财产。当事人另有约定的，按照其约定。抵押财产转让的，抵押权不受影响。抵押人转让抵押财产的，应当及时通知抵押权人。抵押权人能够证明抵押财产转让可能损害抵押权的，可以请求抵押人将转让所得的价款向抵押权人提前清偿债务或者提存。转让的价款超过债权数额的部分归抵押人所有，不足部分由债务人清偿。

（2）抵押权不得与债权分离而单独转让或者作为其他债权的担保。债权转让的，担保该债权的抵押权一并转让，但是法律另有规定或者当事人另有约定的除外。

（3）抵押权人可以放弃抵押权或者抵押权的顺位。抵押权人与抵押人可以协议变更抵押权顺位以及被担保的债权数额等内容。但是，抵押权的变更未经其他抵押权人书面同意的，不得对其他抵押权人产生不利影响。

（4）债务人以自己的财产设定抵押，抵押权人放弃该抵押权、抵押权顺位或者变更抵押权的，其他担保人在抵押权人丧失优先受偿权益的范围内免除担保责任，但是其他担保人承诺仍然提供担保的除外。

【例2-19】甲向乙提供乙生产所需的原材料，总价款为320万元，乙将其一套价值250万元的工艺流水线设备作为抵押，双方约定了具体付款日期。合同生效前，甲要求乙找第三人为其债权做担保，最终，丙同意做担保。后来，乙给甲介绍了新的客户，甲的生意日益红火，为了感谢乙，甲决定放弃抵押权，无须乙支付原材料的款项。此时，丙的担保责任也得到免除。

 以 案 释 法

房屋被抵押不影响买卖过户

● 基本案情：

2021年2月，顾某以60万元的价格购买A房地产公司的两间门面房。顾某在当日已支付全部购房款，A房地产公司出具了收据并将这两间门面房交付顾某使用。后顾某多次要求A房地产公司签订书面商品房买卖合同，并办理房屋产权登记手续，但A房地产公司已于2020年10月将这两间门面房抵押给B公司并办理了抵押登记手续。A房地产公司声称经营困难，无力解除争议房屋上的抵押权，无法签订商品房买卖合同及办理房屋产权登记手续。故顾某向人民法院提起诉讼，要求判令A房地产公司与顾某签订商品房买卖合同，并提供资料协助顾某办理房屋产权登记手续。

● 裁决结果：

《民法典》第四百零六条第一款规定："抵押期间，抵押人可以转让抵押财产。当事人另有约定的，按照其约定。抵押财产转让的，抵押权不受影响。"因此，人民法院认为，抵押人转让抵押财产无需经抵押权人同意，转让合同的效力不受抵押权人同意与否的影响。本案中，顾某已支付了全部购房款并实际使用，双方之间形成房屋买卖关系，人民法院对顾某的诉讼请求予以支持。

（资料来源：《"典"滴说法｜房屋被抵押不影响买卖过户》，
淮安市中级人民法院网，2022年3月16日）

（四）抵押权的清偿顺序

同一财产向两个以上债权人抵押的，拍卖、变卖抵押财产所得的价款依照下列规定清偿。
（1）抵押权已经登记的，按照登记的时间先后确定清偿顺序。
（2）抵押权已经登记的先于未登记的受偿。

（3）抵押权未登记的，按照债权比例清偿。

> **知法用法**
>
> 赵某开办了一家模具制造工厂，因遭遇经济危机，大量货品积压，公司急需流动资金进行周转。于是，赵某向银行贷款50万元，并将价值120万元的厂房抵押给银行，办理了抵押登记。后来，赵某又先后将厂房抵押给老王和老李，借得30万元和20万元，但均未办理抵押登记。
>
> 讨论：若赵某无法偿还银行、老王和老李的借款，将厂房以80万元的价格售卖出去。此时，厂房所卖价款应如何对银行、老王和老李进行清偿？

（五）最高额抵押权

最高额抵押权是指为担保债务的履行，债务人或者第三人对一定期间内将要连续发生的债权提供担保财产的，债务人不履行到期债务或者发生当事人约定的实现抵押权的情形，抵押权人有权在最高债权额限度内就该担保财产优先受偿。最高额抵押权设立前已经存在的债权，经当事人同意，可以转入最高额抵押担保的债权范围。

> **【例2-20】** 甲全款购买了一套市值500万元的房产。2022年9月，甲因个人原因需要一笔资金周转，于是他以自己的房产为抵押，与银行签订了最高额抵押合同，双方约定抵押担保的借款金额不超过500万元，保证期间为2022年9月1日至2023年8月31日。在约定期间内，甲可根据自己的资金需求，多次向银行提出借款申请，而不必用新的抵押财产重新办理抵押手续。

三、质权

质权是指为担保债务的履行，债务人或者第三人将作为担保的动产或权利交付债权人占有，当债务人不履行到期债务或者发生当事人约定的实现质权的情形时，债权人就担保财产折价、拍卖或变卖所得的价款优先受偿的权利。在质权法律关系中，债务人或者第三人为出质人，债权人为质权人，交付的动产或权利为质押财产。

根据客体的不同，质权分为动产质权和权利质权。

（一）动产质权

动产质权是以动产为客体的质权，法律、行政法规禁止转让的动产不得出质。

1. 动产质权的设立

动产质权自出质人交付质押财产时设立。设立动产质权，当事人应当采用书面形式订立质押合同，一般包括以下条款：① 被担保债权的种类和数额；② 债务人履行债务的期限；

③ 质押财产的名称、数量等情况；④ 担保的范围；⑤ 质押财产交付的时间、方式。

知法用法

2023年1月12日，张某向李某借款2万元，以一套高档音响做质押，双方签订了书面质押借款合同。合同签订当日，李某将2万元现金交付张某，张某未交付音响。2023年1月15日，张某又向刘某借款，同样提出以该音响做质押，双方签订了合同，并于当日交付了借款和音响。后李某多次向张某索要音响，均遭到拒绝。债权到期时，张某无力偿还李某和刘某的借款，刘某计划将该音响变卖，李某认为自己应优先受偿变卖音响的价款，遂诉至人民法院。

讨论：李某能否优先受偿变卖音响的价款？为什么？

2. 质权人的权利和义务

（1）质权人有权收取质押财产的孳息，但是合同另有约定的除外。

（2）因不可归责于质权人的事由可能使质押财产毁损或者价值明显减少，足以危害质权人权利的，质权人有权请求出质人提供相应的担保；出质人不提供的，质权人可以拍卖、变卖质押财产，并与出质人协议将拍卖、变卖所得的价款提前清偿债务或者提存。

（3）质权人负有妥善保管质押财产的义务。因保管不善致使质押财产毁损、灭失的，应当承担赔偿责任。

（4）质权人在质权存续期间，未经出质人同意，擅自使用、处分质押财产，造成出质人损害的，应当承担赔偿责任。

（5）债务人履行债务或者出质人提前清偿所担保的债权的，质权人应当返还质押财产。债务人不履行到期债务或者发生当事人约定的实现质权的情形，质权人可以与出质人协议以质押财产折价，也可以就拍卖、变卖质押财产所得的价款优先受偿。

法律锦囊

同一财产既设立抵押权又设立质权的，拍卖、变卖该财产所得的价款按照登记、交付的时间先后确定清偿顺序。

3. 出质人的权利

（1）质权人的行为可能使质押财产毁损、灭失的，出质人可以请求质权人将质押财产提存，或者请求提前清偿债务并返还质押财产。

（2）出质人可以请求质权人在债务履行期限届满后及时行使质权；质权人不行使的，出质人可以请求人民法院拍卖、变卖质押财产。出质人请求质权人及时行使质权，因质权人怠于行使权利造成出质人损害的，由质权人承担赔偿责任。

法苑广角

动产质权和动产抵押权的区别

动产既可设立质权,又可设立抵押权,两者存在一定的区别,具体如下。

(1)动产质权的设立以移交动产给债务人占有为条件;动产抵押权的设立不以移交动产给债务人占有为条件,作为抵押财产的标的物仍由抵押人占有。

(2)动产质权自出质人交付质押财产时设立,动产抵押权自抵押合同生效时设立。

(二)权利质权

权利质权是以可转让的财产权利为客体的质权。

1. 权利质权的范围

质权人有权处分的下列权利可以出质:① 汇票、本票、支票;② 债券、存款单;③ 仓单、提单;④ 可以转让的基金份额、股权;⑤ 可以转让的注册商标专用权、专利权、著作权等知识产权中的财产权;⑥ 现有的以及将有的应收账款;⑦ 法律、行政法规规定可以出质的其他财产权利。

2. 权利质权的设立

(1)以汇票、本票、支票、债券、存款单、仓单、提单出质的,质权自权利凭证交付质权人时设立;没有权利凭证的,质权自办理出质登记时设立。法律另有规定的,依照其规定。

(2)以基金份额、股权出质的,质权自办理出质登记时设立。

(3)以注册商标专用权、专利权、著作权等知识产权中的财产权出质的,质权自办理出质登记时设立。

(4)以应收账款出质的,质权自办理出质登记时设立。

四、留置权

留置权是指债务人不履行到期债务,债权人可以留置已经合法占有的债务人的动产,并就该动产优先受偿的权利。在留置权法律关系中,债权人为留置权人,占有的动产为留置财产。留置财产为可分物的,留置财产的价值应当相当于债务的金额。

法律锦囊

可分物是指不因分割而损害其经济用途、降低其经济价值或变更其性质的物,如一定数量的棉花。与可分物相对的是不可分物,即分割后会损害其用途、降低其经济价值或改变其性质的物,如汽车。

（一）留置权的设立

留置权的设立需要满足以下几个条件。

（1）债权有效性。留置权是为了保障债权的实现而设立的，因此，留置权必须以债权债务关系的存在为前提，只有债权合法有效存在，才能设立留置权。

（2）债权人的合法占有。债权人必须依据合同合法占有债务人的动产，而非通过不当得利、侵权行为等获得的。

（3）债权与占有的动产之间具有牵连关系。债权人留置的动产，应当与债权属于同一法律关系（企业之间留置的除外）。

> 【例2-21】甲帮乙运输一批货物，乙没有支付运费给甲。此时，由于甲占有的动产（货物）与债权（收取运费）属于同一法律关系（运输合同关系），甲可以留置乙的这批货物。

（4）债务人的债务已届清偿期。只有债务人的债务已经到达履行期限，且债务人未履行债务，留置权才能够成立。

（二）留置权人的权利和义务

1. 留置权人的权利

（1）债权人可以留置已经合法占有的债务人的动产，并有权就该动产优先受偿。

（2）同一动产上已经设立抵押权或者质权，该动产又被留置的，留置权人优先受偿。

（3）留置权人有权收取留置财产的孳息，孳息应当先充抵收取孳息的费用，如律师费、公证费和其他与留置权相关的费用。

> 【例2-22】小杨驾驶车辆时不慎翻车，于是将该车辆拉到甲汽车修理厂进行全车修理。因车辆损坏严重，甲汽车修理厂对车辆多个项目进行维修，共计维修费用24 470元。修理完成后，甲汽车修理厂多次催促小杨尽快取车并支付修理费，但是小杨迟迟未支付修理费，涉案车辆一直留置在甲汽车修理厂。甲汽车修理厂无奈将小杨诉上法庭，人民法院在审理后认为，根据《民法典》，小杨未向甲汽车修理厂支付报酬，甲汽车修理厂依法享有对案涉车辆的留置权，并享有优先受偿权。最终，人民法院判决小杨在判决生效后10日内向甲汽车修理厂支付修理费，在付清修理费之前，甲汽车修理厂对案涉车辆享有留置权，若小杨逾期仍未支付修理费，则甲汽车修理厂可以与小杨协议以该汽车折价，也可以申请人民法院拍卖、变卖该汽车，并就拍卖、变卖所得的价款优先受偿。

2. 留置权人的义务

（1）留置权人负有妥善保管留置财产的义务。因保管不善致使留置财产毁损、灭失的，应当承担赔偿责任。

（2）留置权人与债务人应当约定留置财产后的债务履行期限。没有约定或者约定不明确的，留置权人应当给债务人六十日以上履行债务的期限，但是鲜活易腐等不易保管的动产除外。

任务实施

担保物权"猜猜猜"游戏

任务描述

全班学生以小组为单位，总结抵押权、质权、留置权的特点，如抵押权不以占有标的物为条件，质权以占有标的物为条件，留置权只能用于动产等，并整理成文档，以这些整理资料作为背景开展担保物权"猜猜猜"游戏。

实施流程

（1）全班学生分为3组，每组选出一名小组长。

（2）每组学生结合所学知识，总结不同担保物权的特点，并整理成文档。

（3）教师准备3个纸质名牌，名牌上分别写着抵押权、质权和留置权，并安排3名小组长上台开展游戏。

（4）小组长围坐一圈，教师随机将纸质名牌贴在小组长额头上，保证3名小组长可以看到其他人名牌上的内容，而看不到自己名牌上的内容。

（5）游戏开始后，小组长可结合小组的总结文档轮流向其他参与者提问，以猜测自己额头上名牌的内容。注意：提问时，其他人只能回答是或者否。

（6）游戏限时1分钟，最先猜出自己额头上名牌内容的小组长获胜。

任务五　认识占有

任务导入

宋某发现一头牛在自家田里吃麦苗，便将其带回自家牛棚中饲养。几天后，吴某发现自家走失的牛在宋某的牛棚中，要求宋某物归原主。宋某称可以将牛归还给吴某，但吴某须向自己支付饲料费。吴某拒绝向宋某支付这些费用，并向人民法院提起诉讼，要求宋某归还被侵占的牛。

项目二 物权

> 思考：
> （1）宋某是否有权占有吴某的牛？
> （2）吴某应该向宋某支付饲料费吗？

一、占有的分类

占有是指人对物事实上的控制。事实上控制物的人为占有人，被控制的物为占有物。占有是一种事实状态，而不是一种权利。根据不同的分类标准，占有可分为不同的类型，具体如下。

（一）有权占有与无权占有

根据占有人是否基于本权而对物进行占有，占有可分为有权占有和无权占有。

法律锦囊

> 本权是指基于法律而享有占有的权利，如所有权、债权等。

1. 有权占有

有权占有又称合法占有，是指占有人有本权的占有，如土地承包经营权人基于土地承包经营权对承包地的占有、承租人基于租赁权对租赁物的占有。

2. 无权占有

无权占有又称非法占有，是指占有人无本权的占有，如拾得人对遗失物的占有、盗贼对赃物的占有等。无权占有可进一步分为善意占有与恶意占有。善意占有是指无权占有人不知自身无本权的占有，恶意占有是指占有人知道自身无本权的占有。

> 【例2-23】甲将盗窃的手机出售给不知情的乙，乙对手机的占有为善意占有；如果乙知道甲出售的手机为赃物仍然购买，则乙对手机的占有为恶意占有。

（二）自主占有与他主占有

根据占有人是否以所有的意思对占有物进行占有，占有可分为自主占有和他主占有。自主占有是指占有人以所有的意思对物进行的占有，如所有权人对物的占有。他主占有是指占有人以非所有的意思对物进行的占有，如承租人对租赁物的占有。

法律锦囊

所有的意思是指占有人主观上具有的将物据为己有的心态，不需要占有人是物真正的所有人。如果占有人仅仅是出于对自己拥有该物的信念而占有它，即使这个信念是基于错误的认识，也可以构成自主占有，如盗贼对赃物的占有。

（三）直接占有与间接占有

根据占有人是否直接对物进行占有，占有可分为直接占有和间接占有。直接占有是指占有人直接对物进行控制的占有，如承租人、保管人对物的占有。间接占有是指占有人虽然未直接占有某物，但依据一定的法律关系而对直接占有人享有占有物返还请求权，从而间接对物进行控制的占有，如出质人、出租人对物的占有。间接占有不能独立存在，间接占有人与直接占有人之间必须存在一定的法律关系。

【例 2-24】甲依据租赁合同，将自有的商铺租赁给乙使用。乙对商铺的占有为直接占有，甲依据租赁合同对商铺间接占有。

甲将自己的 A 房屋（共 3 间房）出租给乙，乙在未经甲同意的情况下，又将该房屋中的一间房（B 房间）转租给丙。

讨论：（1）甲对 A 房屋的占有属于自主占有还是他主占有？

（2）乙对 A 房屋的占有属于直接占有还是间接占有？

（3）丙对 B 房间的占有属于有权占有还是无权占有？

二、占有的推定

占有的推定是指法律赋予事实上占有以法律含义和效力的制度。占有的推定对于规范占有行为、保障社会交易安全具有重要的作用，主要包括权利推定和事实推定。

（一）权利推定

占有的权利推定是指基于占有人对占有物行使的权利，推定其合法享有此权利。受权利推定的占有人，免负举证责任。如果有异议者对占有人的权利提出质疑，则由异议者负举证责任以推翻推定。权利推定适用于所有类型的占有。

项目二 物权

> **法律锦囊**
>
> 权利推定适用于动产和未登记的不动产，已登记的不动产不发生权利推定问题。

（二）事实推定

占有的事实推定是指在没有足够证据的情形下，推定占有人的占有是有权、善意、自主的占有。例如，没有足够证据证明占有人的占有为无权占有的，推定其为有权占有。

三、占有人的权利和义务

（一）占有人的权利

1. 使用权和收益权

善意占有人可按照合同约定对占有物享有使用权和收益权。对此，《民法典》第四百五十八条规定："基于合同关系等产生的占有，有关不动产或者动产的使用、收益、违约责任等，按照合同约定；合同没有约定或者约定不明确的，依照有关法律规定。"

2. 费用偿还请求权

善意占有人占有他人的不动产或者动产后，在返还权利人原物及其孳息时，可请求权利人支付自身因维护该不动产或者动产支出的必要费用。

> **法律锦囊**
>
> 必要费用是指占有人为了保存、管理或返还占有物，防止占有物毁损、灭失或者为维持占有物的现状而支出的费用，如拾得走失的宠物后的饲养费。

3. 占有保护请求权

占有的不动产或者动产被侵占的，占有人有权请求返还原物；对妨害占有的行为，占有人有权请求排除妨害或者消除危险；因侵占或者妨害造成损害的，占有人有权依法请求损害赔偿。

（二）占有人的义务

1. 赔偿义务

占有人因使用占有的不动产或者动产，致使该不动产或者动产受到损害的，恶意占有人应当承担赔偿责任。此外，占有的不动产或者动产毁损、灭失，该不动产或者动产的权利人请求赔偿的，占有人应当将因毁损、灭失取得的保险金、赔偿金或者补偿金等返还给权利人；权利人的损害未得到足够弥补的，恶意占有人还应当赔偿损失。

【例 2-25】甲偷窃了一辆自行车并将其骑回家。一天，甲骑车外出购物，停在路边的自行车被违规行驶的机动车撞上导致毁损。事后，机动车车主赔偿甲 200 元。自行车价值为 300 元，则甲除了将 200 元赔偿金返还给乙之外，还应赔偿乙 100 元。

2. 返还原物和孳息的义务

无权占有他人不动产或者动产的，负有返还原物及其孳息的义务。

任务实施

占有案例分析

任务描述

乙拾得甲丢失的手机后，将此事告知丙，丙提议甲将该手机低价出售给自己。丙拿到手机后，不慎使手机屏幕破裂。两天后，甲通过警察找到丙，发现手机屏幕破裂，遂要求丙归还手机，并赔偿手机屏幕破裂的损失。

实施流程

（1）学生自由分组，每组 2~4 人，并选出一名小组长。

（2）小组成员阅读上述案例，并就以下问题进行讨论：① 上述案件中的甲、乙、丙对该手机的占有分别属于什么类型的占有？② 丙是否应将手机归还给甲并赔偿甲的损失？为什么？

（3）小组长汇总讨论结果，并在课堂上分享。

（4）教师对各小组的表现进行评价。

学习成果自测

1. 填空题

（1）_____是指权利人依法对特定的物享有直接支配和排他的权利，属于财产权。

（2）根据物的归属的不同，物权可分为_____和他物权。根据权利人对他人所有物支配范围的不同，他物权还可进一步分为_____和_____。

(3) 原始取得的方式主要包括生产、_____、_____、无主物取得、_____等。

(4) 根据占有人是否基于本权而对物进行占有，占有可分为_____和_____。

2. 选择题

(1) 下列选项中，不属于物权的效力的是（　　）。
　　A. 物权排他效力　　　　　　B. 物权清偿效力
　　C. 物权追及效力　　　　　　D. 物上请求权

(2) 不动产物权变动的公示方法是（　　），动产物权变动的公示方法是（　　）。
　　A. 登记；交付　　　　　　　B. 交付；登记
　　C. 登记；占有　　　　　　　D. 占有；交付

(3) 在下列民事纠纷中，不应按相邻关系处理的是（　　）。
　　A. 甲在乙的房屋后挖菜窖，造成乙的房屋墙体裂缝，引起纠纷
　　B. 甲家水管漏水，导致乙家地板损坏，引起纠纷
　　C. 甲村在河流上修建拦河坝，使乙村用水量骤减，引起纠纷
　　D. 甲村为了取水浇地，在乙、丙、丁村的土地上修建水渠，引起纠纷

(4) 甲在乙处修理电视机，由于忘记带钱包和手机，他将自己的手表放在乙处，约定第二天付给乙维修电视机的费用，并取回手表。此时，乙对该手表的占有是基于（　　）。
　　A. 抵押权　　　　　　　　　B. 留置权
　　C. 质权　　　　　　　　　　D. 债权

(5) 下列选项中，属于自主占有的是（　　）。
　　A. 留置权人对留置物的占有　B. 质权人对质物的占有
　　C. 承租人对租赁物的占有　　D. 劫匪对所劫财物的占有

3. 判断题

(1) 甲、乙、丙三人为好友，三人各自出资 50 万元购买了丁的房屋，则甲、乙、丙是该房屋的共同共有人。　　　　　　　　　　　　　　　　（　　）

(2) 甲对乙的土地享有地役权，因此，甲可以在乙的土地上种植玉米。
　　　　　　　　　　　　　　　　　　　　　　　　　　　　　（　　）

(3) 只要符合公共利益的需要，无论所有权人是否同意，相关部门都可以依照法律规定的权限和程序取得所有权。（ ）

(4) 业主在取得专有权的同时即可取得共有权和共同管理权。（ ）

(5) 土地承包经营权人有权从事种植业、林业、畜牧业等农业生产。（ ）

(6) 宅基地使用权的取得是有偿的，且须由乡（镇）人民政府审核批准。（ ）

4. 简答题

(1) 什么是物权？物权有哪些特征？

(2) 简述建设用地使用权的设立方式。

(3) 什么是最高额抵押权？

(4) 简述留置权设立的条件。

学习成果评价

请进行学习成果评价，并将评价结果填入表2-3中。

表2-3 学习成果评价表

班级		组号		日期	
姓名		学号		指导教师	
项目名称			物权		
评价项目	评价内容		分值	自我评分	教师评分
知识（40%）	物权的特征和分类、物权的效力、物权的基本原则、物权变动、物权保护		5		
	所有权的特征、所有权的权能、所有权的取得、国家所有权、集体所有权、私人所有权、业主的建筑物区分所有权、相邻关系、共有		10		
	用益物权的特征、土地承包经营权、建设用地使用权、宅基地使用权、居住权、地役权		10		
	担保物权的特征、抵押权、质权、留置权		10		
	占有的分类、占有的推定、占有人的权利和义务		5		

表 2-3（续）

评价项目	评价内容	分值	自我评分	教师评分
技能（40%）	能够区分所有权、用益物权和担保物权	20		
	产生物权纠纷时，能够明确物的归属，依法维护自己的合法权益	20		
素养（20%）	具备良好的学习态度	5		
	具备团队精神	5		
	增强社会责任感	5		
	培养遵纪守法的职业道德	5		
合计		100		
总分（自我评分×40%+教师评分×60%）				
自我评价				
教师评价				

项目三

债与合同

项目引言

随着社会经济的快速发展和人们交往的日益频繁,债权债务关系成为公民之间普遍出现的民事法律关系。合同作为引起债权债务关系发生的重要原因,在购物、租房、工作和投资等各种场景中发挥着不可或缺的作用。学习债与合同的相关法律规定,对更好地参与社会经济活动、维护自身权益具有重要意义。

知识目标

- 了解债与债权的概念,熟悉债的发生、债的履行与不履行、债的担保与保全、债的转移与消灭的相关知识。
- 掌握合同的分类、合同的订立、合同的履行、合同的变更和解除、合同责任的相关知识。
- 熟悉各种典型合同的特征和效力。
- 熟悉无因管理、不当得利的构成要件和效力。

素质目标

- 学习债的履行原则,树立诚信意识,为在全社会形成"诚信光荣、失信可耻"的良好风尚做贡献。
- 学习《民法典》中关于债与合同的规定,遵循公平竞争原则,捍卫公平正义,守护美好生活。

项目三 债与合同

任务一 了解债的一般原理

任务导入

丁某因陈某拖欠货款,将陈某诉至人民法院。经人民法院调解,双方达成协议,约定陈某分期支付丁某 110 余万元货款,但陈某仍未按约履行债务。案件进入执行程序后,执行法官发现陈某在达成调解协议后不久便与妻子胡某办理了离婚手续,并达成以下财产分割约定:房产全部归胡某所有,陈某获得一处宅基地使用权,并承担夫妻婚姻存续期间的所有债务。丁某认为陈某和胡某离婚是为了逃避债务,遂将陈某与胡某一同告上人民法院,要求人民法院判令撤销两人《离婚协议书》中关于财产分割的约定。

人民法院经审理认为,陈某将其应享有的财产份额以离婚的形式无偿转让给胡某,该无偿转让行为造成了陈某偿债能力下降甚至丧失,影响了丁某的债权实现,故丁某可以在债权范围内行使撤销权。

(资料来源:余建华、蓝松娟、朱薇烨、毛诗涵,《用"净身出户"转移财产 躲避债务 浙江一夫妻离婚协议财产分割约定被法院撤销》,人民法院报,2020 年 10 月 1 日)

思考:

(1)什么是债?什么是债权?
(2)什么是债的履行和债的不履行?不履行债务需要承担哪些法律后果?
(3)什么是撤销权?如何行使撤销权?

一、债与债权的概念

在民法中,债是指根据合同的约定或法律的规定,在特定当事人之间形成的权利和义务关系。债的主体是享有权利的债权人和负有义务的债务人;债的客体是债务人履行义务时具体交付的对象,包括物、完成的工作等。

《民法典》第一百一十八条第二款规定:"债权是因合同、侵权行为、无因管理、不当得利以及法律的其他规定,权利人请求特定义务人为或者不为一定行为的权利。"也就是说,债权是指在债的关系中债权人享有的请求债务人为或不为一定行为的权利。

债权主要具有以下特征：① 是受领权和请求权，债权人在债的关系中应当获得的利益，需要通过请求债务人给付来实现；② 是相对权，债权的主体是特定的，债权人只能向债务人主张权利；③ 具有任意性，在法律不禁止的情况下，当事人之间经自由协商可任意设立债权；④ 具有平等性，数个债权人对于同一债务人先后发生数个普通债权时，各债权效力平等，并不因债发生的先后而效力不同；⑤ 具有期限性，在期限到来前，债权人不得主张权利，请求债务人履行债务。

> **法律锦囊**
>
> 给付是指债务人应实施的特定行为（包括不作为）。根据债的不同，给付会表现出不同形态，如交付财物、支付金钱、提供劳务（服务）、交付工作成果、转移权利等。

> **知法用法**
>
> 甲于2023年5月向乙借款2万元，并约定在同年8月底偿还。一个月后，甲又向丙借款2万元，同样约定在同年8月底偿还。2023年9月，乙、丙同时要求甲偿还欠款。甲只有2万元，决定遵循先借先还的原则，将这2万元还给乙。
>
> 讨论：从债权特征的角度分析，甲、乙、丙三人的行为是否合理？

二、债的发生

债的发生是指债权债务关系的产生。引起债的发生的法律事实即债的发生根据，包括合同、侵权行为、无因管理、不当得利和其他法律事实。

（一）合同

《民法典》第四百六十四条第一款规定："合同是民事主体之间设立、变更、终止民事法律关系的协议。"任何有效合同的成立都意味着当事人之间产生了债权债务关系。合同中规定的当事人的权利和义务就是债的关系中的债权与债务。合同是引起债的发生的最普遍的原因。

（二）侵权行为

侵权行为是指行为人不法侵害他人的人身、财产和其他合法权益，依法应承担民事责任的行为。根据《民法典》和相关法律、法规的规定，侵权行为一经发生，被侵权人和侵权人之间即产生债权债务关系。被侵权人在自身权益遭受侵害时，有权请求侵权人承担侵权责任，赔偿其人身或财产损失。

（三）无因管理

无因管理是指既未受他人委托，又没有法定或约定的义务，为避免他人利益受损而对他人事务进行管理或提供服务的行为。《民法典》第一百二十一条规定:"没有法定的或者约定的义务,为避免他人利益受损失而进行管理的人,有权请求受益人偿还由此支出的必要费用。"管理人一经管理他人事务,管理人与受益人之间即产生债权债务关系。管理人有权请求受益人偿付因管理其事务所支出的必要费用(包括在管理活动中直接支出的费用和受到的实际损失等),受益人有支付的义务。

(四)不当得利

不当得利是指没有法律根据获得利益,致使他人利益遭受损害的法律事实。《民法典》第一百二十二条规定:"因他人没有法律根据,取得不当利益,受损失的人有权请求其返还不当利益。"不当得利事实一经确认,受损失的人和得利人之间即产生债权债务关系。受损失的人享有请求得利人返还其取得的不当利益的权利,得利人有返还不当利益的义务。

> **法律锦囊**
>
> 因合同产生的合同之债为典型的约定之债,此类债的发生、内容、效力等由当事人的意思决定。因侵权行为、不当得利和无因管理产生的债均为法定之债,此类债的主体、客体和内容均由法律明确规定。

(五)其他法律事实

引起债的发生的其他法律事实主要包括遗赠、拾得遗失物、发现埋藏物、抢救公物等。

> 【例3-1】甲出于社会责任感,主动抢救公物,并因此给自己带来了财产损失或人身损害。甲或其亲属有请求补偿损失的权利,公物的所有者或管理者负有补偿其损失的义务。

三、债的履行与不履行

(一)债的履行

债的履行是指债务人按照合同约定或法律规定全面履行自己所承担的义务的行为。

1. 债的履行原则

在债的履行过程中,当事人应遵循以下原则。

(1)全面履行原则。当事人应按照合同约定或法律规定的各项条款全部、完整地履行自己的义务。

(2)适当履行原则。当事人应按照合同约定或法律规定的履行主体、客体、期限、地点、方式等正确、适当地履行自己的义务。

(3)诚信原则。当事人应讲求诚实、守信,不损害他人的利益或社会公共利益,互相协

助、配合，为债的履行提供便利条件。《民法典》第五百零九条第二款规定："当事人应当遵循诚信原则，根据合同的性质、目的和交易习惯履行通知、协助、保密等义务。"

【例3-2】甲向乙购买了一辆汽车，乙在交付汽车后，应按照诚信原则告知甲有关汽车的情况、协助甲办理过户手续等。

（4）绿色原则。当事人应自觉节约资源、保护生态环境。《民法典》第五百零九条第三款规定："当事人在履行合同过程中，应当避免浪费资源、污染环境和破坏生态。"

2. 债的履行要求

在债的履行过程中，当事人应遵循以下要求。

（1）履行主体要求。通常情况下，债的履行主体与债的主体一致，即债务人履行债务，债权人仅向债务人请求履行，但是，当事人约定由债务人向第三人履行债务、由第三人向债权人履行债务的除外。

（2）履行客体要求。债务人应严格按合同约定或法律规定的标的及其质量、数量、价款或报酬要求等履行债务。《民法典》第五百一十一条第一项规定："质量要求不明确的，按照强制性国家标准履行；没有强制性国家标准的，按照推荐性国家标准履行；没有推荐性国家标准的，按照行业标准履行；没有国家标准、行业标准的，按照通常标准或者符合合同目的的特定标准履行。"《民法典》第五百一十一条第二项规定："价款或者报酬不明确的，按照订立合同时履行地的市场价格履行；依法应当执行政府定价或者政府指导价的，依照规定履行。"

（3）履行期限要求。履行期限是指债务人向债权人履行债务和债权人接受债务人履行的时间，可以是具体的某一期日或某一期间。通常情况下，当事人应按约定的履行期限履行债务或接受履行。《民法典》第五百一十一条第四项规定："履行期限不明确的，债务人可以随时履行，债权人也可以随时请求履行，但是应当给对方必要的准备时间。"

（4）履行地点要求。履行地点是指债务人履行债务和债权人接受履行的地点。债务通常应当在约定的履行地点履行。根据《民法典》的相关规定，未约定履行地点或履行地点不明确的，当事人可以协商决定。如不能达成协议，给付货币的，在接受货币一方所在地履行；交付不动产的，在不动产所在地履行；给付其他标的的，在履行义务一方所在地履行。

（5）履行方式要求。履行方式即债务人履行债务的方式，如一次全部履行或分批分地履行、邮寄交付或托运交付等。当事人就履行方式有约定的，依其约定；没有约定或约定不明确的，应按有利于实现债的目的的方式履行。

（6）履行费用要求。履行费用是指债务人履行义务时所付出的费用，如包装费、运输费等，通常会根据履行标的的性质、债的内容等确定。履行费用的负担应由当事人约定。《民法典》第五百一十一条第六项规定："履行费用的负担不明确的，由履行义务一方负担；因债权人原因增加的履行费用，由债权人负担。"

（二）债的不履行

债的不履行是指债务人未按合同约定、法律规定或债的性质全面履行债务的行为。债的不履行主要表现为履行不能、迟延履行、拒绝履行和履行不当等形态。

1. 履行不能

履行不能又称给付不能，是指债务人无力按照债的内容履行债务。履行不能使债的目的客观上无法实现，债权人无法请求继续履行。履行不能的原因有很多，如出现不可抗力、标的物损毁灭失、标的物为禁止流通物、债务人丧失劳动能力等。

履行不能会产生以下法律后果。

（1）在可归责于债务人的事由而致履行不能时，债务人可免除履行原债务的义务，但应承担债务不履行的法律责任。如果为全部不能，则债务人可免除全部义务；如果为部分不能，则债务人可免除不能部分债务的履行义务。如果为永久不能，则债务人不再负履行义务；如果为一时不能，则除非以后的履行对债权人已无意义，债务人须在有能力时继续履行义务。此外，在合同之债中，债权人有权解除合同，并有权请求损害赔偿。

（2）在不可归责于债务人的事由而致履行不能时，债务人可免除履行原债务的义务，且不承担债务不履行的法律责任。如债务人履行不能是由第三人造成的，债务人因此对第三人有损害赔偿请求权时，债权人有权请求债务人让与请求权或交付其所受领的赔偿物。

【例3-3】甲约定将A花瓶卖给乙。之后，丙不小心打破了A花瓶，使得甲无法如约完成交付。这种情况属于由第三人造成的履行不能。如果此时丙将B花瓶赔付给甲，则乙可以请求甲交付B花瓶。

2. 迟延履行

迟延履行是指因可归责于债务人的事由，债务人未在履行期限内履行债务的行为。迟延履行成立需要具备以下要件：① 有合法债务存在；② 债务仍有履行的可能；③ 履行期满，债务人未履行义务；④ 债务人迟延履行无法律上的正当理由。

迟延履行会产生以下法律后果：① 债权人有权请求债务人继续履行债务；② 如债务人迟延履行后再履行债务，对债权人已无意义，债权人有权拒绝受领；③ 债权人有权要求债务人赔偿因其迟延履行给自己造成的损失；④ 根据《民法典》第五百六十三条第一款第三项和第四项的规定，债务人迟延履行主要债务，经催告后在合理期限内仍未履行的，或者债务人迟延履行债务或有其他违约行为致使不能实现合同目的的，债权人有权解除合同。

3. 拒绝履行

拒绝履行是指债务人能够履行债务而故意拒不履行的行为。债务人可能通过明示方式拒绝履行，如以口头或书面形式向债权人发送不履行债务的通知；也可能以自身行为向债权人表明其不履行债务，如履行期限到了仍无履行义务的行为、将应交付的标的物做其他处分而使自己履行不能等。拒绝履行成立需要具备以下要件：① 有合法债务存在；② 债务仍有履行的可能；③ 债务人有拒绝履行的表示；④ 债务人拒绝履行主要出于主观故意，无正当理由或法律根据。

债务人明确表示或以自己的行为表明拒绝履行债务的，债权人有权请求其强制履行，并要求其赔偿因拒绝履行所造成的损失。在合同之债中，债权人有权解除合同。

  以 案 释 法

拒绝还款当付出法律代价

● 基本案情：

2019年5月，张某向李某借款5万元，并约定在2020年春节前还款。一年过去，李某多次催收，张某却以各种理由拒绝还款。李某于2021年3月将张某诉至人民法院。

● 裁决结果：

人民法院判决张某偿还李某欠款5万元及利息。判决生效后，张某拒不履行还款义务，案件进入执行阶段。执行法官多次责令张某主动履行还款义务，但张某却采取转移财产、更换手机号码、不回家等手段，故意规避执行。针对张某的上述行为，人民法院将其纳入失信被执行人名单，并采取限制消费措施。面对法律的威慑力，张某主动还清了欠款，并支付了一笔不菲的"迟延履行金"。

[资料来源：《旺苍法院：老赖主动联系法院还钱，原因竟是……》，信用中国（四川广元），2022年4月29日]

4. 履行不当

履行不当是指未按合同约定、法律规定或债的性质决定的要求履行债务的行为。履行不当虽有债的履行行为，但履行行为不完全、有瑕疵（如交付的水泥不符合质量要求），或者给债权人造成了损害（如因交付的水泥不符合质量要求，施工人员生病）。

履行不当会产生以下法律后果：① 债权人有权请求债务人采取相应措施进行补救；② 无论是否能够补救，债权人都有权请求债务人承担违约责任，造成损失的，有权请求赔偿；③ 债权人有正当理由时可要求解除合同。

四、债的担保与保全

（一）债的担保

债的担保是指促使债务人履行债务，保障债权人实现债权的法律措施。债的担保既可以促使债务人积极履行债务，也可以让债权人在债务人不履行债务时请求履行担保义务，从而避免自己的损失。债的担保主要具有以下特征：① 具有从属性，即债的担保通常从属于债的关系，债的关系消灭，债的担保一并消灭；② 具有补充性，即债的担保是对债权效力的加强，且担保人仅在债务人不履行债务时承担责任。

根据担保形式的不同，债的担保可分为人的担保和物的担保，具体如表3-1所示。

表 3-1 债的担保类型

担保类型	概念	担保说明	担保形式
人的担保	第三人以其自身的责任财产和信誉为债务人的债务提供的担保	当债务人不履行债务时，债务将由担保人负责清偿	保证
物的担保	债务人或第三人以其自身的特定财产为自己或他人的债务提供的担保	当债务人不履行债务时，债权人可行使担保物权，对担保物享有优先受偿权	抵押、留置、定金

（二）债的保全

债的保全是指法律为防止因债务人怠于行使自己的债权或债务人财产的不当减少而给债权的实现带来危害，允许债权人代债务人向第三人行使债务人的权利，或者请求人民法院撤销债务人单方实施或与第三人实施的法律行为的制度。债的保全包括债权人的代位权和债权人的撤销权。

1. 债权人的代位权

债权人的代位权是指在债务人怠于行使其对第三人的权利而损害债权人实现到期债权时，债权人以自己的名义向人民法院请求代位行使债务人债权的权利。代位权成立需要具备以下几个要件：① 债务人对第三人享有合法债权；② 债务人怠于行使权利，对债权人造成损害；③ 债务人对第三人的债权已到期；④ 债务人的债权不是专属于债务人自身的权利。

> 【例 3-4】甲向乙借款 5 万元，约定月息为 1 分（月利率为 1%），于一年后还本付息。借款期限届满后，经乙催要，甲并未偿还借款，也未支付利息。与此同时，乙了解到甲多年前曾为丙装修房屋，丙欠付甲装修款 5 万元。此时，甲对丙的债权已到期，乙有权行使代位权。

关于代位权的行使，根据《民法典》第五百三十五条第一款和第二款的规定，债权人必须向人民法院请求以自己的名义代位行使债务人对第三人的权利，以债权人的到期债权为限。

代位权成立后将产生以下效力：① 债权人获得来自第三人的直接清偿；② 债权人行使代位权的必要费用，由债务人负担；③ 第三人向债权人履行清偿义务，同时可以向债权人主张自己对债务人的抗辩权；④ 债权人与债务人、债务人与第三人之间的权利义务关系终止，债务人不得妨碍债权人代位行使处分权。

2. 债权人的撤销权

债权人的撤销权是指在债务人实施不当减少其财产而损害债权人利益的积极行为时,债权人要求人民法院撤销该行为的权利。债权人请求人民法院撤销债务人上述行为的目的是让债务人不当处分的财产恢复原状,以保证自身债权的实现。

债权人行使撤销权的事由受法律约束,主要可分为以下两类。

(1)债务人无偿处分其财产权益的行为。《民法典》第五百三十八条规定:"债务人以放弃其债权、放弃债权担保、无偿转让财产等方式无偿处分财产权益,或者恶意延长其到期债权的履行期限,影响债权人的债权实现的,债权人可以请求人民法院撤销债务人的行为。"

(2)债务人不合理的有偿行为。《民法典》第五百三十九条规定:"债务人以明显不合理的低价转让财产、以明显不合理的高价受让他人财产或者为他人的债务提供担保,影响债权人的债权实现,债务人的相对人知道或者应当知道该情形的,债权人可以请求人民法院撤销债务人的行为。"

法 苑 广 角

如何定义"明显不合理"的低价或高价

《最高人民法院关于适用〈中华人民共和国民法典〉合同编通则若干问题的解释》第四十二条规定:"对于民法典第五百三十九条规定的'明显不合理'的低价或者高价,人民法院应当按照交易当地一般经营者的判断,并参考交易时交易地的市场交易价或者物价部门指导价予以认定。转让价格未达到交易时交易地的市场交易价或者指导价百分之七十的,一般可以认定为'明显不合理的低价';受让价格高于交易时交易地的市场交易价或者指导价百分之三十的,一般可以认定为'明显不合理的高价'。债务人与相对人存在亲属关系、关联关系的,不受前款规定的百分之七十、百分之三十的限制。"

根据《民法典》的相关规定,行使撤销权应遵守以下规定:① 债权人向人民法院提起撤销权诉讼。如债务人行为属于单方行为,则以债务人为被告;如债务人行为为双方行为时,则以债务人和债务人的相对人为共同被告。② 撤销权的行使范围以债权人的债权为限。③ 撤销权的行使期限为自债权人知道或应当知道撤销事由之日起一年内;自债务人的行为发生之日起五年内没有行使撤销权的,该撤销权消灭。

撤销权成立后将产生以下效力:① 根据《民法典》第五百四十二条的规定,债务人影响债权人的债权实现的行为被撤销的,自始没有法律约束力;② 根据《民法典》第五百四十条的规定,债权人行使撤销权的必要费用,如律师代理费、差旅费等,由债务人负担。

以案释法

影响债权实现的无偿行为可撤销

● 基本案情:

2020年8月—2021年7月,被告赵某甲多次向原告徐某借款,并出具借条。因与被告赵某甲之间的借贷纠纷,原告徐某于2021年8月9日向人民法院提出诉前财产保全申请,申请将登记在赵某甲名下的一套房产予以查封。人民法院裁定将上述房产予以查封。查封过程中,人民法院发现被告赵某甲与第三人赵某乙于2021年8月10日签订了《二手房买卖合同》,将上述房产出售给赵某乙,约定房款为35万元。两人于当日完成过户手续。经查明,赵某乙并未向赵某甲支付合同约定房款。2021年8月11日,徐某向人民法院提起诉讼,请求撤销赵某甲与赵某乙于2021年8月10日转让房产的行为。

● 裁决结果:

人民法院审理后认定事实如下。

(1)被告自认其与原告之间存在借贷关系,且欠原告借款未还。

(2)被告与第三人签订了《二手房买卖合同》,将登记在其名下的涉案房产无偿转让给第三人,且双方并未发生实际交易关系。被告的这种行为属于无偿处分其财产。

(3)根据原告庭审中提交的其与第三人的微信聊天记录显示,第三人已于2021年8月4日知晓原被告之间存在借贷关系,被告尚欠原告借款的情况。第三人在已经知道被告负有债务未能清偿,该转让行为会侵害债权人的债权的情况下,仍然与被告进行房产转让,其行为存在恶意并侵害了原告的合法权益。

(4)2021年8月11日,原告在经人民法院告知了被告转让房产的事实后,提起债权人撤销权诉讼,其诉讼符合撤销权的行使期限的相关规定。

人民法院判令撤销被告赵某甲与第三人赵某乙于2021年8月10日转让房产的行为。

(资料来源:《债权人行使撤销权的条件》,微山县人民法院网,2022年5月5日)

五、债的转移与消灭

(一)债的转移

债的转移是指在不改变债的内容的情况下,变更债的主体的行为。债的转移主要分为债权转让、债务承担和债的概括转移等。

1. 债权转让

债权转让又称债权让与,是指不改变债的内容,债权人将债权全部或部分转让给第三人

的行为。债权转让需要具备以下几个要件：① 存在有效债权，且债权转让不会改变原债权的内容；② 被转让的债权具有可转让性，根据《民法典》第五百四十五条第一款的规定，债权不得转让给第三人的情形包括根据债权性质不得转让、按照当事人约定不得转让和依据法律规定不得转让；③ 债权人与第三人之间就债权转让达成意思表示一致；④ 债权人应就债权转让通知债务人，《民法典》第五百四十六条第一款规定："债权人转让债权，未通知债务人的，该转让对债务人不发生效力。"

【例3-5】甲将其享有的对乙的10万元债权转让给了丙，但并未通知乙。事后，丙向人民法院起诉乙，要求其还钱。乙辩称没有收到甲的通知。由于甲没有将债权转让的内容通知乙，债权转让对乙不发生法律效力，人民法院最终判决驳回了丙的诉讼请求。

债权转让的效力分为对内效力和对外效力，具体如表3-2所示。

表3-2 债权转让的效力

效力类型	概念	具体内容
债权的对内效力	债权转让在让与人与受让人之间产生的法律效力	（1）债权由债权人转让给第三人，第三人成为新的债权主体； （2）被转让债权的从权利，如抵押权、利息债权、违约金债权、损害赔偿请求权、债权人的代位权等，一并转移； （3）债权人承担债权转让的必要义务，如交付债权证明文件、告知行使债权的一切必要情况等； （4）债权人对其转让的债权负有瑕疵担保义务； （5）因债权转让增加的履行费用，由债权人负担
债权的对外效力	债权转让对债务人的法律效力	（1）债务人应向第三人履行债务，且不得再向债权人履行债务； （2）债务人对债权人的抗辩，可以向第三人主张； （3）债务人对债权人享有债权，且债务人的债权先于被转让的债权到期或与被转让的债权同时到期的，或者债务人的债权与被转让的债权是基于同一合同产生的，债务人可以向第三人主张抵销

2. **债务承担**

债务承担是指不改变债的内容，债务人将债务全部或部分转移给第三人的行为。债务承担需要具备以下几个要件：① 存在有效债务，且债务转移不会改变原债务的内容；② 被转移的债务具有可转移性；③ 债务人与第三人之间就债务承担达成意思表示一致；④ 债务承担应经债权人同意，《民法典》第五百五十一条规定："债务人将债务的全部或者部分转移给第三人的，应当经债权人同意。债务人或者第三人可以催告债权人在合理期限内予以同意，债权人未作表示的，视为不同意。"

小美在某美容店购买了一年的会员服务。该美容店在半年后宣称店铺转让，并通知

小美其会员权益可转移至另一家美容店，如果小美超过一定期限未答复则视为同意。
讨论：该美容店的做法是否合理？为什么？

债务承担具有以下效力：① 债务全部转移的，第三人替代债务人承担债务；债务部分转移的，第三人与债务人共同承担债务。② 第三人可以主张债务人对债权人的抗辩。③ 第三人应承担与主债务有关的从债务，如给付利息。④ 债务人对债权人享有债权的，第三人不得向债权人主张抵销。

3. 债的概括转移

债的概括转移是指债的一方当事人将自己的债权和债务一并转移给第三人的行为。债的概括转移实际上包括了债权转让和债务承担。债的概括转移主要有以下两种情况：① 当事人通过约定进行债的概括转移，《民法典》第五百五十五条规定："当事人一方经对方同意，可以将自己在合同中的权利和义务一并转让给第三人。"② 法律规定部分情况下应进行债的概括转移，如企业合并会涉及债的概括转移。

（二）债的消灭

债的消灭又称债的终止，是指因某种事实的发生，债的关系不复存在的客观状态。债的消灭具有以下效力：① 债的当事人之间的权利、义务消灭，从权利、从义务也一并消灭；② 债权人应返还或涂销负债字据，如不能返还的，债权人应出具债务消灭的证明，以保证不再向债务人主张权利；③ 债的当事人应遵循诚信原则，承担通知、协助、保密等随附义务。

根据《民法典》第五百五十七条的规定，债的消灭的原因包括清偿、抵销、提存、免除、混同和法律规定或当事人约定终止的其他情形。

1. 清偿

清偿是指向债权人或其他有受领权的人履行债的内容的行为。通常情况下，清偿意味着债务得到全面、适当的履行，债权因此得以实现，债随之消灭。

2. 抵销

抵销是指当事人互负债务时，各以其债权充当债务的清偿，从而使其债务与对方的债务在对等额内相互消灭的行为。抵销主要分为以下两种：① 法定抵销，即因符合法律规定的抵销条件而抵销，《民法典》第五百六十八条规定："当事人互负债务，该债务的标的物种类、品质相同的，任何一方可以将自己的债务与对方的到期债务抵销；但是，根据债务性质、按照当事人约定或者依照法律规定不得抵销的除外。当事人主张抵销的，应当通知对方。通知自到达对方时生效。抵销不得附条件或者附期限。"② 合意抵销，即依当事人之间的协议而抵销，《民法典》第五百六十九条规定："当事人互负债务，标的物种类、品质不相同的，经协商一致，也可以抵销。"

【例3-6】甲与乙一起吃饭，乙帮甲垫付了饭钱。第二天，两人又一起吃饭，甲帮乙垫付了相同数额的饭钱。此时，甲乙均同意两笔饭钱相互抵销，这种情况即为合意抵销。

3. 提存

提存是指因债权人的责任而无法交付债的标的物时，债务人将该标的物提交给有关部门而消灭债的行为。根据《民法典》第五百七十条第一款的规定，债务人在以下情形中可以将标的物提存：① 债权人无正当理由拒绝受领；② 债权人下落不明；③ 债权人死亡且未确定继承人、遗产管理人，或者丧失民事行为能力且未确定监护人；④ 法律规定的其他情形。

标的物提存后，债务人应及时通知债权人或债权人的继承人、遗产管理人、监护人、财产代管人等。提存成立后将产生以下效力：① 债的关系消灭；② 标的物的所有权转给债权人；③ 标的物提存后毁损、灭失的风险由债权人承担，标的物提存期间的孳息归债权人所有，提存费用由债权人负担；④ 债权人可随时领取标的物，但若债权人对债务人负有到期债务，在债权人未履行债务或提供担保前，提存部门根据债务人要求应拒绝债权人领取标的物。

4. 免除

免除是指债权人以债的消灭为目的而放弃债权的意思表示。《民法典》第五百七十五条规定："债权人免除债务人部分或者全部债务的，债权债务部分或者全部终止，但是债务人在合理期限内拒绝的除外。"免除是债权人的单方法律行为，只要其向债务人做出免除债务的意思表示，无须债务人的同意，债的关系即消灭。免除行为应符合法律的有关规定，且不能损害他人及公共利益。

【例3-7】乙欠甲10万元，甲通知乙只需偿还8万元。此时，甲免除了乙的部分债务，乙不必再履行免除的部分债务，但仍要履行尚未免除的部分债务，即仍需偿还甲8万元。

5. 混同

混同是指债权和债务同归于一人，使债的关系消灭的法律事实。《民法典》第五百七十六条规定："债权和债务同归于一人的，债权债务终止，但是损害第三人利益的除外。"当债权和债务归于同一当事人时，该当事人既是债权人，又是债务人，没有自己对自己履行债务的必要，因此债的关系消灭。混同的原因包括企业合并、继承、债务人受让债权人的债权等。

【例3-8】儿子甲向父亲乙借钱后，乙死亡，甲依法继承乙的债权和债务，甲乙之间的债的关系消灭。

任务实施

债务纠纷判一判

任务描述

【案例一】甲出于店铺经营需要向乙借款 20 万元,约定半年后还款,月息为 2 分(月利率为 2%),到期本息一起付清。后甲店铺亏损,乙多次催要债款,甲始终未能清偿。乙通过其他途径了解到,甲数年前曾借给丙 15 万元作为经营资金,现本息已达 20 多万元。甲认为如果收回该笔欠款,则需要向乙偿还债款,故将该笔欠款作为入股资金入股丙的公司,以便获得利润。

【案例二】甲向乙赊欠货款共计 5 万元,约定于次年春节前还清,并出具了借条。此后,甲先后偿还债款共 2 万元。后因自身资金不足,甲与丙约定将剩余的债务转移给丙,并通知乙会在一个月内由丙偿还剩余债款。但期限届满后,乙仍未收到债款,遂将丙诉至人民法院,请求其偿还债款。丙辩称自己只是担保人,不需要履行还款义务。之后,在执法人员耐心地劝说下,丙清偿了剩余债款。

实施流程

(1)学生自由分组,每组 4~6 人,并选出一名小组长。
(2)小组成员阅读上述案例,并就以下问题进行讨论:① 案例一中,债的主体和客体、债的发生根据分别是什么?② 案例一中,甲的行为属于债的不履行的哪种形态?③ 案例一中,为了保全自己的债权,乙可以采取什么措施?④ 债务承担需要具备哪些要件?案例二中,甲是否可以向丙转移债务?⑤ 案例二中,丙的辩称是否合理?⑥ 案例二中,债的关系是否还存在?
(3)小组长汇总讨论结果,并在课堂上分享。
(4)教师对各小组的表现进行评价。

任务二 认识合同

任务导入

2021 年 7 月 8 日,某研究所委托招标公司就某宿舍项目公开发出投标邀请。2021 年 7 月 28 日,某物业公司向招标公司发出投标文件,表示对招标文件无任何

异议,愿意提供招标文件中要求的服务。2021年8月1日,招标公司向该物业公司发送中标通知书,确定该物业公司为中标人。2021年8月11日,该研究所向该物业公司致函,要求解除其与该物业公司之间的中标关系。该物业公司主张中标通知书送达后合同成立,该研究所应赔偿因违约给其造成的损失。该研究所辩称双方并未签订正式书面合同,合同不成立。

人民法院经审理认为,该研究所在招投标程序中的招标行为属于要约邀请,该物业公司的投标行为属于要约,经评标后向该物业公司发送中标通知书的行为属于该研究所的承诺,中标通知书送达投标人后承诺生效,合同成立。因此,人民法院判定该研究所不履行合同义务,应承担违约责任。

(资料来源:《最高人民法院发布民法典合同编通则司法解释相关典型案例》,最高人民法院网,2023年12月5日)

思考:

(1)合同可分为哪些类型?
(2)什么是要约?什么是承诺?
(3)合同解除需要满足哪些条件?
(4)承担违约责任的方式有哪些?

在实际生活中,人们经常会通过订立合同来确立彼此的权利义务关系。合同是当事人以设立、变更、终止民事法律关系为目的,基于平等自愿原则,经协商一致而达成的协议。

一、合同的分类

依据不同的标准,合同可分为不同类型。

(一)诺成合同和实践合同

根据合同的成立是否需要交付标的物,合同可分为诺成合同和实践合同。诺成合同是指当事人双方意思表示一致就可以成立的合同,如买卖合同、租赁合同、借款合同等。实践合同是指当事人双方除意思表示一致以外,还须交付标的物才能成立的合同,如定金合同、保管合同等。两者的主要区别在于成立要件与生效时间不同。

【例3-9】8月1日,甲在乙的店铺中看中一个皮包,并向乙询问了价格。乙告知甲该皮包的价格为100元,甲表示接受并决定购买。甲乙之间的买卖合同即属于诺成合同,在双方达成合意时生效。后甲与丙约定将该皮包寄存在丙处。根据《民法典》第八百九十条的规定,保管合同自保管物交付时成立。这意味着虽然甲和乙在8月1日已达成保管合意,但两人之间的保管合同在8月2日甲将皮包实际交付给乙时才生效。

（二）双务合同和单务合同

根据当事人是否互负对待给付义务，合同可分为双务合同和单务合同。

双务合同是指当事人双方互负对待给付义务的合同，如买卖合同、租赁合同、承揽合同等。在双务合同中，双方当事人互享债权，互负债务。

> 【例3-10】甲乙签订了买卖合同，约定甲有获得货款的权利和交付货物的义务，乙有获得货物的权利和支付货款的义务。

单务合同是指当事人双方不负对待给付义务的合同，即当事人一方承担义务，另一方享有权利的合同，如赠与合同、无息借贷合同、借用合同等。例如，在借用合同中，只有借用人负有按约定使用并按期归还借用物的义务。

双务合同和单务合同的区别如下：① 双务合同适用同时履行抗辩权，而单务合同不适用。② 双务合同中，如当事人一方因自己的过错不履行合同，而另一方已经履行合同，另一方可以要求违约方履行合同或承担其他违约责任，甚至可以解除合同；但在单务合同中，一般不存在上述情况。

（三）有偿合同和无偿合同

根据当事人之间的权利义务是否存在对价关系，合同可分为有偿合同和无偿合同。

有偿合同是指当事人一方因取得权利而向对方偿付一定对价的合同，如买卖合同、租赁合同、运输合同、有偿保管合同等。无偿合同是指当事人一方只取得权利而不向对方偿付对价的合同，如赠与合同、无偿保管合同、无偿委托合同等。

有偿合同和无偿合同的区别如下。

（1）对主体的要求不同，有偿合同的当事人必须具备完全行为能力；对一些法律上纯获利益的无偿合同（如赠与合同），限制行为能力人和无行为能力人未经其法定代表人的同意也可以参与订立。

（2）与无偿合同的当事人相比，有偿合同的当事人需要承担更大的注意义务和违约责任。例如，《民法典》第八百九十七条规定："保管期内，因保管人保管不善造成保管物毁损、灭失的，保管人应当承担赔偿责任。但是，无偿保管人证明自己没有故意或者重大过失的，不承担赔偿责任。"

（四）有名合同和无名合同

根据合同名称是否经法律明文规定，合同可分为有名合同和无名合同。

有名合同又称典型合同，是指法律上已经确定一定名称及规则的合同。《民法典》共规定了19类有名合同，包括买卖合同、保管合同、委托合同、物业服务合同、合伙合同等。无名合同又称非典型合同，是指法律上尚未确定一定名称的合同。

有名合同和无名合同的主要区别在于处理两类合同纠纷时适用的法律规则不同。通常情况下，处理有名合同纠纷时，可直接适用相关有名合同的法律规定；处理无名合同纠纷时，首先适用法律的一般规则，再比照类似有名合同的规则，根据合同订立的目的、当事人的意思以及交易习惯等进行处理。

（五）要式合同和非要式合同

根据法律对合同形式是否有特定要求，合同可分为要式合同和非要式合同。

要式合同是指当事人必须依法律规定的形式订立的合同，如法律规定应采用书面形式的融资租赁合同、中外合资经营企业合同等。如某要式合同未按照法律规定的形式订立，则该合同不成立。非要式合同是指依据当事人自由选择的形式即可成立的合同，如即时清结的买卖合同、借贷合同等。

（六）主合同和从合同

根据主从关系的不同，合同可分为主合同和从合同。主合同是指不以其他合同的存在为前提而独立存在的合同。从合同是指必须以其他合同的存在为前提始能成立的合同，如抵押合同、保证合同、定金合同等。

【例3-11】甲向乙借款100万元，并订立借款合同。丙作为保证人与乙签订了保证合同。甲乙之间的借款合同为主合同，乙丙之间的保证合同是从合同。

二、合同的订立

合同的订立是指缔约当事人相互为意思表示并达成合意的法律行为。合同的订立过程是双方当事人谈判、协商直至达成协议的过程。

（一）合同的订立方式

《民法典》第四百七十一条规定："当事人订立合同，可以采取要约、承诺方式或者其他方式。"

1. 要约

根据《民法典》第四百七十二条的规定，要约是指希望与他人订立合同的意思表示。要约成立需要具备以下要件：① 要约内容具体明确，包含合同成立所必备的条款；② 要约人有订立合同的意图；③ 要约必须是特定当事人的意思表示，这样受要约人才明白要约是谁发出的，并及时做出承诺；④ 要约必须向要约人希望与之订立合同的相对人发出，以便得到受要约人的承诺。

法苑广角

如何区分要约与要约邀请

要约邀请是指希望他人向自己发出要约的意思表示,如拍卖公告、招标公告、招股说明书、寄送的价目表等。要约邀请反映的是订立合同的前期准备阶段。

区分要约和要约邀请的方法主要有以下几种:① 根据法律规定区分,例如,根据《民法典》第四百七十三条第二款的规定,商业广告和宣传的内容符合要约条件的,构成要约;② 根据当事人的意愿进行区分,要约具有订约意图,要约邀请则是希望他人向自己发出要约;③ 根据内容是否包含合同的主要条款区分,要约内容应包含合同的主要条款,要约邀请则不必包含这些内容;④ 根据意思表示的对象区分,要约原则上应向特定的相对人发出,要约邀请大多向不特定人发出。

要约的生效、撤回、撤销和失效等需要符合以下规定。

(1)要约的生效时间因发出要约的方式不同而存在差异。通常情况下,以对话方式发出的要约在受要约人知道其内容时生效,以非对话方式发出的要约在其到达受要约人时生效。要约一经生效,要约人即受要约的约束,不得随意撤销或对要约加以限制、变更或扩张。

(2)要约可以撤回。根据《民法典》的相关规定,撤回要约需要履行通知义务。撤回要约的通知应当在要约到达受要约人前或与要约同时到达受要约人。

(3)在要约生效后,受要约人发出承诺的通知前,要约人可以撤销该要约,使其效力归于消灭。根据《民法典》第四百七十六条的规定,有以下情形的,要约不可以撤销:① 要约人以确定承诺期限或其他形式明示要约不可撤销;② 受要约人有理由认为要约是不可撤销的,并已经为履行合同做了合理准备工作。

知法用法

3月1日,甲公司收到乙公司的要约。乙公司在要约中表示想要收购甲公司的建筑模板,并称:"你公司若承诺,请在2019年3月10日前发出。"甲公司准备在3月3日向乙公司发出承诺。3月2日,甲公司又收到了乙公司撤销上述要约的通知。

讨论:乙公司撤销要约的行为是否合理?

(4)要约失效,则该要约将不再具有法律效力。《民法典》第四百七十八条规定:"有下列情形之一的,要约失效:(一)要约被拒绝;(二)要约被依法撤销;(三)承诺期限届满,受要约人未作出承诺;(四)受要约人对要约的内容作出实质性变更。"

> **法律锦囊**
>
> 根据《民法典》第四百八十八条的规定，对要约内容的实质性变更包括有关合同标的、数量、质量、价款或报酬、履行期限、履行地点和方式、违约责任和解决争议方法等的变更。

2. 承诺

根据《民法典》第四百七十九条的规定，承诺是指受要约人同意要约的意思表示。承诺成立需要具备以下要件：① 承诺由受要约人或其授权的代理人向要约人发出；② 承诺内容须与要约内容一致，不得有实质性变更，否则视为新要约；③ 承诺必须在承诺期限内做出；④ 承诺应以通知的方式做出，但是根据交易习惯或要约表明可以通过行为做出承诺的除外。

【例3-12】鞋店老板甲问顾客乙："这双鞋的价格为100元，您要不要？"顾客回答："要"。此时，甲提出的问题属于要约，乙同意购买的回复属于承诺。

承诺的生效、撤回等需要符合以下规定。

（1）承诺的生效时间因发出承诺的方式不同而存在差异。通常情况下，需要通知的，以对话方式发出的承诺在要约人知道其内容时生效，以非对话方式发出的承诺在其到达要约人时生效；不需要通知的，承诺在根据交易习惯或要约要求做出承诺行为时生效。根据《民法典》第四百八十三条的规定，除法律另有规定或当事人另有约定的，承诺生效时合同成立。

（2）承诺可以撤回。根据《民法典》的相关规定，撤回承诺的通知应当在承诺到达要约人前或与承诺同时到达要约人。

（二）合同的形式和内容

根据《民法典》第四百六十九条的规定，当事人订立合同，可以采用书面形式、口头形式或其他形式。其中，书面形式是指合同书、信件、电报、电传、传真等可以有形地表现所载内容的形式。以电子数据交换、电子邮件等方式能够有形地表现所载内容，并可以随时调取查用的数据电文视为书面形式。口头形式即当事人以口头对话的形式订立合同，如在超市买东西、口头委托他人办事等。订立合同的其他形式有推定、公证、登记等。

根据《民法典》第四百七十条第一款的规定，合同的内容由当事人约定，一般包括当事人的姓名或名称和住所，标的，数量，质量，价款或报酬，履行期限、地点和方式，违约责任，解决争议的方法等条款。除法律规定的以外，合同的权利义务主要由合同条款确定。受相关法律规定、合同性质要求、当事人协商约定等的影响，不同合同的必备条款不同。例如，买卖合同中有价款，而赠与合同中没有此条款。

（三）格式条款

根据《民法典》第四百九十六条第一款的规定，格式条款是指当事人为了重复使用而预先拟定，并在订立合同时未与对方协商的条款。使用格式条款有利于简化合同订立的程序，使交易更加便利、高效。

在实际运用中，格式条款订立者往往处于优势地位，可能会制订有利于自己而不利于对方的霸王条款（见图3-1）。为避免一方当事人获取不当利益，《民法典》第四百九十六条第二款规定："采用格式条款订立合同的，提供格式条款的一方应当遵循公平原则确定当事人之间的权利和义务，并采取合理的方式提示对方注意免除或者减轻其责任等与对方有重大利害关系的条款，按照对方的要求，对该条款予以说明。提供格式条款的一方未履行提示或者说明义务，致使对方没有注意或者理解与其有重大利害关系的条款的，对方可以主张该条款不成为合同的内容。"

图3-1 霸王条款

【例3-13】甲想要邮寄一部新手机给乙，随即在某快递公司App上购买了快递服务。乙收到快递时发现手机已损坏，遂将情况告知甲。甲非常气愤，要求快递公司赔偿购买手机所花费的2 000元。快递公司却表示顾客下单时勾选的《快递服务协议》中已清楚标明未保价物品因快递公司原因毁损、灭失的，最多赔付运费的7倍。甲立即查看手机，才发现上述协议中确实有一段红字说明了保价及赔偿事宜。甲非常懊悔自己在下单时没有仔细查看该条款。上述红字标明的条款即为格式条款，这些条款是快递公司事先拟定、可重复利用的，消费者并未参与拟定协商。

同时，《民法典》第四百九十七条规定："有下列情形之一的，该格式条款无效：（一）具有本法第一编第六章第三节和本法第五百零六条规定的无效情形；（二）提供格式条款一方不合理地免除或者减轻其责任、加重对方责任、限制对方主要权利；（三）提供格式条款一方排除对方主要权利。"

关于格式条款的解释，《民法典》第四百九十八条规定："对格式条款的理解发生争议的，应当按照通常理解予以解释。对格式条款有两种以上解释的，应当作出不利于提供格式条款一方的解释。格式条款和非格式条款不一致的，应当采用非格式条款。"

（四）合同成立的时间和地点

合同成立的时间是指合同当事人磋商过程结束，达成意思表示一致的时间节点。根据第四百九十条和第四百九十一条的规定，合同成立的时间需要依据具体情形确定，具体如下：① 当事人采用合同书形式订立合同的，合同在当事人均签名、盖章或者按指印时成立，或者在签名、盖章或按指印前，当事人一方已经履行主要义务，对方接受时成立；② 法律、行政

法规规定或当事人约定合同应采用书面形式订立，当事人未采用书面形式但一方已经履行主要义务，对方接受时，该合同成立；③ 当事人采用信件、数据电文等形式订立合同要求签订确认书的，签订确认书时合同成立；④ 当事人一方通过互联网等信息网络发布的商品或服务信息符合要约条件的，对方选择该商品或服务并提交订单成功时合同成立，但是当事人另有约定的除外。

合同成立的地点是指合同当事人经过对合同内容的磋商，最终达成意思表示一致的地点。合同成立的地点关乎相关合同纠纷解决的管辖问题。根据《民法典》第四百九十二条和第四百九十三条的规定，合同成立的地点需要依据具体情形确定，具体如下：① 一般情况下，承诺生效的地点为合同成立的地点。② 当事人采用数据电文形式订立合同的，收件人的主营业地为合同成立的地点；没有主营业地的，其住所地为合同成立的地点；当事人另有约定的，按照其约定。③ 当事人采用合同书形式订立合同的，最后签名、盖章或者按指印的地点为合同成立的地点，但是当事人另有约定的除外。

三、合同的履行

合同的履行是指当事人按照合同约定履行合同义务的行为。合同的履行以给付为内容，以清偿为手段，以实现债权人的权利为目的。

（一）合同的履行规则

履行合同时，应遵循债的履行原则和要求。履行一些特殊合同时，还应遵循特定的履行规则。

1. 电子合同的履行规则

电子合同是指当事人之间以数据电文为载体，通过互联网等信息网络设立、变更、终止民事权利义务关系的协议。电子合同的标的交付是电子合同履行的重要内容，未完成交付的，标的的毁损、灭失等由交付者承担。

针对电子合同标的的交付，《民法典》第五百一十二条有以下规定：① 电子合同的标的为交付商品并采用快递物流方式交付的，收货人的签收时间为交付时间。② 电子合同的标的为提供服务的，生成的电子凭证或实物凭证中载明的时间为提供服务时间；前述凭证没有载明时间或载明时间与实际提供服务时间不一致的，以实际提供服务的时间为准。③ 电子合同的标的物为采用在线传输方式交付的，合同标的物进入对方当事人指定的特定系统且能够检索识别的时间为交付时间。④ 电子合同当事人对交付商品或者提供服务的方式、时间另有约定的，按照其约定。

2. 选择之债的履行规则

选择之债是指债的给付内容有数种，债务人可从中选择一种履行，或债权人可从中选择一种请求债务人履行的债。选择之债中,履行的标的、时间、地点、方式等都可能是可供选择的,如当事人约定履行标的可以是金钱或劳务,或约定履行地点可以是甲地或乙地。选择之债中,只有可选择的给付内容被确定后,债务才能得到履行。

选择之债的履行规则主要包括以下几点。

(1) 关于选择权的归属,《民法典》第五百一十五条规定:"标的有多项而债务人只需履行其中一项的,债务人享有选择权;但是,法律另有规定、当事人另有约定或者另有交易习惯的除外。享有选择权的当事人在约定期限内或者履行期限届满未作选择,经催告后在合理期限内仍未选择的,选择权转移至对方。"

(2) 关于选择权的行使,《民法典》第五百一十六条第一款规定:"当事人行使选择权应当及时通知对方,通知到达对方时,标的确定。标的确定后不得变更,但是经对方同意的除外。"

(3) 关于标的的选择,《民法典》第五百一十六条第二款规定:"可选择的标的发生不能履行情形的,享有选择权的当事人不得选择不能履行的标的,但是该不能履行的情形是由对方造成的除外。"

3. 多数人之债的履行规则

多数人之债是指债权人或债务人至少一方为两人或两人以上的债,包括按份之债和连带之债等。

按份之债是指在多数人之债中,当事人各自按照确定的份额分享权利或分担义务的债。《民法典》第五百一十七条规定:"债权人为二人以上,标的可分,按照份额各自享有债权的,为按份债权;债务人为二人以上,标的可分,按照份额各自负担债务的,为按份债务。按份债权人或者按份债务人的份额难以确定的,视为份额相同。"

【例3-14】甲乙两人共欠丙10 000元,其中甲欠5 000元,乙欠5 000元。根据按份之债的相关规定,甲乙两人只需要对自己的5 000元债务负责。

连带之债是指在多数人之债中,各方当事人都有请求对方履行全部债务的权利,或者都负有向对方履行全部债务的义务,债的关系因债务的全部履行而消灭的债。《民法典》第五百一十八条规定:"债权人为二人以上,部分或者全部债权人均可以请求债务人履行债务的,为连带债权;债务人为二人以上,债权人可以请求部分或者全部债务人履行全部债务的,为连带债务。连带债权或者连带债务,由法律规定或者当事人约定。"连带债权或连带债务份额难以确定的,视为份额相同。

【例3-15】甲、乙、丙三人合伙经营某商店,欠丁90万元货款。甲、乙、丙三人都负有向丁履行全部债务的义务。

(二)合同履行中的抗辩权

合同履行中的抗辩权是指在符合合同约定或法律规定的条件时,当事人对抗相对人的履行请求权,暂时拒绝履行其债务的权利。行使抗辩权主要起到中止履行的效果,降低债务人在履行债务后不能得到对待履行的风险。在合同履行中,抗辩权多发生在双务合同的履行中,主要包括同时履行抗辩权、先履行抗辩权和不安抗辩权。

1. 同时履行抗辩权

同时履行抗辩权是指双务合同的一方当事人在对方未履行或履行不符合约定时,拒绝对方履行请求的权利。《民法典》第五百二十五条规定:"当事人互负债务,没有先后履行顺序的,应当同时履行。一方在对方履行之前有权拒绝其履行请求。一方在对方履行债务不符合约定时,有权拒绝其相应的履行请求。"

行使同时履行抗辩权需要具备以下条件:① 当事人互负债务,且相关债务没有先后履行顺序;② 当事人双方的债务均已届履行期;③ 对方不履行或履行不符合约定;④ 对方的对待履行义务仍有履行的可能。

> 【例3-16】甲乙签订购销合同时,约定甲向乙购买价值100万元的钢材,乙于10天后交货。之后,乙如约将钢材运至指定地点,但甲未能筹到全额货款。由于合同中未明确规定履行债务的顺序,且甲届期无法支付货款,乙可以行使同时履行抗辩权,拒绝交付钢材。

2. 先履行抗辩权

先履行抗辩权又称后履行抗辩权,是指双务合同约定了履行义务的先后顺序,后履行一方在对方未履行义务前,拒绝对方履行请求的权利。《民法典》第五百二十六条规定:"当事人互负债务,有先后履行顺序,应当先履行债务一方未履行的,后履行一方有权拒绝其履行请求。先履行一方履行债务不符合约定的,后履行一方有权拒绝其相应的履行请求。"

行使先履行抗辩权需要具备以下条件:① 当事人互负债务,且约定债务由一方当事人先履行;② 先履行一方不履行或履行不符合约定;③ 先履行的债务仍有履行的可能。

> 【例3-17】甲乙签订合同时约定乙支付货款的前提是收到甲的对账单。之后,甲给乙发了货,但没有发对账单。此时,乙可以行使先履行抗辩权,拒绝支付货款。

3. 不安抗辩权

不安抗辩权是指双务合同中,应先履行的一方在有确切证据证明后履行的一方难以履行义务时,中止履行的权利。《民法典》第五百二十七条第一款规定:"应当先履行债务的当事人,有确切证据证明对方有下列情形之一的,可以中止履行:(一)经营状况严重恶化;(二)转移财产、抽逃资金,以逃避债务;(三)丧失商业信誉;(四)有丧失或者可能丧失履行债务能力的其他情形。"

行使不安抗辩权需要具备以下条件：① 当事人互负债务，且约定债务的先后履行顺序；② 先履行的一方的债务已届履行期；③ 先履行的一方有确切的证据证明对方丧失履行能力或不会进行对待履行。

【例 3-18】 甲乙签订合同时约定甲先交货，乙再付款。之后，甲发现乙因虚假宣传等丧失商业信誉。为避免自身债权无法实现，甲可以行使不安抗辩权。

法律锦囊

同时履行抗辩权和先履行抗辩权一般在对方依合同约定全面履行了合同义务后消灭；不安抗辩权一般在对方在合理期限内恢复履行能力或提供适当担保时消灭。

四、合同的变更和解除

（一）合同变更

合同变更是指在依法成立的合同尚未开始履行或履行完毕前，当事人之间就合同内容修改或补充达成的协议。合同变更需要具备以下几个要件：① 存在有效的合同关系；② 当事人双方就合同变更协商一致，根据《民法典》第五百四十三条和第五百四十四条的规定，当事人协商一致，即可变更合同，当事人对合同变更的内容约定不明确的，推定为未变更；③ 部分合同内容发生变更，如标的数量、履行期限、履行地点、履行方式、价款或报酬等发生变化；④ 合同变更的程序符合法律规定，如变更抵押合同应办理批准手续。

知法用法

甲乙签订买卖合同时约定甲向乙订购 100 台空调，交货时间为 5 月 30 日。之后，甲提出将交货时间改为 5 月 15 日。但乙货源紧张，仅答应会根据货源情况尽量提前交货。

讨论：甲乙签订的买卖合同是否发生了变更？

合同变更后，双方当事人应按照变更后的合同内容履行合同，任何一方违反变更后合同内容的，都应承担违约责任。需要注意的是，合同变更只能对未履行的部分发生效力，任何一方当事人都不得因合同变更而要求对方返还已经给付的合同标的。

（二）合同解除

合同解除是指合同生效后，尚未履行或尚未完全履行前，当事人依法提前终止合同关系的行为。合同解除主要分为法定解除和约定解除。

法定解除是指当事人根据法律规定行使解除权来解除合同的行为。《民法典》第五百六十三条第一款规定："有下列情形之一的，当事人可以解除合同：（一）因不可抗力致使不能实现合同目的；（二）在履行期限届满前，当事人一方明确表示或者以自己的行为表明不履行主要债务；（三）当事人一方迟延履行主要债务，经催告后在合理期限内仍未履行；（四）当事人一方迟延履行债务或者有其他违约行为致使不能实现合同目的；（五）法律规定的其他情形。"

约定解除是指当事人经约定或行使预先约定的解除权来解除合同的行为。约定解除主要包括以下两种类型。

（1）协商解除，即合同尚未履行或尚未完全履行前，当事人以解除合同为目的，经协商一致，订立一个解除原合同的协议。协商解除应遵循合同订立的程序，当事人双方须就解除合同达成意思表示一致，同时双方的约定不得违反法律的强制性规定。

（2）约定解除权，即当事人在合同中预先约定未来单方可解除合同的条件，在条件具备时，解除权人可以行使解除权解除合同。《民法典》第五百六十二条第二款规定："当事人可以约定一方解除合同的事由。解除合同的事由发生时，解除权人可以解除合同。"约定解除权应符合法律规定的合同生效条件。当事人一方依法主张解除合同的，应通知对方，或采用提起诉讼或申请仲裁的方式。

> 【例 3-19】甲乙签订租赁合同时，约定如租赁房屋原有设备发生故障，出租人甲拒绝维修的，承租人乙有权单方解除合同。某日，租赁房屋内的空调突然出现了故障。乙多次向甲提出维修请求，但甲均表示拒绝维修。此时，乙可以行使上述合同中约定的解除权，解除该合同。

根据《民法典》第五百六十六条和第五百六十七条的规定，合同解除后将产生以下效力：① 合同中尚未履行的终止履行；② 合同中已经履行的，根据履行情况和合同性质，当事人可以请求恢复原状或采取其他补救措施，并有权请求赔偿损失；③ 合同因违约解除的，解除权人可以请求违约方承担违约责任，但是当事人另有约定的除外；④ 主合同解除后，担保人对债务人应承担的民事责任仍应承担担保责任，但是担保合同另有约定的除外；⑤ 合同的权利义务关系终止，不影响合同中结算和清理条款的效力。

五、合同责任

（一）缔约过失责任

缔约过失责任是指当事人在订立合同过程中，因违背诚信原则而给对方造成损失所应承担的赔偿责任。根据《民法典》第五百条的规定，当事人需要承担缔约过失责任的情形主要有以下几种。

（1）假借订立合同，恶意进行磋商，即缔约当事人一方根本没有与对方订立合同的意愿，假意与对方谈判，只是为了达到损害对方或第三人的利益的目的。

> 【例3-20】甲因资金周转问题决定转让自己的餐馆，乙有意收购，并与甲进行了初步商谈。与此同时，丙也希望乙收购自己的餐馆。为达目的，丙假意与甲进行餐馆转让谈判，使甲放弃将餐馆转让给乙，同时，丙暗中与乙签订了餐馆转让协议。之后，丙以资金不足为由拒绝与甲签约，导致甲最终不得不低价转让餐馆。在此情形下，丙的行为属于假借订立合同，恶意进行磋商，丙需要承担缔约过失责任。

（2）故意隐瞒与订立合同有关的重要事实或提供虚假情况。例如，部分无良商家会故意隐瞒其产品存在瑕疵的事实，将产品卖给顾客。

（3）有其他违背诚信原则的行为，如未尽必要的通知、协助等义务造成对方对合同性质或内容产生重大误解，违反意向书、备忘录等初步协议中的约定，恶意中断合同的订立等。

（二）违约责任

违约责任是指当事人违反合同约定所应承担的法律责任。违约责任的构成要件如下：① 当事人有违约行为，如拒绝履行合同、逾期履行、加害给付、迟延受领等；② 违约方有过错；③ 有损害事实。

法律锦囊

> 迟延受领是指债权人在债务人履行或提出履行时，应受领债务而未受领或未能提供给付完成的必要协助的行为。

1. 违约责任的类型

违约责任主要包括以下几种类型。

（1）预期违约责任，即合同履行期限届满前，一方当事人无正当理由而明确表示或以自己的行为表明其不履行合同约定义务时所应承担的违约责任。预期违约责任主要具有以下特征：① 预期违约发生在约定的合同履行期限届满前；② 存在未来不履行合同义务的可能，但尚未构成实际违约；③ 预期违约是由违约一方当事人的主观意愿决定的。

（2）实际违约责任，即合同履行期限届满，一方当事人不履行或不完全履行合同约定义务时所应承担的违约责任。实际违约可能表现为履行不能、迟延履行、迟延受领、拒绝履行、履行不当等。

（3）后契约责任，即一方当事人在合同关系消灭后，对法定的或双方约定的后契约义务不履行或不适当履行，给对方造成损害时应承担的违约责任。合同终止后，当事人之间还存在合同的附随义务，如通知、协助、保密、旧物回收、保修、保养等。

2. 违约责任的承担方式

违约责任的承担方式主要有以下几种。

（1）继续履行。该方式适用于一切生效合同没有实际履行或没有完全履行，且能够履行，也有继续履行的必要的情形。

（2）采取补救措施。该方式包括修理、重做、更换、退货、减少价款或报酬、让第三人替代履行等。

（3）赔偿损失。根据《民法典》第五百八十四条的规定，损失赔偿额应相当于因违约所造成的损失，包括合同履行后可以获得的利益；但是，不得超过违约一方订立合同时预见到或应当预见到的因违约可能造成的损失。当事人在订立合同时可以约定因违约产生的损失赔偿额的计算方法。

（4）支付违约金。根据当事人事先约定或法律规定，一方当事人违约时，向对方支付一定数额的金钱。根据《民法典》第五百八十五条第二款的规定，约定的违约金低于造成的损失的，人民法院或仲裁机构可以根据当事人的请求予以增加；约定的违约金过分高于造成的损失的，人民法院或仲裁机构可以根据当事人的请求予以适当减少。

（5）定金责任。定金是指当事人一方以保证债务履行为目的，于合同订立之后、履行之前，在应给付数额内预先支付对方一定数额金钱的担保形式。定金的数额由当事人约定，依法不得超过主合同标的额的百分之二十。根据《民法典》第五百八十七条的规定，给付定金的一方不履行债务或者履行债务不符合约定，致使不能实现合同目的的，无权请求返还定金；收受定金的一方不履行债务或者履行债务不符合约定，致使不能实现合同目的的，应双倍返还定金。

> **法律锦囊**
>
> 违约金和定金不能同时适用。《民法典》第五百八十八条规定："当事人既约定违约金，又约定定金的，一方违约时，对方可以选择适用违约金或者定金条款。定金不足以弥补一方违约造成的损失的，对方可以请求赔偿超过定金数额的损失。"

以案释法

违反合同约定，应承担违约责任

● 基本案情：

2012年10月，A公司与B公司签订《设备购销合同》，约定A公司向B公司购买价值1 345万元的生产线设备。2013年4月，A公司与B公司签订《备忘录》，对《设备购销合同》进行补充，合同总价增至1 366.23万元。《设备购销合同》与《备忘录》中均未明确约定B公司提供设备不合格时应承担的违约责任。

项目三 债与合同

合同履行期间，A 公司向 B 公司支付设备款共计 1 103.5 万元。该设备在生产过程中频繁出现问题，经过多次修理，仍未能验收合格。其间，A 公司对该设备进行了第三方鉴定，鉴定结果为不合格。2020 年 8 月，A 公司向人民法院提起诉讼，要求 B 公司拆除其供应的不合格的全套生产线设备、返还 A 公司已付设备款及利息、支付 A 公司垫付的鉴定费。

● 裁决结果：

人民法院审理后认为 B 公司履行合同不符合约定，应承担违约责任。2020 年 11 月 22 日，人民法院判令 B 公司拆除其出售并安装在 A 公司的全套生产线设备，返还设备款，并支付鉴定费。

（资料来源：《履行合同不符合约定，应承担违约责任》，
贵州省人民政府国有资产监督管理委员会官网，2022 年 12 月 15 日）

任务实施

探索合同的奥秘

任务描述

学生以小组为单位，每组在网络上搜集一个双务合同，并对该合同进行深入分析。合同分析的内容应包括但不限于以下事项：① 从要约、承诺的角度分析该合同订立的可能过程；② 分析合同当事人可以行使抗辩权的可能情形；③ 分析该合同的变更需要具备哪些要件；④ 分析一方当事人可以合法解除该合同的可能情形；⑤ 拟定一种违反该合同约定的行为，并分析该行为出现时，违约方应承担的违约责任。

实施流程

（1）学生自由分组，每组 4~6 人，并选出一名小组长。
（2）小组成员查阅资料，选定一个双务合同，根据任务描述的要求进行讨论。
（3）小组长将讨论结果整理成合同分析报告，并在课堂上分享。
（4）教师对各小组的表现进行评价。

任务三 熟悉典型合同

任务导入

甲与乙公司签订商品房买卖合同,约定房屋价款、交付时间、交付条件等,并约定出卖人逾期未交房的,买受人有权退房。同日,甲与丙公司签订委托合同,约定甲委托丙公司处理收房、装修、出租等相关事务。丙公司在约定时间内代甲验收了房屋,并及时通知了甲。

思考:

(1)买卖合同具有哪些特征?买卖合同中的出卖人负有哪些义务?

(2)什么是委托合同?上述案例中,丙公司需要履行哪些义务?

一、买卖合同

买卖合同是指出卖人转移标的物的所有权于买受人,买受人支付价款的合同。买卖合同是实践中最普遍的合同。买卖合同主要具有以下特征:① 以转移标的物的所有权为目的;② 标的物一般是种类物,具有通用性,且通常有相关的国家或行业标准;③ 合同的内容由双方当事人约定,一般包括标的物的名称、数量、质量、价款、履行期限、履行地点和方式、包装方式、检验标准和方法、结算方式、合同使用的文字及其效力等条款;④ 是双务合同、有偿合同;⑤ 是诺成合同、非要式合同(法律或行政法规另有规定的除外,如房屋买卖合同为要式合同)。

法律锦囊

买卖合同中约定的价款是标的物本身的价值,即通常所说的货款。

买卖合同的效力主要体现在买受人和出卖人的义务方面。

买受人主要负有以下义务:① 按照合同约定的数额、支付方式、时间、地点等支付价款;② 及时受领标的物;③ 及时检验出卖人交付的标的物。

出卖人主要负有以下义务。

(1)交付标的物或交付提取标的物的单证(如提单、仓单等),并转移标的物的所有权。

出卖人应按照约定的时间、地点、数量、质量要求、包装方式等交付标的物。上述事项未约定或约定不明确的,依照相关法律规定处理。

（2）从给付义务。出卖人应按照约定或交易习惯向买受人交付提取标的物单证以外的有关单证和资料,如使用说明书、保险单、保修单、发票、产品合格证、质量保证书、质量鉴定书、原产地证明书、装箱单等。

【例3-21】甲在乙的商店购买围巾并向乙索要发票,但乙拒绝。此时,乙违背了从给付义务。

（3）瑕疵担保义务。具体内容如下：① 权利瑕疵担保义务,根据《民法典》第六百一十二条的规定,除法律另有规定的,出卖人应保证第三人对交付的标的物不享有任何权利；② 物的瑕疵担保义务,即出卖人应保证标的物交付给买受人后,不存在品质或使用价值降低、效用减弱等瑕疵。

（4）回收义务。根据《民法典》第六百二十五条的规定,依照法律、行政法规的规定或按照当事人的约定,标的物在有效使用年限届满后应予回收的（如电动车的电池、农药废弃物等）,出卖人负有自行或委托第三人回收标的物的义务。

二、供用电、水、气、热力合同

供用电、水、气、热力合同是指当事人一方提供电、水、气、热力供另一方使用,另一方使用上述资源并支付报酬的合同。供用电、水、气、热力合同主要具有以下特征：① 具有公益性,以满足人民生活需要为目的；② 具有公用性,合同的利用方为社会公众,供应方不得拒绝利用方合理的订立合同要求；③ 具有继续性,供应和利用电、水、气、热力是持续的过程；④ 合同条款大多是供应方预先拟定的格式条款；⑤ 是诺成合同、双务合同、有偿合同。

供用电、水、气、热力合同的效力主要体现在供应方和利用方的义务方面。

供应方主要负有以下义务：① 按照国家规定的供电（水、气、热力）质量标准和合同约定安全供电（水、气、热力）；② 因供应设施计划检修、临时检修、依法限用或利用方违法使用等,需要中断供电（水、气、热力）时,按照国家有关规定事先通知利用方；③ 因自然灾害等断电（水、气、热力）时,按照国家有关规定及时抢修。

【例3-22】甲电力公司在未提前通知用电人的情况下,对供电设施进行临时检修并实施限电,导致乙公司遭受重大营业损失。此时,甲电力公司未履行通知义务,应赔偿乙公司的损失。

利用方主要负有以下义务：① 按照国家有关规定和合同约定及时支付电（水、气、热力）费；② 按照国家有关规定和合同约定安全、节约和计划用电（水、气、热力）。

三、赠与合同

赠与合同是指赠与人将自己的财产无偿给予受赠人,受赠人表示接受赠与的合同。赠与合同主要具有以下特征:① 是诺成合同,需经双方达成合意才能成立,如一方有赠与意愿而另一方无意接受的,则合同不成立;② 是无偿合同,赠与人将其财产无偿给予受赠人;③ 是单务合同,受赠人一般不需要向赠与人履行义务,但赠与可以附义务,赠与附义务的,受赠人应当按照约定履行义务;④ 是非要式合同。

赠与合同的效力主要体现在赠与人的义务方面。赠与人主要负有以下义务:① 按照合同约定的期限、地点、方式、标准等向受赠人交付赠与财产,并转移赠与财产的所有权;② 特定情况下的瑕疵担保义务,根据《民法典》第六百六十二条的规定,赠与的财产有瑕疵的,赠与人不承担责任,但赠与附义务的,赠与人须在附义务的限度内承担与出卖人相同的瑕疵担保责任,赠与人故意不告知瑕疵或保证无瑕疵,造成受赠人损失的,应承担赔偿责任。

> **法律锦囊**
>
> 《民法典》第六百六十六条规定:"赠与人的经济状况显著恶化,严重影响其生产经营或者家庭生活的,可以不再履行赠与义务。"

根据《民法典》六百五十八条第一款和第六百六十三条第一款的规定,赠与人在以下情形中可撤销赠与:① 赠与财产的权利未转移;② 受赠人严重侵害赠与人或赠与人近亲属的合法权益;③ 受赠人对赠与人有扶养义务而不履行;④ 受赠人不履行合同约定的义务。赠与人行使撤销权的期限是自知道或应当知道撤销事由之日起一年内。

> 【例 3-23】甲与乙签订赠与合同,约定甲将名下的一套房产赠与乙,同时甲享有该房产的使用权,乙需要扶养甲。后甲协助乙办理了房产过户。半年后,乙与甲产生矛盾,乙要求甲搬出去,并拒绝履行扶养义务。此时,甲可以向人民法院起诉,要求撤销对乙的赠与。

> **法律锦囊**
>
> 根据《民法典》第六百五十八条第二款的规定,对于经过公证的赠与合同或依法不得撤销的具有救灾、扶贫、助残等公益、道德义务性质的赠与合同,赠与人不得任意撤销。

四、借款合同

借款合同是指借款人向贷款人借款,到期返还借款并支付利息的合同。借款合同主要具有以下特征:① 以货币为标的物;② 合同的内容一般包括借款种类、币种、用途、数额、利率、期限和还款方式等条款；③ 一般是诺成合同，但自然人之间的借款合同为实践合同，自贷款人提供借款时成立；④ 约定有利息的，属于有偿合同，约定没有利息或对利息没有约定的，属于无偿合同；⑤ 原则上是要式合同，应采用书面形式，但是自然人之间借款另有约定的除外。

借款合同的效力主要体现在贷款人和借款人的权利和义务方面。借款合同当事人的主要权利和义务如表3-3所示。

表3-3 借款合同当事人的主要权利和义务

当事人	权利	义务
贷款人	（1）按照约定检查、监督借款的使用情况； （2）在借款人未按照约定的借款用途使用借款时，停止发放借款、提前收回借款或解除合同	（1）按照约定的日期、数额提供借款； （2）保密义务
借款人	（1）请求贷款人按照约定的日期、数额提供借款； （2）提前返还借款； （3）在还款期限届满前向贷款人申请展期	（1）按照贷款人的要求提供与借款有关的业务活动和财务状况的真实情况； （2）按照约定的日期、数额收取借款； （3）按照约定的借款用途使用借款； （4）按照约定返还借款、支付利息

五、保证合同

保证合同是指为保障债权的实现，保证人和债权人约定，当债务人不履行到期债务或发生当事人约定的情形时，保证人履行债务或承担责任的合同。

（一）保证合同的特征

保证合同主要具有以下特征：① 合同的内容一般包括被保证的主债权的种类、数额，债务人履行债务的期限，保证的方式、范围和期间等条款；② 是诺成合同、从合同；③ 是单务合同，仅保证人负有保证给付义务；④ 是要式合同，《民法典》第六百八十五条规定，保证合同可以是单独订立的书面合同，也可以是主债权债务合同中的保证条款，第三人单方以书面形式向债权人作出保证，债权人接收且未提出异议的，保证合同成立。

甲向乙借款10万元，丙口头上表示为甲担保。
讨论：乙、丙之间是否订立了有效的保证合同？

（二）保证的方式

《民法典》第六百八十六条规定："保证的方式包括一般保证和连带责任保证。当事人在

保证合同中对保证方式没有约定或者约定不明确的，按照一般保证承担保证责任。"

一般保证即当事人在保证合同中约定，债务人不能履行债务时，由保证人承担保证责任。《民法典》第六百八十七条第二款规定："一般保证的保证人在主合同纠纷未经审判或者仲裁，并就债务人财产依法强制执行仍不能履行债务前，有权拒绝向债权人承担保证责任，但是有下列情形之一的除外：（一）债务人下落不明，且无财产可供执行；（二）人民法院已经受理债务人破产案件；（三）债权人有证据证明债务人的财产不足以履行全部债务或者丧失履行债务能力；（四）保证人书面表示放弃本款规定的权利。"

连带责任保证即当事人在保证合同中约定保证人和债务人对债务承担连带责任。连带责任保证的债务人不履行到期债务或发生当事人约定的情形时，债权人可以请求债务人履行债务，也可以请求保证人在其保证范围内承担保证责任。

以 案 释 法

未约定保证方式的保证合同纠纷

● 基本案情：

2022年1月31日，赵某在高某的担保下，向周某借款11 000元，并向周某出具了借条。之后，还款期限已过，周某多次催收借款未果。2023年5月，周某提起诉讼，请求判令赵某偿还借款11 000元，高某承担连带责任。周某表示自己同意借钱给赵某是因为有高某的担保，因此，高某应和赵某共同返还借款。

● 裁决结果：

人民法院经审理认为，合同没有明确约定保证方式为连带责任保证，因此，高某按照一般保证承担保证责任，即不需要承担连带责任。

（资料来源：任健，《未约定保证方式是一般保证还是连带责任保证》，内蒙古自治区高级人民法院网，2023年9月27日）

六、租赁合同和融资租赁合同

（一）租赁合同

租赁合同是指出租人将租赁物交付承租人使用、收益，承租人支付租金的合同。租赁合同主要具有以下特征：① 以转移租赁财产的使用权为目的；② 合同的内容一般包括租赁物的名称、数量、用途、租赁期限、租金及其支付期限和方式、租赁物维修等条款；③ 标的物应为有体物，即存在于一定空间内，可以为人类的感官所感知的物质资料；④ 是诺成合同、有偿合同、双务合同；⑤ 具有临时性，《民法典》第七百零五条第一款规定，租赁期限不得超过二十年,超过二十年的,超过部分无效。

租赁合同的效力主要体现在出租人和承租人的权利和义务方面。租赁合同当事人的主要权利和义务如表 3-4 所示。

表 3-4 租赁合同当事人的主要权利和义务

当事人	权利	义务
出租人	（1）获得租金； （2）在承租人无正当理由未支付或迟延支付租金时,请求承租人在合理期限内支付,如果承租人逾期不支付的,可以解除合同	（1）按照约定交付租赁物,并在租赁期限内保持租赁物符合约定的用途； （2）履行租赁物的维修义务,但是当事人另有约定的除外； （3）如准备出卖租赁房屋,应在出卖前的合理期限内通知承租人； （4）如委托拍卖人拍卖租赁房屋,应在拍卖五日前通知承租人； （5）租赁物瑕疵担保义务
承租人	（1）在租赁物需要维修时,请求出租人在合理期限内维修； （2）在出租人出卖租赁房屋时享有以同等条件优先购买的权利,房屋按份共有人行使优先购买权或出租人将房屋出卖给近亲属的除外； （3）在租赁期限届满时,享有以同等条件优先承租的权利； （4）获得在租赁期限内因占有、使用租赁物产生的收益,但是当事人另有约定的除外	（1）按照约定的方法使用租赁物,未约定或约定不明确的,应根据租赁物的性质使用； （2）妥善保管租赁物； （3）按照约定的期限支付租金； （4）未经出租人同意,不擅自对租赁物进行改善或增设他物； （5）未经出租人同意,不擅自将租赁物转租给第三人； （6）在租赁期限届满时返还租赁物,并保证返还的租赁物符合按照约定或根据租赁物的性质使用后的状态

（二）融资租赁合同

融资租赁合同是指出租人根据承租人对出卖人、租赁物的选择,向出卖人购买租赁物,提供给承租人使用,承租人支付租金的合同。融资租赁合同主要具有以下特征：① 以融资为目的；② 有出卖人、出租人、承租人三方当事人,其中,出租人为从事融资租赁业务的租赁公司；③ 合同的内容一般包括租赁物的名称、数量、规格、技术性能、检验方法,租赁期限,租金构成及支付期限、方式、币种,租赁期限届满租赁物的归属等条款；④ 是诺成合同、有偿合同；⑤ 是要式合同,应采用书面形式。

【例 3-24】甲工厂需要使用某设备,但没有足够的资金全额购买该设备,便与乙租赁公司合作。乙租赁公司根据甲工厂的要求从丙供应商处购买设备,并提供给甲工厂使用,甲工厂定期支付租金。甲工厂、乙租赁公司、丙供应商三方存在融资租赁合同关系。

融资租赁合同的效力主要体现在承租人、出租人和出卖人的义务方面。融资租赁合同当事人的基本义务如图 3-2 所示。

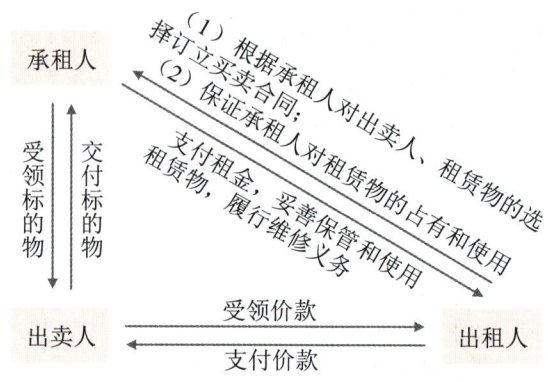

图 3-2　融资租赁合同当事人的基本义务

七、保理合同

保理合同是指应收账款债权人将现有的或将有的应收账款转让给保理人，保理人提供资金融通、应收账款管理或催收、应收账款债务人付款担保等服务的合同。保理合同主要具有以下特征：① 以转让现有的或将有的应收账款为前提；② 合同的内容一般包括业务类型、服务范围、服务期限、基础交易合同情况、应收账款信息、保理融资款或服务报酬及其支付方式等条款；③ 是要式合同，应采用书面形式。

保理合同中，当事人可以约定在应收账款债务人逾期不付款时，保理人是否能向应收账款债权人进行追索。《民法典》第七百六十六条和第七百六十七条对保理人的追索权进行了如下规定。

（1）当事人约定有追索权保理的，保理人可以向应收账款债权人主张返还保理融资款本息或回购应收账款债权，也可以向应收账款债务人主张应收账款债权。保理人向应收账款债务人主张应收账款债权，在扣除保理融资款本息和相关费用后有剩余的，剩余部分应返还给应收账款债权人。

（2）当事人约定无追索权保理的，保理人应向应收账款债务人主张应收账款债权，保理人取得超过保理融资款本息和相关费用的部分，无须向应收账款债权人返还。

【例 3-25】甲公司与乙公司订立买卖合同，约定甲公司将一批货物卖给乙公司，乙公司在三个月后付款 100 万元。合同订立后，甲公司向乙公司交付了货物。一个月后，甲公司急需用钱，而乙公司在两个月后才会付款。因此，经乙公司确认，甲公司与丙银行订立保理合同，约定甲公司将其对乙公司的债权转让给丙银行，丙银行支付受让款 80 万元且无追索权。此时，甲公司能立即拿到所需资金，而丙银行支付受让款后，可以赚取 20 万元，但需承担一定的风险，如债权到期后乙公司不履行债务的风险。

八、承揽合同和建设工程合同

(一)承揽合同

承揽合同是指承揽人按照定作人的要求完成工作,交付工作成果,定作人支付报酬的合同。承揽合同主要具有以下特征:① 以完成一定的工作为目的,且工作成果需要符合定作人的特定要求;② 合同的内容一般包括承揽的标的、数量、质量、报酬,承揽方式,材料的提供,履行期限,验收标准和方法等条款;③ 是双务合同、有偿合同、诺成合同、非要式合同。承揽合同类型多样,包括加工合同、定作合同、修理合同、测试合同、检验合同等。

> 【例 3-26】甲与乙约定甲将其房屋装修项目承包给乙,乙按照甲的要求完成工作,甲支付报酬。甲乙之间构成承揽合同关系。

承揽合同的效力主要体现在承揽人和定作人的权利和义务方面。承揽合同当事人的主要权利和义务如表 3-5 所示。

表 3-5 承揽合同当事人的主要权利和义务

当事人	权利	义务
承揽人	(1) 获得报酬; (2) 将其承揽的辅助工作交由第三人完成; (3) 在定作人未付价款时,对完成的工作成果享有留置权或有权拒绝交付,但是当事人另有约定的除外	(1) 以自己的设备、技术和劳力完成主要工作,但是当事人另有约定的除外; (2) 按照约定选用材料,或者及时检验定作人提供的材料; (3) 妥善保管定作人提供的材料和完成的工作成果; (4) 接受定作人必要的监督检验; (5) 交付工作成果,提交必要的技术资料和有关质量证明; (6) 按照定作人的要求保守秘密,未经许可,不得留存复制品或技术资料
定作人	(1) 请求承揽人交付符合要求的工作成果; (2) 监督检验权	(1) 按照约定提供材料; (2) 提供必要的协助; (3) 及时验收承揽人的工作成果; (4) 按照约定的期限支付报酬

(二)建设工程合同

建设工程合同是指承包人进行工程建设,发包人支付价款的合同。建设工程合同主要具有以下特征:① 标的是建设工程,主要包括土木建筑工程,建筑业范围内的线路、管道、设备安装工程的新建、扩建、改建和大型建筑装修装饰活动;② 主体受法律限制,承包人需要具备一定的资质,发包人一般为建设工程的建设单位(即投资建设该项工程的单位);③ 是要式合同,应采用书面形式。

根据工程建设环节的不同,建设工程合同可分为工程勘察合同、工程设计合同、工程施工合同。建设工程合同中，承包人的基本义务是按质、按期地进行工程建设，发包人的基本义务是按照约定支付价款。

九、运输合同

运输合同是指承运人将旅客或货物从起运地点运输到约定地点，旅客、托运人或收货人支付票款或运输费用的合同。运输合同主要具有以下特征：① 以运输行为为标的；② 合同条款多为承运人拟定的格式条款；③ 是双务合同、有偿合同。

根据运输对象的不同，运输合同可分为客运合同和货运合同，如表3-6所示。

表3-6 客运合同和货运合同

合同类型	特征	当事人的主要义务
客运合同	（1）以运输旅客为目的，包含运输旅客的行李； （2）自承运人向旅客出具客票时成立，但是当事人另有约定或另有交易习惯的除外	承运人主要负有以下义务：① 安全运输义务，确保旅客的人身安全；② 按照有效客票记载的时间、班次和座位号运输旅客；③ 及时告知重要事项，如乘车注意事项、迟延运输情况等；④ 尽力救助患有急病、分娩、遇险的旅客
		旅客主要负有以下义务：① 支付票款；② 按照有效客票记载的时间、班次和座位号乘坐；③ 随身携带的行李应符合约定的限量和品类要求；④ 不得携带危险物品或违禁物品
货运合同	（1）以运输货物为目的； （2）通常涉及托运人和承运人以外的第三人，即收货人	承运人主要负有以下义务：① 安全运输义务，保证货物的安全和完好；② 按照约定合理运输货物；③ 及时通知收货人提货
		托运人主要负有以下义务：① 支付运输费用；② 向承运人准确表明收货人的姓名、名称或凭指示的收货人，货物的名称、性质、重量、数量，收货地点等有关货物运输的必要情况；③ 依法办理货物运输所需的审批、检验等手续，并将办理完有关手续的文件提交承运人；④ 按照约定方式包装货物；⑤ 如需运输危险物品，应按照国家有关规定妥善包装，做出明显标示，并将有关危险物品的名称、性质和防范措施的书面材料提交承运人
		收货人主要负有以下义务：① 支付托运人未付或少付的运输费用；② 及时提货，如逾期提货，应向承运人支付保管费等费用；③ 按照约定的期限检验货物

十、技术合同

技术合同是指当事人就技术开发、转让、许可、咨询或服务订立的确立相互之间权利和义务的合同。技术合同主要具有以下特征：① 以技术成果为标的物；② 合同的内容一般包括项目的名称，标的的内容、范围和要求，履行的计划、地点和方式，技术信息和资料的保密，技术成果的归属和收益的分配办法，验收标准和方法，名词和术语的解释等条款；③ 是双务合同、有偿合同。

> **法律锦囊**
>
> 根据《民法典》第八百四十五条第二、三款的规定，与履行合同有关的技术背景资料、可行性论证和技术评价报告、项目任务书和计划书、技术标准、技术规范、原始设计和工艺文件，以及其他技术文档，按照当事人的约定可以作为合同的组成部分；技术合同涉及专利的，应注明发明创造的名称、专利申请人和专利权人、申请日期、申请号、专利号以及专利权的有效期限。

技术合同类型多样，主要包括技术开发合同（包括委托开发合同和合作开发合同）、技术转让合同（包括专利权转让合同、专利申请权转让合同、技术秘密转让合同等）、技术许可合同（包括专利实施许可合同、技术秘密使用许可合同等）、技术咨询合同、技术服务合同等。技术合同的类型不同，当事人的权利和义务有所不同。

十一、保管合同和仓储合同

（一）保管合同

保管合同是指保管人保管寄存人交付的保管物，并返还该物的合同。保管合同主要具有以下特征：① 以保管保管物为主要目的；② 以有体物为标的物，动产或不动产皆可；③ 是实践合同、非要式合同；④ 可以是有偿合同，也可以是无偿合同。

保管合同的效力主要体现在保管人和寄存人的义务方面。

保管人主要负有以下义务：① 在收到标的物后，出具保管凭证（如超市寄存牌，见图 3-3），但是另有交易习惯的除外；② 妥善保管保管物，不得擅自改变约定的保管场所或方法，但是，紧急情况或为维护寄存人利益的情形下改变保管场所或方法的除外；③ 不得将保管物转交第三人保管，不得使用或许可第三人使用保管物，但是当事人另有约定的除外；④ 在第三人对保管物主张权利时，依法对保管物采取保全或执行措施，同时向寄存人返还保管物；⑤ 在第三人对保管人提起诉讼或对保管物申请扣押时，及时通知寄存人；⑥ 在保管期限届满或寄存人提前领取保管物时，归还原物及其孳息。

图 3-3　超市寄存牌

寄存人主要负有以下义务：① 当事人约定了保管费的，应按照约定向保管人支付保管费；② 寄存货币、有价证券或其他贵重物品时，应向保管人声明，并将上述物品由保管人验收或封存。

（二）仓储合同

仓储合同是指保管人储存存货人交付的仓储物，存货人支付仓储费的合同。仓储合同主要具有以下特征：① 标的物应为适于仓储的有体物，仅限于动产；② 主体具有特定性，保管人应为从事仓储保管业务的人；③ 是诺成合同，根据《民法典》第九百零五条的规定，仓储合同自保管人和存货人意思表示一致时成立；④ 是有偿合同。

讨论：保管合同和仓储合同在特征上有哪些异同点？

仓储合同的效力主要体现在保管人和存货人的义务方面。

保管人主要负有以下义务：① 按照约定对入库仓储物进行验收，如发现入库仓储物与约定不符，应及时通知存货人。② 在存货人交付仓储物时出具仓单、入库单等凭证，并在仓单上签名或盖章。③ 妥善保管仓储物。④ 同意存货人或仓单持有人检查仓储物或提取样品。⑤ 发现入库仓储物有变质或其他损坏时，及时通知存货人或仓单持有人；如上述仓储物已危及其他仓储物的安全和正常保管，应催告存货人或仓单持有人进行必要的处置。⑥ 按照约定返还仓储物。

法律锦囊

根据《民法典》第九百零九条的规定，仓单主要包括以下事项：① 存货人的姓名或名称和住所；② 仓储物的品种、数量、质量、包装及其件数和标记；③ 仓储物的损耗标准；④ 储存场所；⑤ 储存期限；⑥ 仓储费；⑦ 已办理保险的仓储物的保险金额、保险期间及保险人的名称；⑧ 填发人、填发地和填发日期。

存货人主要负有以下义务：① 按照约定交付仓储物；② 储存危险物品或易变质物品时，应说明该物品的性质，提供有关资料；③ 按照约定支付仓储费；④ 及时凭仓单、入库单等提取仓储物。

十二、委托合同、行纪合同和中介合同

（一）委托合同

委托合同是指委托人和受托人约定，由受托人处理委托人事务的合同。委托合同主要具有以下特征：① 以处理委托人的事务为标的；② 以当事人之间的相互信任为基础；③ 是诺成合同、非要式合同；④ 可以是有偿合同，也可以是无偿合同。

委托合同的效力主要体现在委托人和受托人的义务方面。

委托人主要负有以下义务：① 预付处理委托事务的费用，偿还受托人为处理委托事务垫付的必要费用并支付利息；② 按照约定向受托人支付报酬；③ 赔偿受托人处理委托事务时因不可归责于自己的事由受到的损失，或因委托人委托第三人处理委托事务给受托人造成的损失。

受托人主要负有以下义务：① 按照委托人的指示妥善处理委托事务，变更委托人指示时应经委托人同意；② 亲自处理委托事务，经委托人同意时可以转委托；③ 按照委托人的要求报告委托事务的处理情况；④ 将处理委托事务取得的财产转交给委托人。

（二）行纪合同

行纪合同是指行纪人以自己的名义为委托人从事贸易活动，委托人支付报酬的合同。行纪合同主要具有以下特征：① 通常只适用于购销、寄售等贸易活动；② 主体具有特定性，行纪人必须是经批准可以经营行纪业务的法人、自然人或其他组织；③ 服务方式具有限制性，行纪人须以自己的名义从事贸易活动；④ 是诺成合同、双务合同、有偿合同。

行纪合同中，行纪人的基本义务是按照委托人的指示从事贸易活动，维护委托人的利益；委托人的基本义务是按照约定支付报酬。

（三）中介合同

中介合同是指中介人向委托人报告订立合同的机会或提供订立合同的媒介服务，委托人支付报酬的合同。中介合同主要具有以下特征：① 以促成委托人与第三人订立合同为目的；② 标的的范围有限，中介人的活动仅限于报告订立合同的机会或提供订立合同的媒介服务；③ 是诺成合同、双务合同、有偿合同。

中介合同中，中介人的基本义务是向委托人如实报告有关订立合同的事项，促成合同成立；委托人的基本义务是按照约定支付报酬。

> **法律锦囊**
>
> 委托合同、行纪合同和中介合同的标的物都具有劳务性质。行纪合同纠纷、中介合同纠纷，主要适用《民法典》对两种合同的相关规定，无相关规定的可以适用委托合同的相关规定。

十三、物业服务合同

物业服务合同是指物业服务人（包括物业服务企业和其他管理人）在物业服务区域内，为业主提供建筑物及其附属设施的维修养护、环境卫生和相关秩序的管理维护等物业服务，业主支付物业费的合同。物业服务合同主要具有以下特征：① 合同的内容一般包括服务事项、服务质量、服务费用的标准和收取办法、维修资金的使用、服务用房的管理和使用、服务期限、服务交接等条款；② 具有持续性，物业服务人提供物业服务是一个长期且持续的过程；③ 是双务合同、有偿合同；④ 是要式合同，应采用书面形式。

> **法律锦囊**
>
> 根据《民法典》第九百三十八条第二款的规定，物业服务人通过广告、网站公告等形式公开做出的有利于业主的服务承诺属于物业服务合同的内容。

物业服务合同的效力主要体现在物业服务人和业主的义务方面。

物业服务人主要负有以下义务：① 按照约定和物业的使用性质，妥善维修、养护、清洁、绿化和经营管理物业服务区域内的业主共有部分，维护物业服务区域内的基本秩序，采取合理措施保护业主的人身、财产安全等；② 定期将物业服务情况，以及维修资金使用情况、业主共有部分的经营与收益情况等以合理方式向业主公开，并向业主大会、业主委员会报告；③ 不得将其应当提供的全部物业服务转委托给第三人，或者将全部物业服务支解后分别转委托给第三人；④ 物业服务合同终止后，在约定期限或合理期限内退出物业服务区域，做好交接工作。

业主主要负有以下义务：① 按照约定支付物业费；② 装饰装修房屋前告知物业服务人，装饰装修时遵守物业服务人提示的合理注意事项，并配合其进行必要的现场检查；③ 及时告知物业服务人有关转让或出租物业专有部分、设立居住权或依法改变共有部分用途等的情况。

十四、合伙合同

合伙合同是指两个以上合伙人为了共同的事业目的，订立的共享利益、共担风险的合同。合伙合同主要具有以下特征：① 设立目的是实现合伙人共同的事业目的（一般为经营性目的）；② 有两个以上当事人（一般为自然人），当事人之间因合伙合同结成整体；③ 是诺成合同、双务合同、有偿合同、非要式合同。

合伙合同中，合伙人的基本义务是出资义务，《民法典》第九百六十八条规定："合伙人应当按照约定的出资方式、数额和缴付期限，履行出资义务。"合伙合同成立后，合伙财产由合伙人共有，合伙人对合伙事务的执行享有同等权利，并应按照合同约定或法律规定分配利润、分担亏损，对合伙债务承担连带责任。

> **法律锦囊**
>
> 合伙人可以用货币、实物、土地使用权、知识产权或其他财产权利出资。

项目三　债与合同

任务实施

典型合同知识竞赛

任务描述

学生以小组为单位,开展典型合同知识竞赛。

实施流程

(1) 学生自由分组,每组2~4人。

(2) 各小组选定一种典型合同,结合所学知识,在便签上简要概述该合同的某些要点(如合同的概念、特征或当事人的主要义务),并将便签提交给教师。

(3) 教师随机抽取学生提交的便签,并朗读便签内容,各小组抢答便签内容对应的合同名称。

(4) 教师对各小组的表现进行评价。

任务四　熟悉无因管理和不当得利

任务导入

甲因急需用钱向乙借款 20 000 元,两人约定月息为 1 分,一年后归还借款及利息。之后,乙按期催款,但一直联系不上甲。甲的亲戚丙便暂时代甲还清了借款及利息,共计 22 400 元。后丙向甲催讨未果,将甲诉至人民法院。对此案件的处理意见有以下两种:

(1) 丙为了甲的利益,在没有法定或约定义务的情况下,代甲偿还了借款及利息,其行为构成无因管理。因此,此案适用无因管理的规定,人民法院应判令甲给付丙在管理甲的事务时支出的费用。

(2) 甲没有法律根据而取得利益(即债务消除),同时致使丙遭受损失,甲的行为构成不当得利。因此,此案适用不当得利的规定,人民法院应判令甲返还其不当利益。

> **思考：**
> （1）无因管理的构成要件有哪些？无因管理成立将产生什么效力？
> （2）不当得利的构成要件有哪些？不当得利成立将产生什么效力？

无因管理和不当得利同属于债的发生原因。在实践中，人们常常会因无因管理或不当得利而产生纠纷。

一、无因管理

实施无因管理制度，一方面有利于维护管理人的利益，弘扬助人为乐、扶危济困的道德风尚；另一方面有利于规范实现他人利益的道德行为，维护受益人的合法权益。

（一）无因管理的构成要件

无因管理成立的构成要件如下：

（1）管理人没有法定或约定的义务。管理人出于履行法定或约定的义务管理他人事务的，不构成无因管理。

（2）管理人客观上实施了管理受益人事务的行为，如帮助保管财产。需要注意的是，误将自己的事务作为他人的事务进行管理的，不构成无因管理。

（3）管理人主观上有避免他人利益受损的意思。这里需要注意以下几点。

① 在他人利益没有受损的情况下，为了自己的利益实施管理他人事务行为的，不构成无因管理。

② 为他人利益，兼为自己利益，具有管理意思的，在为他人利益的范围内构成无因管理。

> **【例 3-27】** 甲的邻居家着火，甲害怕火势危及自家，便主动帮邻居救火。甲的救火行为既是为了邻居，也是为了自己，仍可构成无因管理。

③ 误将他人的事务作为自己的事务进行管理的，不构成无因管理。

> **【例 3-28】** 乙养的鸡不慎进入甲的鸡圈内，甲误以为这只鸡是自己的，便精心喂养它。甲的这种行为不构成无因管理。

④ 不违反受益人的真实意思，但是，受益人的真实意思违反法律或违背公序良俗的除外。例如，抢救自杀者，虽违反自杀者的真实意思，但符合公序良俗，且与自杀者的真正利益一致，构成无因管理。

（二）无因管理的效力

无因管理成立将产生以下效力。

（1）约束管理人的行为，以免其不当管理他人事务。根据《民法典》的相关规定，管理人在进行无因管理时负有以下义务：① 采取有利于受益人的方法对其事务进行适当管理，中断管理对受益人不利的，无正当理由不得中断；② 尊重受益人的意思，即管理他人事务时，能够通知受益人的，应及时通知受益人，管理的事务不需要紧急处理的，应等待受益人的指示；③ 向受益人报告管理事务的情况；④ 将管理事务取得的财产及时转交给受益人。

（2）产生无因管理之债。根据《民法典》第九百七十九条第一款的规定，管理人享有请求受益人履行以下义务的权利：① 偿还管理人因管理事务而支出的必要费用；② 适当补偿管理人因管理事务受到的损失。

【例3-29】某日，甲发现邻居乙的父亲丙晕倒在家门口，便立即打车将其送往医院，并垫付了医药费。考虑到乙在外地，甲便请假帮其照顾父亲。在照顾期间，甲注意到丙穿着比较破旧，便给他买了一件名牌衣服。在这种情况下，甲可以请求乙支付打车费、医药费这两项必要费用，并请求其补偿自己因请假所扣的工资。而甲为丙买衣服的费用为非必要费用，甲无权要求乙支付。

知法用法

甲长年在外打工，其房屋多年失修。某日，天气预报显示台风将至，甲的邻居乙担心甲的房屋被台风刮倒而殃及自家，便雇人用几根木头对甲的房屋进行固定。尽管如此，甲的房屋最终还是倒塌了，并压死了乙养的几只鸡。

讨论：（1）乙的行为是否构成无因管理？

（2）如果乙的行为构成无因管理，那么乙可以请求甲支付哪些费用？

二、不当得利

实施不当得利制度，旨在使得利人返还无正当理由取得的利益，弥补他人因此受到的损失，扭转利益不平衡的状态。

（一）不当得利的构成要件

不当得利的构成要件如下。

（1）一方取得利益，如财产增加。如一方使另一方利益受到损失，自己并未从中获得任何利益，则不构成不当得利。

【例 3-30】甲订购了牛奶，但送奶工误将牛奶送到了邻居乙的奶箱中。乙发现后，以为是恶作剧，将牛奶扔到了垃圾桶里。乙并未获利，其行为不构成不当得利。

（2）取得的利益没有法律根据。得利人根据法律规定（如债权）获得利益不构成不当得利。

（3）另一方利益受到损失，如财产减少。一方获得利益，但另一方利益没有受到损失的，不构成不当得利。例如，捡拾他人丢弃的物品，并将其卖到废品回收站获得利益的行为不构成不当得利。

（4）一方取得利益与另一方利益受到损失之间有因果关系，即另一方利益受到损失是因一方取得利益直接造成的。

（二）不当得利的效力

不当得利一旦成立，当事人之间即产生不当得利之债。受损失的人有权请求得利人返还不当利益，得利人负有返还不当利益的义务，具体可分为以下三种情况。

1. 得利人是善意的

《民法典》第九百八十六条规定："得利人不知道且不应当知道取得的利益没有法律根据，取得的利益已经不存在的，不承担返还该利益的义务。"由此可知，在不当得利中，善意得利人只需返回利益仍存在的部分；如不当利益已不存在，则善意得利人不负返还义务。

【例 3-31】某日，甲收到了公司寄送的坚果礼盒，误以为这是公司给员工发放的福利。公司后来澄清这个礼盒实际上是送给客户的，但甲已经食用了礼盒中的部分坚果。此时，甲只需偿还未食用的坚果。

2. 得利人是恶意的

《民法典》第九百八十七条规定："得利人知道或者应当知道取得的利益没有法律根据的，受损失的人可以请求得利人返还其取得的利益并依法赔偿损失。"由此可知，在不当得利中，恶意得利人应返还其取得的利益，不得主张所得利益不存在而免予返还，同时应返还由此利益所取得的孳息，依法赔偿受损失的人的损失。

知法用法

甲在餐厅吃饭时，发现服务员多上了一道菜，便在服务员没有发现时迅速将这道菜吃完。

讨论：甲的行为是否构成不当得利？甲应承担什么责任？

3. 得利人将取得的利益无偿转让给第三人

《民法典》第九百八十八条规定："得利人已经将取得的利益无偿转让给第三人的,受损失的人可以请求第三人在相应范围内承担返还义务。"无论得利人是善意的还是恶意的,其将取得的利益无偿转让给第三人后,第三人即成为不当得利之债的债务人,负有向受损失的人在相应范围内返还利益的义务。

任务实施

民事纠纷判一判

任务描述

【案例一】甲、乙因一些工作琐事发生争执并互相殴打对方。为避免事态扩大,同事丙赶紧上前劝架,但在劝架时摔倒致尾椎骨断裂。事后,丙要求甲、乙共同赔偿2万元医疗费,但甲、乙认为丙受伤是因其"多管闲事",拒绝赔偿。因此,丙向人民法院提起诉讼,要求甲、乙赔偿自己的损失。

【案例二】甲曾是乙公司的员工。在甲离职后,乙公司财务人员误将10 000元汇入甲的账户中,得知汇错后便立即联系甲,希望他归还10 000元,但是甲以不方便为由拒绝了。因此,乙公司向人民法院提起诉讼,请求判令甲归还10 000元。

实施流程

(1) 学生自由分组,每组4～6人,并选出一名小组长。
(2) 小组成员查阅《民法典》,讨论如何处理上述案例中的纠纷。
(3) 小组长将讨论结果整理成案件分析报告(报告内容须包括案情分析、法律依据、判决结果等),并在课堂上分享。
(4) 教师对各小组的表现进行评价。

学习成果自测

1. 填空题

(1) 债权是因_____、侵权行为、_____、不当得利以及法律的其他规定,权利人请求特定义务人为或者不为一定行为的权利。

（2）_____是指没有法律根据获得利益，致使他人利益遭受损害的法律事实。

（3）债的不履行主要表现为_____、_____、_____和履行不当等形态。

（4）_____是指在债务人怠于行使其对第三人的权利而损害债权人实现到期债权时，债权人以自己的名义向人民法院请求代位行使债务人债权的权利。

（5）根据《民法典》第五百五十七条的规定，债的消灭原因包括清偿、抵销、提存、_____、_____和法律规定或当事人约定终止的其他情形。

（6）有名合同又称_____，是指法律上已经确定了一定名称及规则的合同。

（7）当事人订立合同，可以采用_____、_____或其他形式。

（8）借款合同的标的物是_____。

（9）《民法典》第七百零五条第一款规定："租赁期限不得超过_____。超过二十年的，超过部分无效。"

2. 选择题

（1）下列选项中，属于人的担保形式的是（　　）。
 A．保证　　　　　　　　　　B．抵押
 C．留置　　　　　　　　　　D．定金

（2）下列选项中，不属于诺成合同的是（　　）。
 A．买卖合同　　　　　　　　B．保证合同
 C．保管合同　　　　　　　　D．委托合同

（3）下列选项中，属于要式合同的是（　　）。
 A．保理合同　　　　　　　　B．赠与合同
 C．合伙合同　　　　　　　　D．委托合同

（4）乙在甲处购买了一张餐桌。因甲交付的餐桌有瑕疵，甲在乙的请求下减少了餐桌的价款。这种违约责任的承担方式属于（　　）。
 A．继续履行　　　　　　　　B．采取补救措施
 C．支付违约金　　　　　　　D．赔偿损失

（5）下列选项中，不属于不当得利的构成要件的是（　　）。
 A．一方取得利益　　　　　　B．取得的利益没有法律根据
 C．另一方利益受到损失　　　D．将取得的利益转让给他人

3．判断题

（1）抢救公物可以引起债的发生。（   ）

（2）债权人应就债权转让通知债务人，债务承担应经债权人同意。（   ）

（3）选择之债中，选择权归于债务人，债权人不享有选择权。（   ）

（4）双务合同中，先履行的一方在有确切证据证明后履行的一方转移财产、抽逃资金，以逃避债务的，可以行使先履行抗辩权。（   ）

（5）保证合同中未约定保证方式的，保证人应承担连带保证责任。（   ）

（6）委托合同和保管合同的标的物一般为有体物。（   ）

（7）承揽合同中，承揽人应接受定作人必要的监督检验。（   ）

（8）管理人因管理事务受到损失是无因管理的构成要件之一。（   ）

4．简答题

（1）简述债的履行原则。

（2）简述双务合同和单务合同的区别。

（3）在哪些情形下，要约不可以撤销？

（4）买卖合同中，买受人主要负有哪些义务？

（5）管理人在进行无因管理时负有哪些义务？

学习成果评价

请进行学习成果评价，并将评价结果填入表 3-7 中。

表 3-7　学习成果评价表

班级		组号		日期	
姓名		学号		指导教师	
项目名称	债与合同				
评价项目	评价内容		分值	自我评分	教师评分
知识（40%）	债与债权的概念，债的发生、债的履行与不履行、债的担保与保全、债的转移与消灭的相关知识		12		
	合同的分类、合同的订立、合同的履行、合同的变更和解除、合同责任的相关知识		12		

表 3-7（续）

评价项目	评价内容	分值	自我评分	教师评分
知识（40%）	各种典型合同的特征和效力	10		
	无因管理、不当得利的构成要件和效力	6		
技能（40%）	能够分析债权债务关系	20		
	能够识别不同类型的合同	15		
	能够分析合同当事人应承担的责任	5		
素养（20%）	具备良好的学习态度	5		
	具备团队精神	5		
	树立诚信意识	5		
	遵循公平竞争原则，捍卫公平正义	5		
合计		100		
总分（自我评分×40%+教师评分×60%）				
自我评价				
教师评价				

项目四

侵权责任

项目引言

侵权行为在日常生活中比较常见。为了维护公民的合法权益，促进社会和谐稳定，《民法典》侵权责任编对侵权责任做出了明确规定。了解《民法典》中侵权责任的相关知识，不仅可以更好地维护自己的合法权益，还可以明确自己的行为界限，避免在日常生活中无意侵犯他人的合法权益，从而减少纠纷。

知识目标

- 了解侵权行为的归责原则和分类、损害赔偿的相关知识。
- 掌握一般侵权行为的构成要件、共同侵权行为及其责任、共同危险行为及其责任、分别侵权行为及其责任。
- 熟悉有关责任主体的特殊规定、产品责任、机动车交通事故责任、医疗损害责任、环境污染和生态破坏责任、高度危险责任、饲养动物损害责任、建筑物和物件损害责任的相关知识。

素质目标

- 认识到权益的重要性，能够维护自己的合法权益，树立尊重他人合法权益的意识。
- 树立正确的法治观念，争做学法尊法守法用法的先行者。

任务一　认识侵权行为和侵权责任

任务导入

某晚，王某与张某相约在张某家附近的餐馆叙旧。用餐结束后，王某见张某虽然还能自行行走，但步伐不稳，便提议送张某回家。张某因过量饮酒而情绪激动，坚称自己没有喝醉，并且坚决要求自行回家。在遭到张某多次强烈拒绝后，王某便不再坚持送张某回家，二人道别后自行离开。张某在独自回家的途中，不慎跌倒在路边，结果头部着地导致颅脑损伤，不幸身亡。事后，张某的家人向王某提出索赔。

思考：

（1）侵权行为的归责原则有哪些？

（2）王某是否需要向张某的家人赔偿？为什么？

一、侵权行为的归责原则

归责原则是确定责任归属所依据的标准。归责原则体现了法律的价值判断，影响着侵权行为的构成要件、举证责任和承担责任的方式等事由的确立。《民法典》侵权责任编中确立了三项归责原则，即过错责任原则、过错推定责任原则、无过错责任原则。

（一）过错责任原则

过错责任原则是指以行为人的过错为归责的标准，即"有过错担责，无过错无责"。《民法典》第一千一百六十五条第一款规定："行为人因过错侵害他人民事权益造成损害的，应当承担侵权责任。"可见，除法律有特别规定外，侵权行为均适用过错责任原则。

（二）过错推定责任原则

过错推定责任原则是指在法律有特别规定的场合，以法律推定的过错为归责的标准。《民法典》第一千一百六十五条第二款规定："依照法律规定推定行为人有过错，其不能证明自己没有过错的，应当承担侵权责任。"可见，在适用过错推定责任原则时，举证责任由行为人承担，如果行为人不能证明自己没有过错，法律就推定其有过错，应当承担侵权责任。

（三）无过错责任原则

无过错责任原则是指行为人的行为损害了他人的民事权益，即使主观上没有过错，但依照法律规定也应当承担侵权责任。《民法典》第一千一百六十六条规定："行为人造成他人民事权益损害，不论行为人有无过错，法律规定应当承担侵权责任的，依照其规定。"

二、侵权行为的分类

（一）一般侵权行为和特殊侵权行为

根据法律有无特别规定，侵权行为可分为一般侵权行为和特殊侵权行为。

（1）一般侵权行为是指行为人基于过错而造成他人民事权益受损，由行为人承担责任的侵权行为。一般侵权行为是最常见的侵权行为，如殴打他人、故意损毁他人财物等。

（2）特殊侵权行为是指在归责原则、构成要件、举证责任和责任承担上有特殊规定的侵权行为。特殊侵权行为包括特殊责任主体的侵权行为和与特殊侵权责任有关的侵权行为。

（二）单独侵权行为和数人侵权行为

根据侵权行为主体与责任主体数量的不同，侵权行为可分为单独侵权行为和数人侵权行为。

（1）单独侵权行为是指由一人实施并独自承担侵权责任的侵权行为。

（2）数人侵权行为是指由两人或两人以上实施且须承担连带责任或按份责任的侵权行为。根据法律特征的不同，数人侵权行为又可分为共同侵权行为、共同危险行为和分别侵权行为。

三、承担侵权责任的重要方式——损害赔偿

侵权责任是指侵权人对其侵害他人民事权益所造成的损害，依法应当承担的民事责任。损害赔偿是指侵权人因侵权行为给他人造成损害时，用自己相应价值的财产补偿受害人所遭受损害的方式。损害赔偿是最常见、最重要的承担侵权责任的方式，包括人身损害赔偿、精神损害赔偿、财产损害赔偿和惩罚性赔偿。

（一）人身损害赔偿

人身损害赔偿是指侵权人因其侵权行为造成他人人身权益受损时所承担的责任。《民法典》第一千一百七十九条对人身损害赔偿做出了以下规定："侵害他人造成人身损害的，应当赔偿医疗费、护理费、交通费、营养费、住院伙食补助费等为治疗和康复支出的合理费用，以及因误工减少的收入。造成残疾的，还应当赔偿辅助器具费和残疾赔偿金；造成死亡的，还应当赔偿丧葬费和死亡赔偿金。"

（二）精神损害赔偿

精神损害赔偿是指侵权人因其侵权行为对他人造成严重精神损害时所承担的给付精神损害赔偿金的责任。《民法典》第一千一百八十三条规定："侵害自然人人身权益造成严重精神损害的，被侵权人有权请求精神损害赔偿。因故意或者重大过失侵害自然人具有人身意义的特定物造成严重精神损害的，被侵权人有权请求精神损害赔偿。"

> **法律锦囊**
>
> 在实践中，"具有人身意义的特定物"主要包括以下类型：① 与家族祖先相关的特定物，如祖坟、族谱、祠堂等；② 与近亲属死者相关的特定物，如遗像、骨灰盒等；③ 与结婚礼仪相关的特定物，如录像、照片等。

> **【例4-1】** 甲的父母在他3岁时不幸丧生。甲长大后，耗时多年，终于找到了一张他父母的照片，便把这张照片送到A摄影公司进行翻印、放大。可是等到甲按约定时间去取照片的时候，A摄影公司非但没有放大这张唯一留存的照片，反而将原件遗失。伤心、愤怒的甲一纸诉状将A摄影公司告上法庭，向其索赔特定物损失费和精神损失费。
>
> 对于甲来说，他父母的遗照就是具有人身意义的特定物，寄托着他对父母的哀思，而且世间仅此一张。所以，人民法院最终判决A摄影公司赔偿甲特定物损失费和精神损失费共计8 000元。

（三）财产损害赔偿

财产损害赔偿是指侵权人因其侵权行为造成他人财产权益受损时所承担的补偿他人财产损失的责任。《民法典》第一千一百八十四条规定："侵害他人财产的，财产损失按照损失发生时的市场价格或者其他合理方式计算。"

> **知法用法**
>
> 几个月前，甲和乙发生口角后，甲摔碎了乙花3万元买的翡翠手镯。该手镯被摔碎时的市场价格为3.2万元，现在的市场价格为2.8万元。经审定，甲在这次事件中负全责。
>
> 讨论：按照规定，甲应赔偿乙多少钱？

（四）惩罚性赔偿

惩罚性赔偿是指侵权人因恶意实施侵权行为时所承担的补偿他人高于实际损害数额的责任。《民法典》第一千一百八十五条规定："故意侵害他人知识产权，情节严重的，被侵权人有权请求相应的惩罚性赔偿。"

任务实施

侵权行为和侵权责任案例分析

任务描述

矣某在与张某发生争执时,愤怒之下将张某从车上推下,致使张某受伤,张某的各项经济损失(包括医疗费、住院伙食补助费、误工费、护理费、营养费、交通费)共计 12 328.1 元。人民法院审理后认为,矣某应对其侵权行为承担全部赔偿责任,即矣某应赔偿张某的所有经济损失。

实施流程

(1) 学生自由分组,每组 2~4 人,并选出一名小组长。

(2) 小组成员阅读上述案例,并就以下问题进行讨论:① 上述案例中的侵权行为适用哪种归责原则、属于哪种类型?② 损害赔偿的类型是什么?

(3) 小组成员一起查阅《民法典》,找出可以支持上述问题答案的法条。

(4) 小组长汇总讨论结果,并在课堂上分享。

(5) 教师对各小组的表现进行评价。

任务二 熟悉一般侵权行为及其责任

任务导入

已经成年的高某、冯某、袁某三人在一个铁架上攀爬时,铁架突然倒下,将铁架附近的程某压伤。随后,程某被送往医院救治,花费医疗费、护理费等各项费用共计 15 万余元。程某出院后,要求高某、冯某、袁某三人共同赔偿自己的损失,而高某、冯某、袁某认为此事件为意外事件,他们不应承担全部损失。程某遂将三人起诉到人民法院。人民法院审理后认为,高某、冯某、袁某的行为属于共同危险行为,三人应承担连带责任,承担程某的全部损失。

> 思考：
> （1）一般侵权行为的构成要件有哪些？
> （2）什么是共同危险行为？

一、一般侵权行为的构成要件

一般侵权行为的构成要件是指构成一般侵权行为的必备条件，包括以下四项内容。

（1）损害。损害是指侵权行为造成了他人民事权益受损的不利结果。

（2）违法行为。一般侵权行为是违反法律规定的侵害他人民事权益的行为。

（3）因果关系。因果关系是指违法行为和损害结果之间存在前者引起后者的客观联系。例如，某人殴打他人使其骨折（见图 4-1），则殴打他人和他人骨折之间存在因果关系。

（4）过错。过错是指行为人对其实施某种行为导致损害结果发生所持的故意或过失的心理状态。其中，故意是指行为人明知其所为将侵害他人权益而有意为之或听任损害结果发生的心理状态；过失是指行为人应当注意、也能注意而不注意，以致损害结果发生的心理状态。

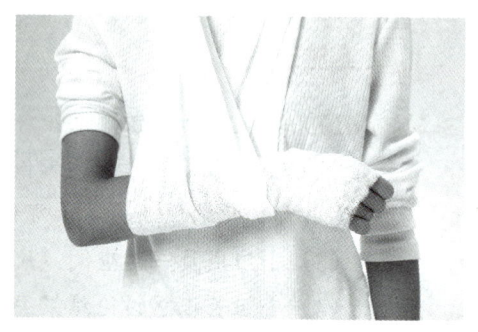

图 4-1 骨折

以案释法

租客在出租房的通道内摔倒是谁的责任

● 基本案情：

尚某将自家三层楼房的一间地下室出租给何某。某天下雪，尚某在楼房内的地砖通道上铺设地毯以防人员滑倒，但该地毯未覆盖全部地砖通道。何某从地毯上走到无地毯的路面时，因路面湿滑而摔倒，造成左手骨折。何某认为尚某未做好防滑工作，造成自己摔伤，故起诉到人民法院。

● 裁决结果：

人民法院审理后认为，虽然尚某未将地毯覆盖全部地砖通道，但其行为不具有违法性。此外，何某摔倒与尚某是否铺设地毯之间并无因果关系。因此，尚某的行为并不构成一般侵权行为，尚某无须承担何某摔倒的损害结果。

（资料来源：《何某与尚某生命权、身体权、健康权纠纷一审民事判决书》，中国裁判文书网，2023 年 2 月 7 日）

二、共同侵权行为及其责任

共同侵权行为是指两人或两人以上基于共同过错，致使他人民事权益受损，各个行为人应当承担连带责任的侵权行为。

（一）共同侵权行为的法律特征

（1）主体的复数性。共同侵权行为的主体是两人或两人以上，可以是自然人，也可以是法人。

（2）过错的共同性。各个行为人存在共同致他人受损的过错，包括共同故意、共同过失、共同故意和共同过失的混合。

（3）行为的关联性。各个行为人的行为相互联系，均是损害结果发生的原因不可或缺的一部分。

（4）结果的同一性。各个行为人的行为造成了同一损害结果（即各个行为人均是加害人），且损害结果不可分割。

（二）共同侵权行为的责任承担

共同侵权行为可分为共同加害行为和教唆、帮助行为，其责任承担方式有所不同。

1. 共同加害行为的责任承担

共同加害行为是典型的共同侵权行为，各个行为人都实施了造成他人损害的行为。《民法典》第一千一百六十八条规定："二人以上共同实施侵权行为，造成他人损害的，应当承担连带责任。"

 以 案 释 法

多人与老人争吵致老人死亡案

● 基本案情：

蒋某等四人所住小区的变压器突发故障，导致小区停电。随后，物业公司与开发商共同协调，开展维修工作。在与维修单位协商的过程中，三方未谈妥维修费用问题，导致当晚仍未维修变压器。

当晚，蒋某召集 30 余名业主前往开发商刘某乙父母家中找刘某乙解决停电问题，在途中遇到了刘某乙的父亲刘某甲，并与刘某甲发生争执。蒋某等四人不顾他人阻拦，明知刘某甲体弱多病，仍然对其大声吼叫，言语过激，导致刘某甲当场晕倒，送医后抢救无效死亡。医院认定刘某甲的死亡原因为呼吸骤停。

● 裁决结果：

人民法院审理后认为，蒋某等四人应该认识到自身言语明显不当，且能判断出刘某甲是年近八旬的老人，在这种情况下，四人仍围着刘某甲争吵，未尽到一般人审慎的注意义务，存在共同过错。蒋某等四人言语过激导致刘某甲情绪不稳，与刘某甲的死亡之间具有法律上的因果关系。因此，蒋某等四人共同实施侵权行为，应当承担相应的侵权责任。

（资料来源：《刘某乙、刘某丙等与蒋某、吴某等一审民事判决书》，
中国裁判文书网，2024年1月17日）

2. 教唆、帮助行为的责任承担

教唆行为是指通过开导、怂恿、利诱、刺激等方式使他人实施侵权行为的行为。帮助行为是指通过提供工具或激励等方式在物质上或者精神上帮助他人实施侵权行为的行为。《民法典》第一千一百六十九条规定："教唆、帮助他人实施侵权行为的，应当与行为人承担连带责任。教唆、帮助无民事行为能力人、限制民事行为能力人实施侵权行为的，应当承担侵权责任；该无民事行为能力人、限制民事行为能力人的监护人未尽到监护职责的，应当承担相应的责任。"

> **知法用法**
>
> 由于经常有人到甲的果园里偷水果，甲的朋友乙便多次劝说甲在果园附近埋下捕猎夹。某天，丙经过果园附近时，不慎被捕猎夹夹伤脚腕，花费医疗费1 500元。事后，丙向甲索赔，甲要求乙与自己共同承担丙的医疗费，而乙认为自己只是出谋划策，无须承担责任。
>
> 讨论：丙向甲索赔的要求合理吗？乙需要和甲共同承担丙的医疗费吗？

三、共同危险行为及其责任

共同危险行为是指两人或两人以上共同实施危及他人人身、财产安全的行为，并造成损害结果，但无法明确实际加害人的侵权行为。

（一）共同危险行为的法律特征

（1）主体的复数性。实施危及他人人身、财产安全的行为人是两人或两人以上。

（2）行为无关联。各个行为人在没有共同故意的情况下，各自实施了危险行为，每个行为人的危险行为都有导致损害结果发生的可能性。

（3）部分过错。共同危险行为的损害结果是部分人的危险行为所致。若损害结果是所有人的危险行为所致，则不构成共同危险行为。

（4）无法明确实际加害人。共同危险行为的实际加害人是不确定的，且只有部分人是实际加害人。

（二）共同危险行为的责任承担

《民法典》第一千一百七十条规定："二人以上实施危及他人人身、财产安全的行为，其中一人或者数人的行为造成他人损害，能够确定具体侵权人的，由侵权人承担责任；不能确定具体侵权人的，行为人承担连带责任。"

> 【例4-2】甲和乙因会车发生冲突，两人互相推搡时将骑电动车路过的丙撞倒，造成丙受伤。虽然甲和乙没有共同故意，但应预见其所实施的行为存在致人损害的危险；且三个当事人均不能明确是谁将丙撞倒。因此，甲和乙的行为属于共同危险行为，甲和乙应当承担连带责任。

四、分别侵权行为及其责任

分别侵权行为是指两人或两人以上分别实施侵权行为造成同一损害结果，但数人之间并无意思联络，也无共同过错的侵权行为。其中，"无意思联络"是指各个行为人在实施侵权行为之前和实施侵权行为的过程中，没有与其他行为人沟通，也不知道还有其他人在实施类似的侵权行为。

（一）分别侵权行为的法律特征

（1）主体的复数性。分别侵权行为的行为人是两人或两人以上。
（2）无共同过错。各个行为人基于各自的过错，分别实施侵权行为。
（3）原因的同一性。各个行为人的行为是损害结果发生的全部原因或者部分原因。
（4）结果的同一性。各个行为人的行为在客观上针对同一个侵害目标，造成了同一损害结果，且损害结果可以分割。

（二）分别侵权行为的责任承担

1. 典型的分别侵权行为的责任承担

典型的分别侵权行为是指各个行为人的行为对损害结果的发生分别具有一定作用的分别侵权行为。《民法典》第一千一百七十二条规定："二人以上分别实施侵权行为造成同一损害，能够确定责任大小的，各自承担相应的责任；难以确定责任大小的，平均承担责任。"确定责任大小时，可以根据各个行为人的过错程度、各个侵权行为与损害结果之间因果关系的紧密程度、公平原则、政策因素等进行考量。

2. 叠加的分别侵权行为的责任承担

叠加的分别侵权行为是指各个行为人的行为都足以造成全部损害的分别侵权行为。《民法典》第一千一百七十一条规定："二人以上分别实施侵权行为造成同一损害，每个人的侵权行为都足以造成全部损害的,行为人承担连带责任。"

【例4-3】甲和乙先后驾驶大型货车从丙身上碾压过去,造成丙死亡。在这种情形下,甲和乙的行为都足以让丙死亡。因此,甲和乙应承担连带责任。

任务实施

一般侵权行为案例分析

任务描述

某天,19岁的聂某和胡某在回家途中打闹、追逐,聂某在追逐胡某的过程中撞倒了71岁的袁某。袁某倒地后昏迷不醒,遂被送往医院救治。住院期间,袁某花费医疗费、护理费、营养费等共计4万余元。

实施流程

(1)学生自由分组,每组2~4人,并选出一名小组长。
(2)小组成员阅读上述案例,并讨论上述案例中的侵权行为的构成要件、类型、责任承担方式。
(3)小组成员一起查阅《民法典》,找出可以支持上述问题答案的法条。
(4)小组长汇总讨论结果,并在课堂上分享。
(5)教师对各小组的表现进行评价。

任务三 熟悉特殊侵权行为及其责任

任务导入

某天上午,某地气象台发布雷暴大风橙色预警,预计该地将出现雷电并伴有10级以上阵风、短时强降水和小冰雹等强对流天气。当天下午,当地A书法培训室仍坚持让学生上课。上课时,霍某甲、盛某家屋顶的一个太阳能热水器被大风吹落,太阳能热水器的储水箱掉到A书法培训室的用彩钢板搭建的教室内,致使霍某在内的多名学生被储水箱中的热水烫伤。该用彩钢板搭建的教室是从霍某乙、孙某处承租的，并没有取得准建审批手续，也没有办理房屋产权证书。

人民法院审理后认为，霍某甲、盛某所有和使用的太阳能热水器坠落，对霍某造成了人身损害，而且霍某甲、盛某无法证明其在管理和使用过程中没有过错，因此应当承担建筑物和物件损害责任。A书法培训室作为教育机构，组织学生在用彩钢板搭建的临时建筑物中上课，置学生人身安全于危险境地，未尽到安全管理职责，应当承担侵权责任。霍某乙、孙某将具有安全隐患的房屋出租给A书法培训室，存在一定过错，也应承担相应的责任。

思考：

（1）教育机构作为侵权责任主体的情形有哪些？
（2）什么是建筑物和物件损害责任？

一、有关责任主体的特殊规定

在司法实践中，侵权行为的主体复杂多样，有时难以准确地确定。为此，《民法典》侵权责任编对责任主体做出了特殊规定。

（一）监护人、受托人

根据《民法典》第一千一百八十八条、第一千一百八十九条的规定，无民事行为能力人、限制民事行为能力人的监护人、受托人作为侵权责任主体的情形如下。

（1）无民事行为能力人、限制民事行为能力人造成他人损害的，由监护人承担侵权责任。监护人尽到监护职责的，可以减轻其侵权责任。有财产的无民事行为能力人、限制民事行为能力人造成他人损害的，从本人财产中支付赔偿费用；不足部分，由监护人赔偿。

（2）无民事行为能力人、限制民事行为能力人造成他人损害，监护人将监护职责委托给他人的，监护人应当承担侵权责任；受托人有过错的，承担相应的责任。

（二）暂时丧失心智的完全民事行为能力人

《民法典》第一千一百九十条规定："完全民事行为能力人对自己的行为暂时没有意识或者失去控制造成他人损害有过错的，应当承担侵权责任；没有过错的，根据行为人的经济状况对受害人适当补偿。完全民事行为能力人因醉酒、滥用麻醉药品或者精神药品对自己的行为暂时没有意识或者失去控制造成他人损害的，应当承担侵权责任。"

> **知法用法**
>
> 甲患有心脏病，需每天按时服药，医生建议其不要开车出行。某天，甲有急事需要处理，未遵医嘱按时服药就开车外出，结果途中心脏病发作，丧失意识后撞伤行人乙。
>
> 讨论：甲需要承担侵权责任吗？为什么？

（三）用人单位、用工单位

《民法典》第一千一百九十一条规定："用人单位的工作人员因执行工作任务造成他人损害的，由用人单位承担侵权责任。用人单位承担侵权责任后，可以向有故意或者重大过失的工作人员追偿。劳务派遣期间，被派遣的工作人员因执行工作任务造成他人损害的，由接受劳务派遣的用工单位承担侵权责任；劳务派遣单位有过错的，承担相应的责任。"

> 【例4-4】甲是A饭店的服务员。某天，甲在上菜途中不慎撞到顾客乙，致乙烫伤。因为甲是在执行工作任务时造成乙受伤，所以应由A饭店承担侵权责任。

（四）提供劳务一方、接受劳务一方

《民法典》第一千一百九十二条规定："个人之间形成劳务关系，提供劳务一方因劳务造成他人损害的，由接受劳务一方承担侵权责任。接受劳务一方承担侵权责任后，可以向有故意或者重大过失的提供劳务一方追偿。提供劳务一方因劳务受到损害的，根据双方各自的过错承担相应的责任。提供劳务期间，因第三人的行为造成提供劳务一方损害的，提供劳务一方有权请求第三人承担侵权责任，也有权请求接受劳务一方给予补偿。接受劳务一方补偿后，可以向第三人追偿。"

> 【例4-5】甲雇用乙帮其盖房子，乙在施工时不小心碰掉了一块砖头，砸伤了路过的行人丙，则甲应承担侵权责任。

（五）承揽人

《民法典》第一千一百九十三条规定："承揽人在完成工作过程中造成第三人损害或者自己损害的，定作人不承担侵权责任。但是，定作人对定作、指示或者选任有过错的，应当承担相应的责任。"

> **法律锦囊**
>
> 定作过错是指定作人委托加工、制作的定作物本身具有高度的危险性或违法性，如居民委托他人建造违章建筑。指示过错是指定作人对承揽人完成定作物的过程中的指示

存在明显过错，如指示承揽人采用特定方法加工，直接导致他人损害。选任过错是指定作人在选任承揽人时存在过错，未尽到必要的注意义务，如选任没有相关资质的承揽人。

【例4-6】A公司选任无特种车辆（叉车）驾驶资格的甲运送一批路缘石，甲在用叉车卸货的过程中，不慎导致路缘石散落，将乙的脚部砸伤。因此，A公司存在选任过错，应承担相应的责任。

（六）网络用户、网络服务提供者

根据《民法典》第一千一百九十四条、第一千一百九十七条的规定，网络用户、网络服务提供者作为侵权责任主体的情形如下。

（1）网络用户、网络服务提供者利用网络侵害他人民事权益的，应当承担侵权责任。法律另有规定的，依照其规定。

（2）网络服务提供者知道或者应当知道网络用户利用其网络服务侵害他人民事权益，未采取必要措施的，与该网络用户承担连带责任。

以案释法

网络侵权责任纠纷案

● 基本案情：

张某等人因不满广州A公司提供的游戏服务，在网络上发布差评。A公司遂在其微信公众号上披露了与张某等人的聊天记录截图、张某等人的游戏包厢监控录像片段和个人社交账号信息，并称还可以向公众提供全程监控录像。张某等人认为A公司的行为侵害了自己的合法权益，要求A公司停止侵害、赔礼道歉，并赔偿精神损失费等。A公司则以张某等人恶意发布差评为由，要求张某等人承担侵害其名誉权的责任。

● 裁决结果：

人民法院审理后认为，A公司的行为侵害了张某等人的隐私权、个人信息权，应承担侵权责任，判决A公司立即删除张某等人的个人社交账号信息，发布致歉声明，并向张某等人赔偿精神损害抚慰金各1 000元。

此外，张某等人发布的差评是对A公司提供的游戏服务的主观感受，涉及对游戏具体环节的陈述，不属于虚构事实。即使A公司的店铺排名因张某等人发布的差评而降低，也属正常经营风险，而非张某等人发布差评的损害结果。因此，张某等人的行为并未对A公司造成损害，不属于侵权行为，张某等人无须承担责任。

（资料来源：李楚，《广互法院宣判一起网络侵权责任纠纷案》，人民网，2022年2月18日）

（七）安全保障义务人

《民法典》第一千一百九十八条规定："宾馆、商场、银行、车站、机场、体育场馆、娱乐场所等经营场所、公共场所的经营者、管理者或者群众性活动的组织者，未尽到安全保障义务，造成他人损害的，应当承担侵权责任。因第三人的行为造成他人损害的，由第三人承担侵权责任；经营者、管理者或者组织者未尽到安全保障义务的，承担相应的补充责任。经营者、管理者或者组织者承担补充责任后，可以向第三人追偿。"

【例4-7】丙在A饭店用餐期间，将其自行车停放在A饭店指定的停车区域。用餐结束后，丙发现自行车丢失。A饭店保管不力，未尽到安全保障义务，因此应当承担侵权责任。

（八）教育机构

根据《民法典》第一千一百九十九条至第一千二百零一条的规定，教育机构作为侵权责任主体的情形如下。

（1）无民事行为能力人在幼儿园、学校或者其他教育机构学习、生活期间受到人身损害的，幼儿园、学校或者其他教育机构应当承担侵权责任；但是，能够证明尽到教育、管理职责的，不承担侵权责任。

【例4-8】甲在A幼儿园玩平衡木时，由于无人在旁看管，甲从平衡木上跌落后扭伤脚踝。A幼儿园未尽到管理职责，因此应承担侵权责任。

（2）限制民事行为能力人在学校或者其他教育机构学习、生活期间受到人身损害，学校或者其他教育机构未尽到教育、管理职责的，应当承担侵权责任。

（3）无民事行为能力人或者限制民事行为能力人在幼儿园、学校或者其他教育机构学习、生活期间，受到幼儿园、学校或者其他教育机构以外的第三人人身损害的，由第三人承担侵权责任；幼儿园、学校或者其他教育机构未尽到管理职责的，承担相应的补充责任。幼儿园、学校或者其他教育机构承担补充责任后，可以向第三人追偿。

【例4-9】甲在A高中上学期间，A高中未尽到管理职责，使社会人员乙有机会进入校内并殴打甲。在这种情形下，乙应承担侵权责任，A高中应承担相应的补充责任。

二、产品责任

产品责任是指因产品存在缺陷而造成他人损害时，产品的生产者、销售者等应当承担的侵权责任。此处的"产品存在缺陷"并非指产品有瑕疵，而是指产品存在危及他人人身、财产安全的不合理的危险。

《民法典》第一千二百零二条至第一千二百零四条对产品责任的承担做出以下规定。

（1）因产品存在缺陷造成他人损害的，生产者应当承担侵权责任。

（2）因产品存在缺陷造成他人损害的，被侵权人可以向产品的生产者请求赔偿，也可以向产品的销售者请求赔偿。产品缺陷由生产者造成的，销售者赔偿后，有权向生产者追偿。因销售者的过错使产品存在缺陷的，生产者赔偿后，有权向销售者追偿。

法律锦囊

此处的"被侵权人"是指产品缺陷造成人身、财产损害之后，有权要求赔偿的人，既包括直接购买并使用缺陷产品的人，也包括未直接购买、使用缺陷产品但受到缺陷产品损害的其他人。

【例4-10】甲在A超市购买了B公司生产的电热水袋。甲在给电热水袋充电时，电热水袋突然爆炸引发火灾，甲可以向B公司请求赔偿，也可以向A超市请求赔偿。

（3）因运输者、仓储者等第三人的过错使产品存在缺陷，造成他人损害的，产品的生产者、销售者赔偿后，有权向第三人追偿。

三、机动车交通事故责任

机动车交通事故责任是指发生机动车交通事故造成损害时，侵权人依照有关规定应承担的侵权责任。《民法典》中对机动车交通事故责任的承担做出以下规定。

（1）因租赁、借用等情形机动车所有人、管理人与使用人不是同一人时，发生交通事故造成损害，属于该机动车一方责任的，由机动车使用人承担赔偿责任；机动车所有人、管理人对损害的发生有过错的，承担相应的赔偿责任。

（2）当事人之间已经以买卖或者其他方式转让并交付机动车但是未办理登记，发生交通事故造成损害，属于该机动车一方责任的，由受让人承担赔偿责任。

（3）以挂靠形式从事道路运输经营活动的机动车，发生交通事故造成损害，属于该机动车一方责任的，由挂靠人和被挂靠人承担连带责任。

【例4-11】甲驾驶重型货车时发生了交通故事，交警认定甲需负全部责任。该重型货车挂靠在A公司，则A公司和甲承担连带责任。

（4）未经允许驾驶他人机动车，发生交通事故造成损害，属于该机动车一方责任的，由机动车使用人承担赔偿责任；机动车所有人、管理人对损害的发生有过错的，承担相应的赔偿责任，但是《民法典》第七编第五章的"机动车交通事故责任"另有规定的除外。

（5）以买卖或者其他方式转让拼装或者已经达到报废标准的机动车，发生交通事故造成损害的，由转让人和受让人承担连带责任。

（6）盗窃、抢劫或者抢夺的机动车发生交通事故造成损害的，由盗窃人、抢劫人或者抢夺人承担赔偿责任。盗窃人、抢劫人或者抢夺人与机动车使用人不是同一人，发生交通事故造成损害，属于该机动车一方责任的，由盗窃人、抢劫人或者抢夺人与机动车使用人承担连带责任。

（7）非营运机动车发生交通事故造成无偿搭乘人损害，属于该机动车一方责任的，应当减轻其赔偿责任，但是机动车使用人有故意或者重大过失的除外。

法苑广角

机动车交通事故归责的基本规则

根据《民法典》第一千二百零八条和《中华人民共和国道路交通安全法》第七十六条的规定，机动车交通事故归责的基本规则如下。

（1）机动车发生交通事故造成人身伤亡、财产损失的，由保险公司在机动车第三者责任强制保险责任限额范围内予以赔偿；不足的部分，按照下列规定承担赔偿责任：① 机动车之间发生交通事故的，由有过错的一方承担赔偿责任；双方都有过错的，按照各自过错的比例分担责任。② 机动车与非机动车驾驶人、行人之间发生交通事故，非机动车驾驶人、行人没有过错的，由机动车一方承担赔偿责任；有证据证明非机动车驾驶人、行人有过错的，根据过错程度适当减轻机动车一方的赔偿责任；机动车一方没有过错的，承担不超过百分之十的赔偿责任。

（2）交通事故的损失是由非机动车驾驶人、行人故意碰撞机动车造成的，机动车一方不承担赔偿责任。

四、医疗损害责任

医疗损害责任是指在诊疗活动中，因医疗机构或者其医务人员的过错造成患者损害时，医疗机构依法应承担的侵权责任。医疗损害责任根据具体情形适用不同的归责原则，具体如下。

（1）适用过错责任原则的情形。《民法典》第一千二百一十八条规定："患者在诊疗活动中受到损害，医疗机构或者其医务人员有过错的，由医疗机构承担赔偿责任。"

（2）适用过错推定责任原则的情形。根据《民法典》第一千二百二十二条的规定，患者在诊疗活动中受到损害，有下列情形之一的，推定医疗机构有过错：① 违反法律、行政法规、规章以及其他有关诊疗规范的规定；② 隐匿或者拒绝提供与纠纷有关的病历资料；③ 遗失、伪造、篡改或者违法销毁病历资料。在这三种情形下，如果医疗机构能够证明自己没有过错，则无须承担赔偿责任。

(3) 适用无过错责任原则的情形。《民法典》第一千二百二十三条规定："因药品、消毒产品、医疗器械的缺陷，或者输入不合格的血液造成患者损害的，患者可以向药品上市许可持有人、生产者、血液提供机构请求赔偿，也可以向医疗机构请求赔偿。患者向医疗机构请求赔偿的，医疗机构赔偿后，有权向负有责任的药品上市许可持有人、生产者、血液提供机构追偿。"

法苑广角

医疗损害责任的免责事由

根据《民法典》第一千二百二十四条的规定，患者在诊疗活动中受到损害，有下列情形之一的，医疗机构不承担赔偿责任。

(1) 患者或者其近亲属不配合医疗机构进行符合诊疗规范的诊疗。
(2) 医务人员在抢救生命垂危的患者等紧急情况下已经尽到合理诊疗义务。
(3) 限于当时的医疗水平难以诊疗。

若患者或者其近亲属不配合医疗机构进行符合诊疗规范的诊疗，医疗机构或者其医务人员也有过错的，应当承担相应的赔偿责任。

五、环境污染和生态破坏责任

环境污染和生态破坏责任是指因污染环境、破坏生态造成他人损害时，侵权人应承担的侵权责任。侵权人的环境污染和生态破坏责任适用无过错责任原则，但是，侵权人可以就法律规定的不承担责任或减轻责任的情形提出抗辩并举证。对此，《民法典》第一千二百三十条规定："因污染环境、破坏生态发生纠纷，行为人应当就法律规定的不承担责任或者减轻责任的情形及其行为与损害之间不存在因果关系承担举证责任。"

《民法典》第一千二百三十三条规定："因第三人的过错污染环境、破坏生态的，被侵权人可以向侵权人请求赔偿，也可以向第三人请求赔偿。侵权人赔偿后，有权向第三人追偿。"可见，第三人的环境污染和生态破坏责任适用过错责任原则。

对于数人侵权的情形，《民法典》第一千二百三十一条规定："两个以上侵权人污染环境、破坏生态的，承担责任的大小，根据污染物的种类、浓度、排放量，破坏生态的方式、范围、程度，以及行为对损害后果所起的作用等因素确定。"

六、高度危险责任

高度危险责任是指从事高度危险作业（如高空作业，见图4-2）造成他人损害时，侵权人应当承担的侵权责任。可见，高度危险责任的归责原则是无过错责任原则。《民法典》对高度危险责任的承担做出以下规定。

（1）民用核设施或者运入运出核设施的核材料发生核事故造成他人损害的，民用核设施的营运单位应当承担侵权责任；但是，能够证明损害是因战争、武装冲突、暴乱等情形或者受害人故意造成的，不承担责任。

（2）民用航空器造成他人损害的，民用航空器的经营者应当承担侵权责任；但是，能够证明损害是因受害人故意造成的，不承担责任。

图 4-2　高空作业

（3）占有或者使用易燃、易爆、剧毒、高放射性、强腐蚀性、高致病性等高度危险物造成他人损害的，占有人或者使用人应当承担侵权责任；但是，能够证明损害是因受害人故意或者不可抗力造成的，不承担责任。被侵权人对损害的发生有重大过失的，可以减轻占有人或者使用人的责任。

（4）从事高空、高压、地下挖掘活动或者使用高速轨道运输工具造成他人损害的，经营者应当承担侵权责任；但是，能够证明损害是因受害人故意或者不可抗力造成的，不承担责任。被侵权人对损害的发生有重大过失的，可以减轻经营者的责任。

法律锦囊

如果是从事高压活动造成他人损害，作为责任主体的经营者应视具体情况而定。从过程上看，发电、输电、用电等环节一般由不同经营者负责，因此每个环节的责任主体也不同。

如果是发电企业内部的高压设备造成他人损害，责任主体就是发电企业；如果是高压输电线路造成他人损害，责任主体就是输电企业（在我国主要是电网公司）；如果是工厂内的高压电力生产设备造成他人损害，责任主体就是工厂。

（5）遗失、抛弃高度危险物造成他人损害的，由所有人承担侵权责任。所有人将高度危险物交由他人管理的，由管理人承担侵权责任；所有人有过错的，与管理人承担连带责任。

（6）非法占有高度危险物造成他人损害的，由非法占有人承担侵权责任。所有人、管理人不能证明对防止非法占有尽到高度注意义务的，与非法占有人承担连带责任。

（7）未经许可进入高度危险活动区域或者高度危险物存放区域受到损害，管理人能够证明已经采取足够安全措施并尽到充分警示义务的，可以减轻或者不承担责任。

知法用法

A 公司在其施工区域外设置了围挡，并在围挡外放置了写有"正在施工，请勿入内，违者后果自负"的安全警示牌。曹某欲盗窃该施工区域的建材，遂擅自翻越围挡，进入

施工区域内,在盗窃过程中不慎摔伤。

讨论:对于曹某的损失,A 公司可以减轻或者不承担责任吗?为什么?

七、饲养动物损害责任

饲养动物损害责任是指饲养的动物造成他人损害时,动物饲养人或者管理人应当承担的侵权责任。饲养动物损害责任根据具体情形适用不同的归责原则,具体如下。

(一)适用无过错责任原则的情形

《民法典》第一千二百四十六条、第一千二百四十七条、第一千二百四十九条对这种情形做了规定。

(1)违反管理规定,未对动物采取安全措施造成他人损害的,动物饲养人或者管理人应当承担侵权责任;但是,能够证明损害是因被侵权人故意造成的,可以减轻责任。

(2)禁止饲养的烈性犬等危险动物造成他人损害的,动物饲养人或者管理人应当承担侵权责任。

(3)遗弃、逃逸的动物在遗弃、逃逸期间造成他人损害的,由动物原饲养人或者管理人承担侵权责任。

(二)适用过错推定责任原则的情形

《民法典》第一千二百四十八条规定:"动物园的动物造成他人损害的,动物园应当承担侵权责任;但是,能够证明尽到管理职责的,不承担侵权责任。"也就是说,动物园负有高度注意义务,只有能够证明动物园已经采取足够的安全措施,并尽到充分警示的义务,才能认定其没有过错,不承担侵权责任。

【例 4-12】某动物园的猴园内多处张贴了"禁止投喂"标识,工作人员也反复提醒游客不要投喂。甲仍然不听劝阻,执意投喂猴子,致使自己被猴子抓伤。该动物园已尽到管理职责,不承担侵权责任。

(三)适用混合归责原则的情形

《民法典》第一千二百五十条规定:"因第三人的过错致使动物造成他人损害的,被侵权人可以向动物饲养人或者管理人请求赔偿,也可以向第三人请求赔偿。动物饲养人或者管理人赔偿后,有权向第三人追偿。"可见,在这种情形下,动物饲养人或者管理人的饲养动物损害责任适用无过错责任原则,第三人的饲养动物损害责任适用过错责任原则。

以案释法

被宠物狗惊吓导致受伤，由谁承担责任

● 基本案情：

某天，李某骑车遛三只用牵引绳牵引的狗，三只狗跟随李某车辆行走。吴某驾驶电动二轮车与李某的狗距离较近时，李某的狗突然冲吴某狂吠并做出冲扑的动作，使得吴某产生恐惧、紧张的心理而摔倒受伤，造成吴某各项损失共计 15 816.59 元。

● 裁决结果：

人民法院审理后认为，李某在公路上骑车遛多只狗，其行为具有一定危险性。此外，吴某摔倒受伤与自身反应过度有关，其自身也存在过失。因此，人民法院判决李某承担80%的责任，吴某承担20%的责任。

（资料来源：《吴某与李某饲养动物损害责任纠纷案》，
汶上县人民法院网，2022 年 7 月 1 日）

八、建筑物和物件损害责任

建筑物和物件损害责任是指建筑物、构筑物或者其他设施及其搁置物、悬挂物，堆放物，妨碍通行物和林木等由于存在缺陷或疏于管理、维护等，造成他人损害时，侵权人依法应当承担的侵权责任。建筑物和物件损害责任的归责原则是过错推定责任原则。《民法典》第一千二百五十二条至第一千二百五十八条对建筑物和物件损害责任的承担做出以下规定。

（1）建筑物、构筑物或者其他设施倒塌、塌陷造成他人损害的，由建设单位与施工单位承担连带责任，但是建设单位与施工单位能够证明不存在质量缺陷的除外。建设单位、施工单位赔偿后，有其他责任人的，有权向其他责任人追偿。因所有人、管理人、使用人或者第三人的原因，建筑物、构筑物或者其他设施倒塌、塌陷造成他人损害的，由所有人、管理人、使用人或者第三人承担侵权责任。

法律锦囊

建筑物是指人工建造的、固定在土地上，其空间用于居住、生产或者存放物品的设施，如住宅楼、写字楼、工厂、仓库等。

构筑物或者其他设施是指人工建造的、固定在土地上的除建筑物以外的某些设施，如桥梁、隧道、烟囱、栈桥、蓄水池等。

此处的"倒塌、塌陷"是指建筑物、构筑物或者其他设施坍塌、倾覆，丧失基本使用功能的情形，如楼房倒塌、桥梁坍塌（见图 4-3）、烟囱倾倒（见图 4-4）等。

图 4-3　桥梁坍塌

图 4-4　烟囱倾倒

（2）建筑物、构筑物或者其他设施及其搁置物、悬挂物发生脱落、坠落造成他人损害，所有人、管理人或者使用人不能证明自己没有过错的，应当承担侵权责任。所有人、管理人或者使用人赔偿后，有其他责任人的，有权向其他责任人追偿。

（3）禁止从建筑物中抛掷物品。从建筑物中抛掷物品或者从建筑物上坠落的物品造成他人损害的，由侵权人依法承担侵权责任；经调查难以确定具体侵权人的，除能够证明自己不是侵权人的外，由可能加害的建筑物使用人给予补偿。可能加害的建筑物使用人补偿后，有权向侵权人追偿。物业服务企业等建筑物管理人应当采取必要的安全保障措施防止上述情形的发生；未采取必要的安全保障措施的，应当依法承担未履行安全保障义务的侵权责任。

以案释法

警惕"头顶上的安全"

● 基本案情：

蔡某乔迁新居，搬家时他嫌窗帘杆太长，走楼梯往下拿麻烦，就随手将窗帘杆从窗口扔了下去。铁制的窗帘杆没有按蔡某的预想落到地上，而是稳稳地搭在两根高压电线上，导致电线短路，周边数百户居民的家用电器被损坏。

事故发生后，供电公司及时修复了电路，并先行赔偿受损居民家电维修费 24 万余元。之后，供电公司将不愿承担责任的蔡某告上了法庭。

● 裁决结果：

人民法院审理后认为，供电公司根据供电合同向受损居民赔偿后，有权向造成供电事故的责任方追偿。据此，判决被告蔡某赔偿供电公司 24 万余元。

（4）堆放物倒塌、滚落或者滑落造成他人损害，堆放人不能证明自己没有过错的，应当承担侵权责任。

（5）在公共道路上堆放、倾倒、遗撒妨碍通行的物品造成他人损害的，由行为人承担侵权责任。公共道路管理人不能证明已经尽到清理、防护、警示等义务的，应当承担相应的责任。

（6）因林木折断、倾倒或者果实坠落等造成他人损害，林木的所有人或者管理人不能证明自己没有过错的，应当承担侵权责任。

（7）在公共场所或者道路上挖掘、修缮安装地下设施等造成他人损害，施工人不能证明已经设置明显标志和采取安全措施的，应当承担侵权责任。窨（yìn）井等地下设施造成他人损害，管理人不能证明尽到管理职责的，应当承担侵权责任。

任务实施

特殊侵权行为及其责任知识竞赛

任务描述

全班学生以小组为单位，开展特殊侵权行为及其责任知识竞赛。

实施流程

（1）学生自由分组，每组3~5人，并选出一名小组长。

（2）小组长组织小组成员，结合本任务所讲知识，设置10道与特殊侵权行为及其责任有关的题目（5道判断题，5道简答题，并给出答案），然后提交给教师。

（3）教师将各小组提交题目中的重复题目删掉，并在计算机上随机排列，形成可以随机抽取题目的题库。

（4）教师安排各小组轮流上台抽取题目，并现场作答。

（5）教师统计各小组的得分情况（答对1题计1分，答错不计分），并评出得分最高的小组。

学习成果自测

1. 填空题

（1）根据侵权行为主体与责任主体数量的不同，侵权行为可分为_____和数人侵权行为。

（2）_____是指两人或两人以上基于共同过错，致使他人民事权益受损，各个行为人应当承担连带责任的侵权行为。

（3）无民事行为能力人、限制民事行为能力人造成他人损害的，由_____承担侵权责任。

(4)_____是指从事高度危险作业造成他人损害时，侵权人应当承担的侵权责任。

2．选择题

（1）（　　）是指侵权人因其侵权行为造成他人人身权益受损时所承担的责任。

  A．财产损害赔偿　　　　　　　　B．精神损害赔偿
  C．人身损害赔偿　　　　　　　　D．惩罚性赔偿

（2）15 岁的郭某在饭店吃饭时，与潘某发生冲突。郭某便打电话叫来已经成年的虞某、安某一起殴打潘某，造成潘某眼部受伤。潘某的损害应当由（　　）承担责任。

  A．潘某　　　　　　　　　　　　B．郭某
  C．郭某的监护人　　　　　　　　D．郭某的监护人、虞某、安某

（3）20 岁的小琪的宠物狗皮皮不小心走丢了，皮皮在流浪期间四处觅食，咬伤了 5 岁的小芳。小芳的损害应当由（　　）承担责任。

  A．小琪
  B．小琪的监护人
  C．小芳的监护人
  D．此前将皮皮出售给小琪的宠物店

3．判断题

（1）过错推定责任原则是指以行为人的过错为归责的标准。（　　）

（2）一般侵权行为的构成要件包括损害、违法行为、因果关系、过错。（　　）

（3）共同危险行为的实际加害人是确定的，所有行为人均是实际加害人。（　　）

（4）患者在诊疗活动中受到损害，医疗机构或者其医务人员有过错的，由医疗机构或者其医务人员承担赔偿责任。（　　）

4．简答题

（1）侵权行为的归责原则有哪些？
（2）简述分别侵权行为的法律特征。
（3）教育机构作为侵权责任主体的情形有哪些？

学习成果评价

请进行学习成果评价,并将评价结果填入表 4-1 中。

表 4-1　学习成果评价表

班级		组号		日期	
姓名		学号		指导教师	
项目名称			侵权责任		
评价项目	评价内容		分值	自我评分	教师评分
知识（40%）	侵权行为的归责原则和分类、承担侵权责任的重要方式——损害赔偿		5		
	一般侵权行为的构成要件、共同侵权行为及其责任、共同危险行为及其责任、分别侵权行为及其责任		15		
	有关责任主体的特殊规定、产品责任、机动车交通事故责任、医疗损害责任、环境污染和生态破坏责任、高度危险责任、饲养动物损害责任、建筑物和物件损害责任		20		
技能（40%）	能够分清一般侵权行为和特殊侵权行为		20		
	遇到侵权行为时,能够确定侵权责任的主体		20		
素养（20%）	具备良好的学习态度		5		
	具备团队精神		5		
	勇于维护自己的合法权益,充分尊重他人的合法权益		5		
	争做学法尊法守法用法的先行者		5		
合计			100		
总分（自我评分×40%+教师评分×60%）					
自我评价					
教师评价					

项目五

人格权

 项目引言

《民法典》的一大亮点就是在第四编单独设立了人格权编。这是我国民事立法领域的重大创新，既体现了立法者对人格权保护的高度重视，彰显了《民法典》的人文主义立场，也适应了人格权制度的发展，回应了社会对加强人格权保护的呼声。人格权编在现行有关法律、法规的基础上，对各项具体人格权做出了较为详细的规定，为人格权保护提供了充分的法律依据。

 知识目标

☞ 了解人格权的概念、法律关系和分类。
☞ 熟悉各项具体人格权的概念和内容。

 素质目标

☞ 深入学习人格权的有关规定，做知法、守法好公民。
☞ 深刻理解人格权有关规定中蕴含的人文精神，自觉保护他人人格权。

任务一　认识人格权

任务导入

某年10月18日，汪某在一家超市购物时，见某品牌麦片有"买五赠一"的促销活动，遂购买了20袋麦片，并在促销员的协助下将24袋麦片装入购物袋。结账时，汪某与收银员为没有粘贴"非卖品"标签的4袋麦片是否应付款而发生争执。超市保安将汪某和其选购的麦片带至办公室。汪某辩称多出的4袋麦片系赠品，不需要付款。保安在超市两名工作人员陈述该品牌麦片没有赠送活动后，对汪某和其选购的麦片进行拍照，并要求其在一张表格上签名。汪某患有眼疾，并未看清表格上的内容就签了名。随后，促销员将"非卖品"标签贴在4袋麦片上，带汪某结了账。

10月19日，汪某与丈夫一起到该超市，要求查看自己于前一日签名的表格，却发现超市每日抓窃记录的"窃嫌姓名"一栏有自己的姓名，而且自己所购麦片和签名时的照片还作为"窃嫌截图"附在后面。汪某要求超市道歉，但被对方拒绝。

10月20日，汪某在丈夫的陪同下再次来到该超市，才得知自己于18日在一张名为"保安部报告暨收据"的表格上签了名。该表格中将汪某所购麦片列为"遗失商品"，"处理流程"一栏注明"教育释放"。汪某表示，除姓名是自己书写的以外，其他内容均是他人填写的，指印也是他人加盖的。汪某要求超市做出书面道歉，但对方并未当场答复。

事后，因双方调解不成，汪某以该超市严重侵害其人格尊严并损害其名誉为由，向人民法院起诉，要求该超市向其赔礼道歉，并赔偿精神损害抚慰金。

思考：

（1）汪某的人格尊严是否应该受到法律保护？

（2）此案涉及的是一般人格权纠纷，还是具体人格权纠纷？

一、人格权的概念

人格权是指民事主体专属享有的、以人格利益为客体的、为维护其独立人格所必备的固有权利。人格权的内涵如下。

（1）人格权是民事主体的固有权利。所谓"固有"，即始终享有。自然人从出生时起，法人和非法人组织从成立之日起，就依法享有人格权。民事主体只要具有法律上的人格，只要还在社会上存在，就享有人格权。

（2）人格权是民事主体的专属权利。一方面，人格权由民事主体专属享有，非为其他主体所享有。另一方面，人格权只能由每个民事主体单独享有，不可与民事主体的人身相分离，不得放弃、转让或者继承。

（3）人格权以人格利益为客体。人格利益是民事主体生存和发展所需的基本利益，包括个体的自由、尊严、安全、健康等方面的利益。缺乏了人格利益，民事主体的其他权益就失去了载体。

（4）人格权是民事主体维护其独立人格的必备权利。法律赋予民事主体人格权的目的在于，维护民事主体作为法律意义上的人所必须具备的资格，从而保障民事主体的人格独立。

法苑广角

死者的人格利益受到保护吗

自然人的民事权利能力始于出生、终于死亡。自然人死亡后即丧失民事主体资格，也就不再享有专属于民事主体的人格权。但是，强调对死者人格利益的保护确有其充分必要性，不仅有助于抚慰死者的近亲属，而且有助于维护社会公共利益和保持良好的社会风尚，从而促进社会进步。

《民法典》第九百九十四条规定："死者的姓名、肖像、名誉、荣誉、隐私、遗体等受到侵害的，其配偶、子女、父母有权依法请求行为人承担民事责任；死者没有配偶、子女且父母已经死亡的，其他近亲属有权依法请求行为人承担民事责任。"此外，《民法典》第一百八十五条规定："侵害英雄烈士等的姓名、肖像、名誉、荣誉，损害社会公共利益的，应当承担民事责任。"

二、人格权的法律关系

与其他法律关系相同，人格权的法律关系也包括主体、客体和内容三个要素。

（一）主体

人格权法律关系的主体即人格权法律关系的参与者，是指在人格权法律关系中享有权利和承担义务的自然人或法人、非法人组织。

【例5-1】博主甲多次在网络平台上公开发表针对乙公司的侮辱性言论。乙公司以甲侵害自身名誉权为由，将对方告上法庭。在这起名誉权纠纷中，乙公司为人格权的权利主体，甲为义务主体。

（二）客体

人格权法律关系的客体是指人格权法律关系中的权利、义务共同指向的对象——人格利益。人格利益可分为具体人格利益和一般人格利益。前者包括生命安全利益、身体利益、健康利益、名誉利益等由法律明确规定的特定人格利益，后者包括人格平等、人格独立、人格自由、人格尊严等具有概括性和抽象性的人格利益。

（三）内容

人格权法律关系的内容是指人格权法律关系主体享有的权利和负有的义务。

1. 享有的权利

在人格权法律关系中，权利主体可以为保护自身的人格利益自由行使法律规定范围内的权利，一般无须义务主体的协助。总体而言，权利主体享有以下几个方面的权利。

（1）控制权。权利主体有权按照自己的意志对自身的人格利益加以控制。例如，自然人可采取必要的保密措施，保护自己的隐私。

（2）利用权。权利主体有权按照自己的意志对自身的人格利益加以利用，以满足自身需要。例如，将肖像、名称等用于商业活动中，以获取物质利益；用自己的身体从事不违反法律规定和公序良俗的行为艺术，以体现个人的价值。

（3）有限处分权。对人格利益的处分分为事实上的处分和有限制的转让两种。一方面，权利主体有权在事实上自主处分自身的人格利益，但是这种处分行为要受到法律规定和公序良俗的严格限制。另一方面，权利主体有权通过法律行为（如订立合同等）将对自身人格利益的利用权转让给他人。但是，这种转让行为不具有普遍适用性，并非所有人格利益的利用权都可以转让，如人格自由、生命安全利益、名誉利益等人格利益的利用权不可转让。

> **知 法 用 法**
>
> 《民法典》第九百九十三条规定："民事主体可以将自己的姓名、名称、肖像等许可他人使用，但是依照法律规定或者根据其性质不得许可的除外。"
>
> 讨论：该条规定表示人格权的权利主体对自身人格利益享有哪种权利？

2. 负有的义务

在人格权法律关系中，义务主体负有的义务是不作为义务，即义务主体必须根据法律规定不做出某种行为，以便保护权利主体的人格利益。同时，义务主体负有的义务是法定义务，受到国家强制力的约束，若义务主体不履行义务，就要承担相应的民事责任。

三、人格权的分类

根据对应客体的不同,人格权可分为具体人格权和一般人格权。

(一)具体人格权

具体人格权以具体人格利益为客体,与各种不同的具体人格利益一一对应(如生命权的客体为生命安全利益,名誉权的客体为名誉利益),并以法律列举的方式进行规定。《民法典》第九百九十条第一款规定:"人格权是民事主体享有的生命权、身体权、健康权、姓名权、名称权、肖像权、名誉权、荣誉权、隐私权等权利。"该款规定中涉及的生命权、身体权、健康权、姓名权、名称权、肖像权、名誉权、荣誉权、隐私权等权利即为具体人格权。本项目任务二将着重讲述具体人格权,在此不再赘述。

(二)一般人格权

一般人格权是指民事主体享有的,以一般人格利益为客体,并由此产生和规定具体人格权的基本权利。

1. 特征

与具体人格权相比,一般人格权具有以下特征。

(1)权利客体的高度概括性。一般人格权的客体为一般人格利益。一方面,一般人格利益本身具有概括性,人格平等、人格独立、人格自由、人格尊严等都无法转化为具体人格利益;另一方面,任何一种具体人格利益都包含在一般人格利益之中。

(2)权利内容的广泛性。一般人格权的内容不仅包括具体人格权的内容,还包括具体人格权无法概括的内容。因此,一般人格权的内容极其广泛,不可能全部列举出来。此外,随着社会的发展与进步,一般人格权的内容也呈现出不断增加的趋势。

2. 内容

一般人格权的内容可以概括为人格平等权、人格独立权、人格自由权、人格尊严权等四个方面。

(1)人格平等权。民事主体无高低贵贱之分,无论年龄、性别、民族、种族、经济状况、宗教信仰等有何差别,在法律地位上一律平等,平等地享有民事权利,平等地履行民事义务,平等地承担民事责任。

(2)人格独立权。民事主体在人格上互不依附,能够独立地做出意思表示,实施民事行为,承担行为后果。民事主体能够按照自己的意志和需要,自主、排他地支配自己的人格利益;任何人都无权对他人的意志、行为加以干涉,否则就要承担不利的法律后果。

(3)人格自由权。人格自由是经过高度概括、高度抽象的人格不受约束、不受控制的状态,包括意志自由和行为自由等。人格自由权是民事主体自由参加社会活动、享有权利、行使权利的基本前提和基础。

（4）人格尊严权。民事主体作为一个"人"，应被当作独立的个体平等地对待，应有最起码的社会地位，应受到社会和他人的尊重，不受他人侮辱、诽谤、诬陷等。

【例5-2】公交车司机甲在没有确凿证据的情况下，认定残疾军人乙的残疾军人证为假证，拒绝让乙免费乘车，并用侮辱性语言贬低乙的人格。在此情形下，甲侵害了乙的一般人格权，乙有权依法请求甲承担民事责任。

法律锦囊

一般人格权与具体人格权的关系如下。

（1）一般人格权是具体人格权的渊源和基础。在对具体人格权进行解释时，应以一般人格权的基本原理为标准。对于有悖于一般人格权基本原理的具体人格权解释，应判定为无效。

（2）一般人格权既可以概括现有的具体人格权，又可以对尚未被具体人格权确认保护的其他人格利益发挥补充保护功能。据此，当民事主体的人格利益遭受侵害，而又不能为具体人格权所救济时，民事主体可以依据一般人格权的规定寻求法律上的保护。

任务实施

"《民法典》人格权编"科普宣传海报设计

任务描述

全班学生以小组为单位，围绕《民法典》人格权编的相关规定，设计科普宣传海报。科普宣传海报的具体内容应涉及《民法典》人格权编的具体条款，并包括至少三个热点人格权争议案件。

实施流程

（1）学生自由分组，每组6~8人，并选出一名小组长。

（2）小组长组织小组成员搜集人格权的相关知识。

（3）各小组根据搜集到的资料，设计"《民法典》人格权编"科普宣传海报，并将其打印出来，张贴在校园内。

（4）教师对各小组的表现进行评价。

任务二 熟悉具体人格权

任务导入

仇某与汤某系同事，双方原来关系很好，周围同事误以为他们在谈恋爱。后来，汤某向仇某告白，被仇某拒绝。汤某怀恨在心，便蓄意戏弄仇某，在网络平台上冒名发布了一则征婚广告，称："仇某，女，25岁，容貌姣好，素质优良，品行端正。愿寻一位25～30岁的男性为伴侣。有意者请与本人联系。"汤某还在广告中注明了仇某的真实联系方式。

随后，仇某接二连三地收到求爱信息。周围同事因此认为仇某在与多人谈恋爱，对爱情不专一。仇某莫名其妙，不知是何人所为，并因此陷入痛苦之中，整日茶饭不思，精神萎靡。

思考：

（1）《民法典》中规定了哪些具体人格权？

（2）汤某侵害了仇某的哪项具体人格权？

一、生命权、身体权和健康权

（一）生命权

《民法典》第一千零二条规定："自然人享有生命权。自然人的生命安全和生命尊严受法律保护。任何组织或者个人不得侵害他人的生命权。"生命权是指自然人依法享有的以其生命安全利益为内容的权利。生命是自然人拥有民事主体资格的基础，因此生命权是自然人所享有的最重要、最基本的人格权，是自然人从事一切民事活动的基本前提。

生命权的内容主要包括生命安全维护权和生命尊严维护权。

1. 生命安全维护权

自然人有权采用积极的方式维护自身的生命安全，具体体现在以下两个方面。

（1）当有非法侵害自然人生命安全的行为或危害其生命安全的危险发生时，自然人有权采取一切相应的措施，排除危险，保护自身的生命安全。

（2）当环境对自然人的生命安全构成威胁时，即使危害尚未实际发生，自然人也有权要求改变环境，消除威胁。

2. 生命尊严维护权

生命尊严包括自然人生的尊严、活的尊严和死的尊严。其中，由于自然人无法选择是否出生，因此生的尊严需要由社会和自然人的父母予以维护；自然人在出生后享有人格尊严，有权得到社会和他人的尊重，维护自己活的尊严；死的尊严即自然人在临近死亡，而且采取延命措施会有巨大痛苦时，有权选择有尊严地死去，如选择签署生前预嘱、接受临终关怀（见图5-1）等方式维护死的尊严。

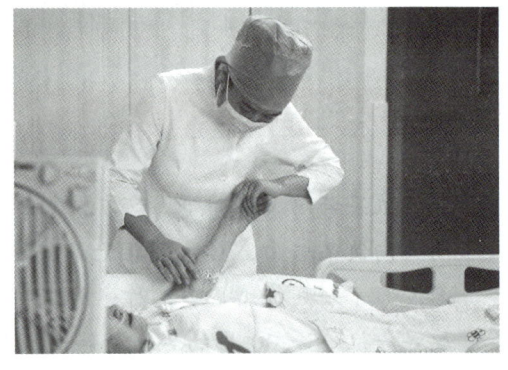

图 5-1　接受临终关怀

> **法律锦囊**
>
> 生前预嘱是指自然人在身体健康或意识清楚时签署的，明确表示在不可治愈的伤病末期或者临终时接受或不接受某种医疗措施的指示文件。

（二）身体权

《民法典》第一千零三条规定："自然人享有身体权。自然人的身体完整和行动自由受法律保护。任何组织或者个人不得侵害他人的身体权。"身体权是指自然人依法享有的维护其身体完整，支配其肢体、器官和其他组织的权利。身体是自然人具有法律上的人格的物质基础，是生命权、健康权的物质载体。

> **法律锦囊**
>
> 法律意义上的身体是指自然人生理组织的整体，即躯体（如头颅、四肢等）和附属于躯体的所有部分（如头发、指甲等）。至于装配的人工制作的残缺身体部分的代替物（如假肢等）是否构成身体的组成部分，应当根据具体情况判定，具体如下。
>
> （1）装配物已构成身体不可分离的一部分的，属于身体的组成部分，如人工心脏瓣膜、人工耳蜗（见图5-2）等。
>
> （2）装配物可以自由装卸的，不属于身体的组成部分，如假牙、假发等。这里的"自由装卸"是指社会一般人员就能够进行的装卸操作。若装配物必须由专业人员依照严格的医学操作规程进行装卸，否则可能造成健康损害或生命丧失，则应将其视为身体的组成部分。

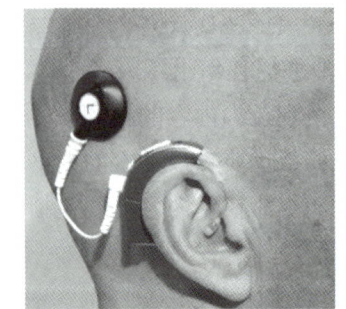

图 5-2　人工耳蜗

身体权的内容主要包括保持身体完整权和身体支配权。

1. 保持身体完整权

保持身体完整权是身体权最重要的内容。自然人有权保证自己的身体不受侵扰，维护自己身体的完整性。身体的完整性包含以下两层意思。

（1）身体的实质性完整。对身体实质性完整的维护，就是禁止他人非经本人同意而取得自己身体的组成部分。

（2）身体的形式性完整。对身体形式性完整的维护，就是禁止他人非法接触自己身体的组成部分。侵害身体形式性完整的典型行为是以肢体接触方式对他人实施性骚扰。

2. 身体支配权

自然人有权自主支配自己的身体或身体的组成部分，具体体现在以下两个方面。

（1）行动自由。自然人有权按照自己的意志决定自己采取何种行动。以非法拘禁等方式剥夺、限制他人的行动自由的，权利人可追究行为人的民事责任。

> 【例5-3】甲乙双方是合租室友。两人因小事发生争执，甲一怒之下将乙反锁在室内，限制了乙的行动自由。在此情形下，甲侵害了乙的身体权，乙有权依法请求甲承担民事责任。

（2）以符合法律规定的方式处置自己身体的组成部分。例如，自然人有权按照自己的意志在死后将眼角膜捐献给他人。

> 【例5-4】《民法典》第一千零六条第一款规定："完全民事行为能力人有权依法自主决定无偿捐献其人体细胞、人体组织、人体器官、遗体。任何组织或者个人不得强迫、欺骗、利诱其捐献。"同时，《民法典》第一千零七条第一款规定："禁止以任何形式买卖人体细胞、人体组织、人体器官、遗体。"前一款规定表明自然人有权自主处分自己的细胞、组织、器官、遗体，后一款规定则对这种处分权做出了限制。

（三）健康权

《民法典》第一千零四条规定："自然人享有健康权。自然人的身心健康受法律保护。任何组织或者个人不得侵害他人的健康权。"健康权是指自然人依法享有的，维持其身体外部、内部的生理机能的正常运作和功能的正常发挥，并保持良好、稳定的心理状态的权利。

健康权的内容主要包括以下几个方面。

（1）自然人有权维护自己的身心健康，在身体机能出现异常时有权请求并接受治疗。

（2）对于他人非法损害自身健康的行为，自然人有权予以制止或者寻求司法救济。在健康权遭受他人不法侵害，甚至影响到劳动能力时，自然人有权请求行为人赔偿。

（3）自然人有权通过劳动和其他合法方式提升自己的健康水平，并对自己的健康利益进行支配。

二、姓名权和名称权

（一）姓名权

《民法典》第一千零一十二条规定："自然人享有姓名权，有权依法决定、使用、变更或者许可他人使用自己的姓名，但是不得违背公序良俗。"姓名权是指自然人依法享有的按照自己的意志决定、使用、变更或者许可他人使用自己的姓名，同时禁止他人干涉、盗用、假冒的权利。这里的"姓名"是指在一定地域范围内或者领域内能够明确无误地指向特定自然人的称谓，既包括正式姓名，即户口簿上记载的姓名，也包括具有一定社会知名度，被他人使用足以造成公众混淆的笔名、艺名、网名、译名和姓名简称等。

姓名权的内容主要包括姓名决定权、姓名使用权、姓名变更权和许可使用权。

1. 姓名决定权

自然人有权决定自己的姓名。在现实生活中，自然人的姓名在自然人出生时就由其法定监护人予以确定并用于申报户口登记，即姓名决定权由法定监护人依法代为行使。自然人在具备完全民事行为能力后，既可以以认可的方式继续沿用法定监护人依法代为确定的姓名，也可以依法重新确定自己的姓名。同时，自然人还可以为自己选择笔名、艺名、网名、译名和姓名简称等正式姓名以外的其他称谓。

> **法律锦囊**
>
> 从法律角度看，无论是姓氏，还是名字，自然人都可以自主决定。但在现实生活中，姓氏的确定实际上受到一定限制。《民法典》第一千零一十五条规定："自然人应当随父姓或者母姓，但是有下列情形之一的，可以在父姓和母姓之外选取姓氏：（一）选取其他直系长辈血亲的姓氏；（二）因由法定扶养人以外的人扶养而选取扶养人姓氏；（三）有不违背公序良俗的其他正当理由。少数民族自然人的姓氏可以遵从本民族的文化传统和风俗习惯。"

2. 姓名使用权

自然人有权自主地在各种场合标示、签署、声称或容许他人称呼自己的姓名。在具体使用过程中，自然人既可以使用正式姓名，也可以使用笔名、艺名、网名、译名和姓名简称等。但是，在一些法律有具体规定的场合，自然人应当按照规定使用姓名。例如，自然人在开立银行账户时，必须使用正式姓名。

3. 姓名变更权

自然人有权放弃原来使用的姓名，启用新的姓名。姓名变更权实质上是姓名决定权的延伸。需要注意的是，姓名变更权的行使受到一定限制，对正式姓名的变更必须符合相关规定，要到户口登记机构办理必要的变更手续。《民法典》第一千零一十六条第一款规定："自然人决定、变更姓名，或者法人、非法人组织决定、变更、转让名称的，应当依法向有关机关办理登记手续，但是法律另有规定的除外。"

4. 许可使用权

自然人有权按照自己的意志允许他人使用自己的姓名，如允许他人将自己的姓名用作商标等。若行为人未经许可擅自使用他人姓名，则行为人侵害了他人的姓名权。

【例5-5】甲、乙系父子关系。乙在注册公司时，将其父甲登记为股东之一，后被甲发现。因甲不同意，双方发生争执并诉至人民法院。在此情形下，乙未经甲同意，擅自使用甲的姓名，侵害了甲的姓名权。

知 法 用 法

高甲患有精神病，其父高乙为法定监护人。2018年，高甲与陈丙经人介绍认识，同年12月高甲与陈丙登记结婚，2020年生育一子高小甲。2023年，因家庭纠纷，陈丙将一直由其抚养的高小甲的户口迁往自己的原籍，并将高小甲的姓名改为陈小丙。高乙对此提出异议。

讨论：陈丙为高小甲改名的行为是否侵害了自然人的姓名权？为什么？

（二）名称权

《民法典》第一千零一十三条规定："法人、非法人组织享有名称权，有权依法决定、使用、变更、转让或者许可他人使用自己的名称。"名称权是指法人和非法人组织依法享有的按照自己的意志决定、使用、变更、转让或者许可他人使用自己的名称，同时禁止他人干涉、盗用、假冒的权利。这里的"名称"是指法人和非法人组织在社会活动中，用以确定和代表自身，并区别于他人的文字符号，如"中国建筑第三工程局有限公司""湖北盐业集团有限公司"等。

【例5-6】A公司在获得B公司的客户名单后，以B公司的名义与B公司的客户进行交易。在此情形下，A公司冒用B公司的名称，侵害了B公司的名称权。

名称权是相对于姓名权而言的，名称权的权利主体为法人和非法人组织，而姓名权的权利主体为自然人。名称权的内容主要包括名称设定权、名称使用权、名称变更权、名称转让权和许可使用权，与姓名权的内容具有极大的相似性，在此不再赘述。

三、肖像权

《民法典》第一千零一十八条第一款规定："自然人享有肖像权，有权依法制作、使用、公开或者许可他人使用自己的肖像。"肖像权是指自然人依法享有的，以自己的肖像所体现的精神利益和物质利益为内容的排他性权利。这里的"肖像"是指通过影像、雕塑、绘画等方式在一定载体上所反映的特定自然人可以被识别的外部形象，如图5-3所示。

图 5-3　肖像

肖像权的内容主要包括以下几个方面。

（1）肖像制作权。自然人有权借助一定的物质载体，通过一定的艺术形式制作自己的肖像，他人不得干涉。未经肖像权人同意，他人不得制作其肖像。

（2）肖像使用权。自然人有权决定是否在书籍、报刊、电影、互联网等载体中使用自己的肖像，以获得精神利益和物质利益。

（3）肖像公开权。自然人有权按照自己的意志将自己的肖像公之于众。未经肖像权人同意，他人不得公开其肖像。

【例5-7】摄影爱好者甲为好友乙拍摄了一组生活照。后甲未经乙同意将乙的生活照上传至社交媒体。在此情形下，甲擅自公开乙的生活照，侵害了乙的肖像权。

（4）许可使用权。自然人有权按照自己的意志允许他人以发表、复制、发行、出租、展览等方式使用自己的肖像。未经肖像权人同意，他人不得使用其肖像。

【例5-8】演员甲因一部儿童电视剧而出名，A公司未经甲许可，将印有甲表演形象的宣传海报大量用于玩具、文具等产品的包装上。在此情形下，A公司擅自使用甲的表演形象，侵害了甲的肖像权。

法 苑 广 角

不属于侵害肖像权的行为

《民法典》第一千零二十条规定："合理实施下列行为的，可以不经肖像权人同意：（一）为个人学习、艺术欣赏、课堂教学或者科学研究，在必要范围内使用肖像权人已经公开的肖像；（二）为实施新闻报道，不可避免地制作、使用、公开肖像权人的肖像；

（三）为依法履行职责，国家机关在必要范围内制作、使用、公开肖像权人的肖像；

（四）为展示特定公共环境，不可避免地制作、使用、公开肖像权人的肖像；（五）为维护公共利益或者肖像权人合法权益，制作、使用、公开肖像权人的肖像的其他行为。"

四、名誉权和荣誉权

（一）名誉权

《民法典》第一千零二十四条第一款规定："民事主体享有名誉权。任何组织或者个人不得以侮辱、诽谤等方式侵害他人的名誉权。"名誉权是指自然人或法人、非法人组织对自身名誉所享有的不受非法侵害的权利。这里的"名誉"是指对民事主体的品德、声望、才能、信用等的社会评价。

名誉权的内容主要包括以下两个方面。

（1）名誉维护权。一方面，民事主体有权通过自己的积极努力，不断提高自己的人格美誉度，从而获得正面、积极的社会评价；另一方面，对于他人损害自己名誉的行为，民事主体有权要求行为人停止损害或者寻求司法救济，使自己受到损害的名誉得到恢复。

【例5-9】原告甲为案外人乙向被告A银行申请的贷款提供连带担保。2022年，人民法院判决甲的担保责任被免除。2023年，甲在查询个人信用信息时，发现自己有不良征信记录，遂向A银行提出书面异议，并申请消除不良征信记录。但A银行在收到甲提出的异议后并未上报，导致甲的不良征信记录一直未消除，甲在办理信用卡、贷款等金融活动中也受到了限制。甲遂寻求司法救济，将A银行诉至人民法院，要求A银行协助消除自己的不良征信记录，登报赔礼道歉，消除影响，并赔偿精神损失和名誉损失费。

（2）名誉利益支配权。名誉利益是精神利益与物质利益的综合体。民事主体有权利用自己良好的名誉参与各种社会活动，以实现自己的社会价值，获得精神利益；同时还有权利用自己良好的名誉获得低息贷款、更好的就业机会等物质利益。

法律锦囊

侵害名誉权的行为主要包括两类：① 以侮辱方式损害他人名誉，即以语言、文字或暴力侮辱等，对他人进行人身攻击，贬损他人人格；② 以诽谤方式损害他人名誉，即以捏造、散布虚假事实等方式造成他人社会评价降低。

在现实生活中，比较常见的侵害他人名誉权的行为主要有以下几种：① 发布严重失实的新闻报道，导致他人社会评价降低；② 在文学作品中虚构事实，对他人进行诽谤；③ 在互联网上传播谣言，对他人生活造成困扰。

（二）荣誉权

《民法典》第一千零三十一条第一款规定："民事主体享有荣誉权。任何组织或者个人不得非法剥夺他人的荣誉称号，不得诋毁、贬损他人的荣誉。"荣誉权是指自然人或法人、非法人组织对自己获得的荣誉所享有的维护并享受其利益，不受非法剥夺和其他形式侵害的权利。这里的"荣誉"是指国家或其他组织通过颁发荣誉证书（见图 5-4）、嘉奖等形式，给予有贡献、成就的自然人或法人、非法人组织的一种赞誉、表扬，如"先进工作者""优秀教师""劳动模范""文明单位"等荣誉称号。

图 5-4　荣誉证书

荣誉权的内容主要包括以下两个方面。

（1）荣誉保持权。民事主体有权保持自己的荣誉归自己享有，并排除他人侵害。一方面，民事主体获得的荣誉非经法定程序不得被任意取消或剥夺。另一方面，对于侵害自身荣誉权的行为，民事主体有权予以制止或者寻求司法救济。

> **法律锦囊**
>
> 《民法典》第一千零三十一条第二款规定："获得的荣誉称号应当记载而没有记载的，民事主体可以请求记载；获得的荣誉称号记载错误的，民事主体可以请求更正。"

（2）荣誉利益支配权。民事主体有权在不违反法律规定和不违背公序良俗的情况下对自己所获得的荣誉加以利用，以获得合法利益。例如，求职者可以在简历中写明自己获得的荣誉，以获得更多、更好的就业机会；企业可以在广告中强调产品获得的荣誉，以提高市场竞争力。

五、隐私权和个人信息保护

（一）隐私权

《民法典》第一千零三十二条第一款规定："自然人享有隐私权。任何组织或者个人不得以刺探、侵扰、泄露、公开等方式侵害他人的隐私权。"隐私权是指自然人依法享有的不公开与其私人生活有关的事实和秘密的权利。这里的"隐私"是指自然人的私人生活安宁和不愿为他人知晓的私密空间、私密活动、私密信息。

隐私权的内容主要包括以下几个方面。

（1）隐私维护权。自然人有权采取合法的措施对个人隐私加以保护，以维护自己的人格尊严，实现内心的安宁。对于侵害个人隐私权的行为，自然人有权予以制止或寻求司法救济。

（2）隐私利用权。自然人有权利用自己的隐私（如以自己的私人生活为内容写自传等）获得精神利益或物质利益。当然，隐私利用权的行使要受到一定限制，即不得违反法律规定和违背公序良俗。

（3）隐私支配权。自然人有权对自己的隐私加以处置，包括公开自己的隐私，准许他人了解自己的隐私，允许他人利用自己的隐私等。处置的方式由权利人自行决定，但必须以不损害公共利益为前提。

法律锦囊

《民法典》第一千零三十三条规定了侵害隐私权的行为，具体包括以下几种：① 以电话、短信、即时通信工具、电子邮件、传单等方式侵扰他人的私人生活安宁；② 进入、拍摄、窥视他人的住宅、宾馆房间等私密空间；③ 拍摄、窥视、窃听、公开他人的私密活动；④ 拍摄、窥视他人身体的私密部位；⑤ 处理他人的私密信息；⑥ 以其他方式侵害他人的隐私权。

以案释法

可视门铃侵害邻居隐私权案

● 基本案情：

原、被告系同一小区前后楼栋的邻居，两家最近距离不足20米。在小区已有安防监控设备的基础上，被告为随时监测住宅周边的情况，在其入户门上安装了一款可识别人脸、自动拍摄并存储视频的可视门铃（见图5-5），摄像头位置正对原告等前栋楼多家住户的卧室和阳台。

原告认为，被告可通过手机App操控可视门铃长期监控原告住宅，侵犯其隐私，导致其生活不得安宁。被告认为，可视门铃的感应距离仅为3米，拍摄到的有关原告住宅的画面模糊不清，不构成侵犯隐私，加之其从未有窥探原告的意图，对方应予理解，因此被告不同意拆除或移除可视门铃。后原告诉至人民法院，请求判令被告拆除可视门铃、赔礼道歉并赔偿财产损失及精神损害抚慰金。

图 5-5　可视门铃

> ● 裁决结果：
>
> 人民法院经审理认为，被告虽是在自有空间内安装可视门铃，但设备拍摄范围超出其自有空间，摄入了原告的住宅画面。而住宅具有私密性，是个人生活安宁的起点和基础。可视门铃能够通过人脸识别、后台操控双重模式启动拍摄，并可长期录制视频并存储，加之原、被告长期近距离相处，为辨认影像提供了可能，使得被告以此获取原告住宅内的私密信息现实可行，原告的生活安宁确实将受到侵扰。因此，被告安装可视门铃的行为已侵害了原告的隐私权。
>
> 被告辩称其没有侵犯原告隐私的主观意图，原告应予理解等意见，于法无据，人民法院不予采纳。因无充分证据证明原告因被告的行为产生实际精神损失与物质损失，故人民法院支持了原告要求被告拆除可视门铃的诉讼请求，而对其赔礼道歉和赔偿损失的请求未予支持。
>
> （资料来源：韩绪光，《民法典颁布后人格权司法保护典型民事案例》，最高人民法院网，2022年4月11日）

（二）个人信息保护

《民法典》第一千零三十四条第一款规定："自然人的个人信息受法律保护。"个人信息保护是我国《民法典》针对网络时代个人信息权益易受到侵害的现状而规定的一种新型人格权。这里的"个人信息"是指以电子或者其他方式记录的能够单独或者与其他信息结合识别特定自然人的各种信息，包括自然人的姓名、出生日期、身份证件号码、生物识别信息（如指纹等）、住址、电话号码、电子邮箱、健康信息、行踪信息等。

自然人对其个人信息所享有的民事权益主要包括以下几个方面。

（1）信息决定权。自然人有权控制与支配自己的个人信息，并自行决定个人信息能否被收集、使用、公开、加工、传输等，以及以何种目的、方式、范围收集、使用、公开、加工、传输等。

（2）信息查询权。自然人有权向信息处理者查阅或者复制自己的个人信息，以了解个人信息被收集、处理与利用的具体情况，如个人信息是否完整、准确等。

（3）信息修改权。对于本人的不完整、不准确的个人信息，自然人有权向信息处理者提出异议，并请求其及时采取更正、补充、删除等必要措施。

（4）信息安全权。信息处理者不得泄露或者篡改其收集、存储的个人信息；未经自然人同意，不得向他人非法提供其个人信息，但是经过加工无法识别特定个人且不能复原的除外。此外，信息处理者应当采取技术措施和其他必要措施，确保其收集、存储的个人信息安全，防止信息泄露、篡改、丢失；发生或者可能发生个人信息泄露、篡改、丢失的，应当及时采取补救措施，按照规定告知自然人并向有关主管部门报告。

【例5-10】A房地产公司将在售房过程中收集到的购房者的姓名、身份证件号码、电话号码、住址等信息售卖给他人。在此情形下，A房地产公司未经购房者同意售卖其个人信息，侵害了购房者的个人信息权益。

任务实施

人格权侵权纠纷判一判

任务描述

【案例一】被告某生物科技公司在其微信公众号上发布的一篇商业推广文章中，使用了一张经过模糊处理的知名艺人甲的人像照片。文章中介绍该公司即将迎来一位神秘"蓝朋友"，并提供了大量具有明显指向性的人物线索。此外，该文章的评论区中有大量留言均提及甲的姓名或网络昵称。原告甲认为被告侵害其肖像权，遂诉至人民法院，要求被告立即删除相关文章、公开赔礼道歉、赔偿经济损失等。被告认为，经过模糊处理的人像照片未体现五官特征，社会公众不能通过其辨识出性别、年龄、身份等个人特征，因此该照片不具备肖像的属性。被告据此辩称其未侵害原告的肖像权。

【案例二】被告向某云与原告向某衫（未成年人）之母郑某离婚后，约定由母亲郑某抚养原告。原告随郑某生活后，郑某将其姓名变更为"郑某文"。原告一直使用"郑某文"生活、学习，以"郑某文"之名参加数学、美术、拉丁舞比赛，并多次获奖。几年后，被告向某云向派出所申请将原告姓名变更回"向某衫"。原告姓名变更回"向某衫"后，其生活、学习均受到了一定影响。原告及其母亲郑某与被告向某云协商未果，原告遂诉至人民法院，请求判令被告配合将原告姓名变更为"郑某文"。在审理此案的过程中，原告到庭明确表示，愿意继续使用"郑某文"这一姓名生活。

实施流程

（1）学生自由分组，每组4~6人，并选出一名小组长。

（2）每个小组从上述案例中选择一个，依据《民法典》人格权编的有关规定，讨论人民法院是否应该支持原告的诉讼请求，并详细说明理由。

（3）小组长汇总讨论结果，并在课堂上分享。

（4）教师对各小组的表现进行评价。

学习成果自测

1. 填空题

（1）人格权的客体是_____。

（2）_____是自然人所享有的最重要、最基本的人格权。

（3）荣誉权的内容主要包括_____和_____。

（4）隐私权是指自然人依法享有的不公开与其_____有关的事实和秘密的权利。

2. 选择题

（1）甲偷剪乙的头发，侵害了乙的（　　）。
　　A．身体权　　　　　　　　B．名誉权
　　C．健康权　　　　　　　　D．生命权

（2）以下选项中，（　　）不属于姓名权的内容。
　　A．姓名决定权　　　　　　B．姓名使用权
　　C．姓名变更权　　　　　　D．姓名转让权

（3）以下选项中，（　　）属于法人或非法人组织独享的权利。
　　A．姓名权　　　　　　　　B．名称权
　　C．荣誉权　　　　　　　　D．名誉权

（4）银行机构错误报送个人信用信息，给当事人在金融机构融资带来了极大影响，这实质上已经侵害了当事人的（　　）。
　　A．隐私权　　　　　　　　B．名称权
　　C．荣誉权　　　　　　　　D．名誉权

（5）甲因出售公民个人信息被判刑，乙的姓名、身份证件号码、住址等信息也在其中。以下选项中，正确的是（　　）。
　　A．甲侵害了乙的身份权
　　B．甲侵害了乙的名誉权
　　C．甲侵害了乙对其个人信息享有的民事权益
　　D．甲侵害了乙的姓名权

3. 判断题

（1）人格权法律关系的主体包括自然人和法人、非法人组织。（　　）

（2）一般人格权的内容不仅包括具体人格权的内容，还包括具体人格权无法概括的内容。（　　）

（3）自然人享有身体权，有权支配自己的器官。因此，自然人可自由买卖自己的器官。（　　）

4．简答题

（1）在人格权法律关系中，权利主体享有哪些权利？

（2）简述一般人格权的特征。

（3）简述隐私权的内容。

（4）简述自然人对其个人信息所享有的民事权益。

学习成果评价

请进行学习成果评价，并将评价结果填入表 5-1 中。

表 5-1　学习成果评价表

班级		组号		日期	
姓名		学号		指导教师	
项目名称		人格权			
评价项目	评价内容		分值	自我评分	教师评分
知识（40%）	人格权的概念		10		
	人格权的法律关系		10		
	人格权的分类		5		
	各项具体人格权的概念和内容		15		
技能（40%）	能够利用所学知识分析具体案例		20		
	能够查阅《民法典》，找寻具体法条		20		
素养（20%）	具备良好的学习态度		5		
	具备团队精神		5		
	增强社会责任感		5		
	提升法治素养		5		

表 5-1（续）

评价项目	评价内容	分值	自我评分	教师评分
	合计	100		
	总分（自我评分×40%+教师评分×60%）			
自我评价				
教师评价				

项目六

婚姻家庭和继承

 项目引言

婚姻家庭关系是基于婚姻关系、血缘关系和扶养关系而形成的。婚姻家庭法作为调整婚姻家庭关系的法律规范，在维护平等、和睦的婚姻家庭关系方面发挥着重要作用。继承制度是关于自然人死亡后财富传承的基本制度。随着我国家庭结构、继承观念等的变化，我国继承制度不断完善，以满足人民群众处理遗产的现实需要。

 知识目标

- 理解婚姻家庭法的基本原则、亲属的概念和范围。
- 熟悉结婚、家庭关系、离婚、收养的相关知识。
- 熟悉继承法的基本原则，继承权、法定继承、遗嘱继承和遗赠、遗产处理的相关知识。

 素质目标

- 树立正确的婚姻家庭观，致力于推进家庭家教家风建设高质量发展。
- 通过学习继承法的相关知识，更加深入地理解社会公平和正义的内涵，从而在社会生活中更加积极地维护公平和正义。

任务一 认识婚姻家庭

任务导入

刘某和王某自由恋爱，于2015年举行结婚仪式，但并未办理结婚登记。举行结婚仪式后，双方开始共同生活。同年底，王某生育一女，取名为刘小某。

自2020年起，因生活琐事，刘某和王某经常争吵。2022年4月起，刘某搬到其哥哥家居住，不再回家，不再将每月工资交给王某，也不支付女儿刘小某的抚养费。王某只能靠自己微薄的收入勉强维持母女二人的日常生活。

王某和刘小某所住房屋系刘某在婚前购买的商品房。刘某要求王某搬出该房，并把女儿交由他抚养。但王某不同意刘某的主张，坚决要求与女儿刘小某共同生活，双方无法达成一致意见。

思考：

（1）刘某和王某的婚姻关系成立吗？

（2）刘某对刘小某有支付抚养费的义务吗？

（3）商品房是刘某和王某的共同财产吗？

一、婚姻家庭法的基本原则

《民法典》第一千零四十一条的规定集中体现了婚姻家庭法的基本原则，具体如下。

（一）婚姻家庭受国家保护原则

婚姻家庭受国家保护，首先是《宪法》中规定的。《宪法》第四十九条第一款规定："婚姻、家庭、母亲和儿童受国家的保护。"根据《宪法》中的这一规定，《民法典》中对此也做出了规定，从而为婚姻家庭提供了保障，确保夫妻双方的合法权利义务得到法律支持。

（二）婚姻自由原则

婚姻自由包括结婚自由和离婚自由两个方面，是指自然人有权依据法定的条件和程序，根据个人意愿建立或解除婚姻关系，任何组织或者个人不得干涉。《民法典》第一千零四十二条第一款规定："禁止包办、买卖婚姻和其他干涉婚姻自由的行为。禁止借婚姻索取财物。"

法律锦囊

买卖婚姻和借婚姻索取财物都是以索取一定数量的财物为结婚条件,两者的区别如下:买卖婚姻是指把妇女的人身作为商品,索取嫁女的身价,或者贩卖妇女,强迫他人结婚;借婚姻索取财物则不存在强迫他人结婚的问题,其表现形式多样,如男女双方自愿结婚,但女方父母向男方索取一定财物,以此作为同意女儿出嫁的条件。

(三)一夫一妻原则

一夫一妻是指一男一女结为夫妻,任何自然人只应有一个配偶,不得同时有两个或更多的配偶。《民法典》第一千零四十二条第二款规定:"禁止重婚。禁止有配偶者与他人同居。"

(四)男女平等原则

男女平等是指男女双方在婚姻家庭生活各方面都享有平等的权利,负有平等的义务。例如,男女双方都享有结婚自由和离婚自由的权利,在人身关系和财产关系方面、赡养父母和教育子女方面的权利和义务也是平等的。

(五)保护妇女、未成年人、老年人、残疾人的合法权益原则

保护妇女、未成年人、老年人、残疾人的合法权益,是婚姻家庭法保护弱势群体的重要体现。例如,《民法典》第一千零八十二条规定:"女方在怀孕期间、分娩后一年内或者终止妊娠后六个月内,男方不得提出离婚;但是,女方提出离婚或者人民法院认为确有必要受理男方离婚请求的除外。"《民法典》第一千零四十二条第三款规定:"禁止家庭暴力。禁止家庭成员间的虐待和遗弃。"

二、亲属的概念和范围

《民法典》第一千零四十五条规定:"亲属包括配偶、血亲和姻亲。配偶、父母、子女、兄弟姐妹、祖父母、外祖父母、孙子女、外孙子女为近亲属。配偶、父母、子女和其他共同生活的近亲属为家庭成员。"下面具体介绍配偶、血亲和姻亲。

(一)配偶

配偶是指男女双方因结婚而形成的亲属关系,也是血亲与姻亲赖以形成的基础。婚姻关系存续期间,丈夫以妻子为配偶,妻子以丈夫为配偶。

(二)血亲

血亲是指有血缘关系或法律规定视同有血缘关系的亲属。根据血缘来源的不同,血亲可

分为自然血亲和法律拟制血亲两种。

1. 自然血亲

自然血亲是指出于同一祖先，有自然血缘关系的亲属，如父母子女，兄弟姐妹，祖父母与孙子女，外祖父母与外孙子女，伯、叔、姑与侄子、侄女，舅、姨与外甥、外甥女等。

2. 法律拟制血亲

法律拟制血亲是指没有血缘关系，但法律确定其权利义务与血亲相同的亲属。我国的法律拟制血亲主要包括养父母与养子女、继父母与受其抚养教育的继子女等，他们之间的权利义务关系和亲生父母子女相同。

（三）姻亲

姻亲是指以婚姻关系为中介而形成的亲属，主要包括以下几种：① 血亲的配偶，如儿媳、女婿、姐夫、姨父等；② 配偶的血亲，如岳父母、公婆、丈夫或妻子的兄弟姐妹等；③ 配偶的血亲的配偶，如连襟、妯娌等。

> **法律锦囊**
>
> 连襟是指姐妹的丈夫之间的互称或合称。妯娌是指兄弟的妻子之间的互称或合称。

姻亲只有在法律特别规定的情况下才具有某种权利义务。例如，丧偶儿媳对公婆，丧偶女婿对岳父母，尽了主要赡养义务的，可作为第一顺序继承人继承公婆或岳父母的遗产。

三、结婚

结婚是指男女双方依照法律规定的条件与程序确立夫妻关系的法律行为。

（一）结婚的要件

为了规范结婚行为，协调国家、社会与公民的利益，我国法律规定了结婚的要件，包括实质要件和形式要件。

1. 实质要件

结婚的实质要件是指法律规定的涉及婚姻当事人和双方关系本质的要件，包括必备要件和禁止要件。

（1）必备要件

结婚的必备要件是指当事人结婚时必须具备的、不可缺少的条件。根据《民法典》婚姻家庭编的规定，结婚的必备要件有以下两个。

1）男女双方完全自愿。《民法典》第一千零四十六条规定："结婚应当男女双方完全自愿，禁止任何一方对另一方加以强迫，禁止任何组织或者个人加以干涉。"认定男女双方完全自愿的依据如下：① 意思表示真实，结婚是当事人本人自主的意思表示，是本人而不是父母或者其他人的意愿，是双方自愿而不是单方自愿，是完全自愿而不是勉强同意；② 当事人必须具备结婚的行为能力，能够独立、有效地实施结婚行为，并能完全辨认和承担自己行为的后果。

2）男女双方均达到法定婚龄。法定婚龄是指法律规定的男女双方可以结婚的最低年龄，具有强制性。《民法典》第一千零四十七条规定："结婚年龄，男不得早于二十二周岁，女不得早于二十周岁。"男女双方必须达到法定婚龄才允许结婚，在此年龄以下不允许结婚。

（2）禁止要件

结婚的禁止要件即结婚必须排除的条件。根据《民法典》婚姻家庭编的规定，结婚的禁止要件有以下两个。

1）重婚。重婚是指有配偶者与他人结婚或以夫妻名义共同生活的行为。也就是说，只有无配偶者才具有结婚的资格。无配偶只有未婚、丧偶和离婚三种情况。具有合法婚姻关系的当事人，只有在配偶死亡或离婚以后，才能再婚。

2）男女双方有禁止结婚的亲属关系。《民法典》第一千零四十八条规定："直系血亲或者三代以内的旁系血亲禁止结婚。"直系血亲是指有直接血缘关系的血亲，即生育自己与自己生育的上下各代血亲。父母、祖父母、外祖父母等为长辈直系血亲，子女、孙子女、外孙子女等为晚辈直系血亲。旁系血亲是指与自己有着共同血缘关系，但没有直接生育关系的血亲。三代以内的旁系血亲是指出自同一祖父母、外祖父母的旁系血亲，如兄弟姐妹，伯、叔、姑与侄子、侄女，舅、姨与外甥、外甥女等。综上所述，直系血亲和三代以内的旁系血亲的范围如图 6-1 所示。

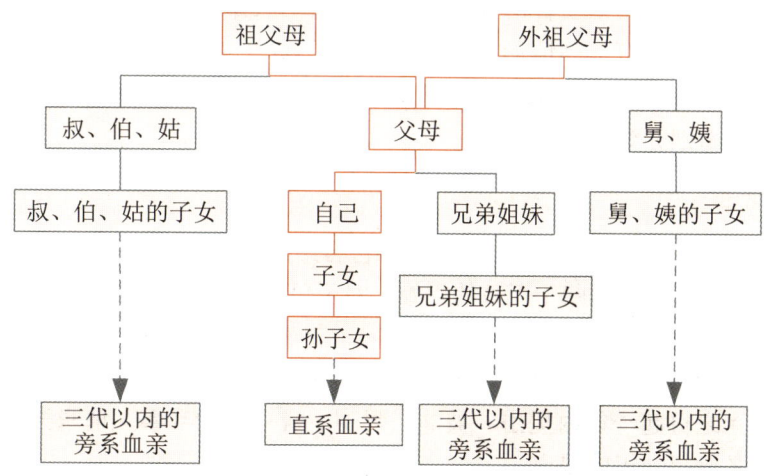

图 6-1　直系血亲和三代以内的旁系血亲的范围

实用民法教程

> 【例6-1】甲和乙是堂兄妹，彼此知根知底，到了法定婚龄后决定结婚，长辈们也非常赞同这桩"亲上加亲"的喜事。但甲和乙到婚姻登记机关办理结婚登记时，得知堂兄妹不得结婚。双方经商量后决定终身不生育，并写了保证书。但根据《民法典》和《婚姻登记条例》的规定，他们不符合结婚的实质要件，决定不生育的保证书没有法律效力，也不能作为结婚登记的附加条件。

2. 形式要件

结婚的形式要件又称结婚的程序，是指确立婚姻关系所应当具备的法定形式。未经法定程序确立的婚姻关系不被社会所承认，也不具有相应的法律效力。

我国实行结婚登记制，符合结婚实质要件的男女双方应依法到国家授权的机关办理结婚登记。《民法典》第一千零四十九条规定："要求结婚的男女双方应当亲自到婚姻登记机关申请结婚登记。符合本法规定的，予以登记，发给结婚证。完成结婚登记，即确立婚姻关系。未办理结婚登记的，应当补办登记。"

法律锦囊

> 男女双方是否举行结婚仪式，由婚姻当事人自由决定，法律并无特别要求。但是，结婚仪式并不能代替结婚登记，举行结婚仪式不代表双方确立婚姻关系。

（二）无效婚姻和可撤销婚姻

1. 无效婚姻

无效婚姻是指不符合结婚要件的、从始至终不产生法律效力的婚姻。根据《民法典》第一千零五十一条的规定，有下列情形之一的，婚姻无效：① 重婚；② 有禁止结婚的亲属关系；③ 未到法定婚龄。我国对无效婚姻采用宣告无效制度，当事人或利害关系人必须到人民法院提起要求宣告婚姻无效的申请。

2. 可撤销婚姻

可撤销婚姻是指婚姻关系虽已确立，但因不符合结婚的要件，如利益受损的一方行使撤销权，则使婚姻的法律效力自始归于无效的婚姻。对于可撤销婚姻，《民法典》第一千零五十二条、第一千零五十三条做出如下规定。

（1）因胁迫结婚的，受胁迫的一方可以向人民法院请求撤销婚姻。请求撤销婚姻的，应当自胁迫行为终止之日起一年内提出。被非法限制人身自由的当事人请求撤销婚姻的，应当自恢复人身自由之日起一年内提出。

（2）一方患有重大疾病的，应当在结婚登记前如实告知另一方；不如实告知的，另一方可以向人民法院请求撤销婚姻。请求撤销婚姻的，应当自知道或者应当知道撤销事由之日起一年内提出。

法苑广角

无效婚姻与可撤销婚姻的区别

（1）无效婚姻不符合结婚要件，当事人要么已有配偶，要么有禁止结婚的亲属关系，要么未达到法定婚龄；可撤销婚姻是当事人被胁迫或者被对方隐瞒重大疾病导致认知错误而形成的。

（2）对于无效婚姻，当事人、利害关系人和相关组织都可以申请无效，人民法院可依法宣告无效；可撤销婚姻只有当事人可申请撤销，人民法院必须依当事人的申请予以撤销。

（3）无效婚姻的宣告没有时间限制，人民法院可根据实际情况判决是否宣告婚姻无效；可撤销婚姻的当事人必须在规定时间内提出撤销婚姻的申请。

3. 无效婚姻与可撤销婚姻的法律后果

《民法典》第一千零五十四条规定："无效的或者被撤销的婚姻自始没有法律约束力，当事人不具有夫妻的权利和义务。同居期间所得的财产，由当事人协议处理；协议不成的，由人民法院根据照顾无过错方的原则判决。对重婚导致的无效婚姻的财产处理，不得侵害合法婚姻当事人的财产权益。当事人所生的子女，适用本法关于父母子女的规定。婚姻无效或者被撤销的，无过错方有权请求损害赔偿。"

以案释法

上海市松江区首例适用《民法典》撤销婚姻关系案宣判

● 基本案情：

原告王某与被告李某于2018年5月登记结婚，其间未生育子女。2021年12月，李某因涉嫌开设赌场罪被公安机关拘留。拘留期间，狱警告知王某，李某需要服用治疗艾滋病的药物，王某这才得知丈夫李某早在2011年就已被确诊艾滋病。随即，王某做了相关检查，虽然检查报告显示她未患艾滋病，但此事已对她的身心造成了极大的伤害。2022年10月，王某向松江区人民法院提出申请，要求撤销婚姻。

● 裁决结果：

松江区人民法院审理后认为，李某未在婚前告知患病事实，因此支持王某的诉求。

需要注意的是，虽然婚姻被判撤销，但王某仍然可以主张自己应有的权益，如要求分割同居期间所得的财产等。

（资料来源：陈菲茜，《婚前隐瞒重大疾病！松江首例适用民法典的撤销婚姻关系案，判了！》，上观新闻网，2023年3月21日）

四、家庭关系

家庭关系是指家庭成员之间的权利和义务关系。《民法典》婚姻家庭编调整的家庭关系包括夫妻关系、父母子女关系和其他近亲属关系。

（一）夫妻关系

夫妻关系包括夫妻人身关系和夫妻财产关系。夫妻作为婚姻家庭的核心，在婚姻家庭中地位平等，在人身关系和财产关系两个方面的权利和义务对等。

1. 人身关系

夫妻人身关系是指夫妻之间基于人格和身份形成的无直接物质利益因素的权利义务关系。其主要内容如下。

（1）姓名权。《民法典》第一千零五十六条规定："夫妻双方都有各自使用自己姓名的权利。"这体现了男女平等原则。夫妻享有平等的姓名权，对子女姓氏的确定具有重要意义。根据《民法典》的规定，自然人应当随父姓或者母姓。

（2）人身自由权。人身自由权是夫妻家庭地位平等的重要标志。《民法典》第一千零五十七条规定："夫妻双方都有参加生产、工作、学习和社会活动的自由，一方不得对另一方加以限制或者干涉。"

（3）共同亲权。《民法典》第一千零五十八条规定："夫妻双方平等享有对未成年子女抚养、教育和保护的权利，共同承担对未成年子女抚养、教育和保护的义务。"共同亲权是男女平等原则的具体体现。根据该规定，对未成年子女抚养、教育和保护的权利由夫妻双方平等享有，不允许任何一方剥夺对方的这一权利；同样，对未成年子女抚养、教育和保护的义务由夫妻双方共同承担，不允许任何一方不履行这一义务。

（4）相互扶养的权利和义务。扶养一般是指夫妻双方在物质上与生活上的互相帮助，也可用于平辈（如兄弟姐妹）之间。《民法典》第一千零五十九条规定："夫妻有相互扶养的义务。需要扶养的一方，在另一方不履行扶养义务时，有要求其给付扶养费的权利。"也就是说，夫妻一方既有扶养对方的义务，也享受被对方扶养的权利。

（5）日常家事代理权。《民法典》第一千零六十条规定："夫妻一方因家庭日常生活需要而实施的民事法律行为，对夫妻双方发生效力，但是夫妻一方与相对人另有约定的除外。夫妻之间对一方可以实施的民事法律行为范围的限制，不得对抗善意相对人。"

> **法律锦囊**
>
> "夫妻之间对一方可以实施的民事法律行为范围的限制"是指限制一方可以独立实施的日常家事行为。重大家事属于应当由夫妻双方共同决定、不能由一方独立实施的事项，不在限制范围内。

"不得对抗善意相对人"是指该限制对善意相对人不产生效力。善意相对人需要具备两个条件：一是不知道夫妻一方被限制日常家事代理权；二是无法判断被限制夫妻一方的行为属于滥用家事代理权。

（6）配偶继承权。配偶继承权是指夫妻相互为对方遗产的法定继承人。《民法典》第一千零六十一条规定："夫妻有相互继承遗产的权利。"

2. 财产关系

夫妻财产关系是指基于物质利益而形成的权利义务关系。它是基于夫妻人身关系而产生的，直接体现一定的经济内容，具体包括财产和债务两个方面。

（1）财产。根据《民法典》婚姻家庭编的规定，我国采用以法定财产制为主，以约定财产制为辅的夫妻财产制，如表 6-1 所示。夫妻双方有财产约定时适用约定财产制，无财产约定或财产约定无效时适用法定财产制。

表 6-1 我国的夫妻财产制

法定财产制		约定财产制
共同财产	夫妻一方的个人财产	
① 工资、奖金、劳务报酬； ② 生产、经营、投资的收益； ③ 知识产权的收益； ④ 继承或者受赠的财产，但是遗嘱或者赠与合同中确定只归一方的财产除外； ⑤ 其他应当归共同所有的财产	① 一方的婚前财产； ② 一方因受到人身损害获得的赔偿或者补偿； ③ 遗嘱或赠与合同中确定只归一方的财产； ④ 一方专用的生活用品； ⑤ 其他应当归一方的财产	男女双方可以约定婚姻关系存续期间所得的财产以及婚前财产归各自所有、共同所有或者部分各自所有、部分共同所有

【例 6-2】甲乙二人离婚诉讼期间，甲的父亲去世，其生前在遗嘱中说明遗产只归甲一人继承。此时遗产尚未实际分割，乙强烈要求分割甲继承的遗产。按照法律规定，甲继承的遗产属于其个人财产，因此乙无权分割。

（2）债务。《民法典》第一千零六十四条规定："夫妻双方共同签名或者夫妻一方事后追认等共同意思表示所负的债务，以及夫妻一方在婚姻关系存续期间以个人名义为家庭日常生活需要所负的债务，属于夫妻共同债务。夫妻一方在婚姻关系存续期间以个人名义超出家庭日常生活需要所负的债务，不属于夫妻共同债务；但是，债权人能够证明该债务用于夫妻共同生活、共同生产经营或者基于夫妻双方共同意思表示的除外。"例如，为了购置家庭生活用品、修缮房屋、生产经营、支付子女学费、夫妻双方或子女治疗疾病、赡养老人等所负的债务都属于夫妻共同债务。

> **知 法 用 法**
> 讨论：夫妻一方在赌博、吸毒等违法犯罪活动中所负的债务属于共同债务吗？为什么？

（二）父母子女关系

父母子女关系是指基于子女出生的事实或法律拟制而形成的父母与子女之间的权利义务关系。其具体内容如下。

1. 父母与子女之间有抚养和赡养义务

《民法典》第一千零六十七条规定："父母不履行抚养义务的，未成年子女或者不能独立生活的成年子女，有要求父母给付抚养费的权利。成年子女不履行赡养义务的，缺乏劳动能力或者生活困难的父母，有要求成年子女给付赡养费的权利。"

父母对未成年子女的抚养是无条件的，在任何情况下都不能免除；而对成年子女的抚养是有条件的，在成年子女没有劳动能力或者出于某种原因不能独立生活时，父母应根据需要和可能，给予成年子女一定的帮助。子女作为赡养人，应当对父母履行经济供养、生活照料和精神慰藉的义务，尽量满足父母的特殊需要。一切有经济能力的子女，对丧失劳动能力、无法维持生活的父母，都应当依法履行赡养义务。

> 【例6-3】甲和乙辛勤劳作，把两个儿子抚养成人。现儿子均已成家立业，甲和乙也已年迈多病，无固定经济来源。几年前，大儿子与甲和乙吵架后，就再未支付过赡养费和医疗费。二儿子表示，父母在分家产的时候偏向大哥，但分到更多家产的大哥也未履行赡养义务，只有重新分配家产，他才愿意履行赡养义务。
> 大儿子、二儿子系完全民事行为能力人，有独立生活能力和一定的经济能力，应当依法履行赡养义务。二儿子抗辩其支付赡养费的前提是重新分配家产，违反法律规定。

2. 父母有教育、保护未成年子女的权利和义务

《民法典》第一千零六十八条规定："父母有教育、保护未成年子女的权利和义务。未成年子女造成他人损害的，父母应当依法承担民事责任。"其中，教育是指父母采用正确的方法对未成年子女进行教导，并对其行为进行必要的约束，以保障其身心健康；保护是指父母应当保护未成年子女的人身安全和合法权益，预防和排除来自外界的危害，使未成年子女处于安全状态。

3. 子女应当尊重父母的婚姻权利

父母有离婚、再婚的权利。《民法典》第一千零六十九条规定："子女应当尊重父母的婚姻权利，不得干涉父母离婚、再婚以及婚后的生活。子女对父母的赡养义务，不因父母的婚姻关系变化而终止。"

4. 父母和子女有相互继承遗产的权利

父母、子女都是第一顺序的继承人。父母可以继承其子女的遗产，子女也可以继承其父母的遗产，这种权利是以双方之间的身份为依据的。父母继承其子女遗产的权利是平等的；子女无论已婚还是未婚，都平等地享有继承其父母遗产的权利。

> **法律锦囊**
>
> 根据我国法律，非婚生子女享有与婚生子女同等的权利，任何组织或者个人不得加以危害和歧视。不直接抚养非婚生子女的生父或者生母，应当负担未成年子女或者不能独立生活的成年子女的抚养费。继父母与继子女间，不得虐待或者歧视。继父或者继母和受其抚养教育的继子女间的权利义务关系，适用于《民法典》关于父母子女关系的规定。

（三）其他近亲属关系

《民法典》婚姻家庭编调整的其他近亲属关系包括祖孙关系和兄弟姐妹关系。

1. 祖孙关系

祖父母、外祖父母与孙子女、外孙子女，是除父母子女以外关系最近的直系血亲。《民法典》第一千零七十四条规定："有负担能力的祖父母、外祖父母，对于父母已经死亡或者父母无力抚养的未成年孙子女、外孙子女，有抚养的义务。有负担能力的孙子女、外孙子女，对于子女已经死亡或者子女无力赡养的祖父母、外祖父母，有赡养的义务。"抚养子女、赡养老人首先是父母的家庭责任，祖父母、外祖父母和孙子女、外孙子女对彼此的抚养、赡养义务是第二位的，是在特殊情况下对父母义务的补充。

2. 兄弟姐妹关系

兄弟姐妹是旁系血亲中关系最近的亲属，包括同胞兄弟姐妹、同父异母或同母异父兄弟姐妹、养兄弟姐妹、继兄弟姐妹。《民法典》第一千零七十五条规定："有负担能力的兄、姐，对于父母已经死亡或者父母无力抚养的未成年弟、妹，有扶养的义务。由兄、姐扶养长大的有负担能力的弟、妹，对于缺乏劳动能力又缺乏生活来源的兄、姐，有扶养的义务。"

> **【例 6-4】** 甲乙二人是亲姐弟，相差 10 岁。甲和乙的父亲去世时甲才 21 岁，在一家纺织厂做女工，乙 11 岁，在小学读书。甲和乙的母亲疾病缠身，没有工作，只能从事简单的家务劳动。甲在父亲去世后，担负起了照顾母亲和弟弟的责任，工资全部用于家庭日常开支。乙在甲的扶养下完成高中学业，毕业后在当地钢铁厂做机修工。
>
> 几年后，甲罹患癌症，无法工作，为治疗癌症已花完积蓄，且仍然面临着高昂的治疗费用。此时，乙应对甲履行扶养义务。

五、离婚

离婚是指男女双方依照法律规定解除婚姻关系的法律行为。

（一）离婚的方式

在我国，离婚的方式有协议离婚和诉讼离婚两种。

1. 协议离婚

协议离婚又称自愿离婚，是指夫妻双方达成离婚合意，经婚姻登记机关审查和批准后解除婚姻关系的方式。根据《民法典》和《婚姻登记条例》的相关规定，协议离婚应当符合下列条件。

（1）双方当事人必须具有完全民事行为能力。也就是说，一方或者双方当事人为限制民事行为能力或者无民事行为能力的，不能采用协议离婚方式。

（2）双方当事人必须达成离婚合意。如果仅有一方要求离婚，只能采用诉讼离婚方式。此外，双方当事人的离婚意愿必须是真实的、自主做出的，不是因为受到欺诈、胁迫或重大误解而形成的。

（3）双方当事人应当签订书面离婚协议，离婚协议应当载明双方自愿离婚的意思表示和对子女抚养、财产、债务处理等事项协商一致的意见。

法苑广角

离婚冷静期

离婚冷静期是指夫妻双方协议离婚时，婚姻登记机关给予的要求双方当事人冷静思考离婚相关问题的法定期限。

根据《民法典》第一千零七十七条的规定，自婚姻登记机关收到离婚登记申请之日起三十日内，任何一方不愿意离婚的，可以向婚姻登记机关撤回离婚登记申请。规定期限届满后三十日内，双方应当亲自到婚姻登记机关申请发给离婚证；未申请的，视为撤回离婚登记申请。本条中规定的三十日即为离婚冷静期。

2. 诉讼离婚

诉讼离婚又称裁判离婚，是指夫妻一方通过提起离婚诉讼来解除双方婚姻关系的方式。《民法典》第一千零七十九条第一款规定："夫妻一方要求离婚的，可以由有关组织进行调解或者直接向人民法院提起离婚诉讼。"具体来说，诉讼离婚适用于以下情形：① 夫妻一方要求离婚，另一方不同意，但夫妻感情确已破裂；② 夫妻双方同意离婚，但在子女抚养、财产及债务处理等问题上不能达成一致意见、做出适当处理。

法律锦囊

离婚调解可分为诉讼外调解和诉讼内调解。诉讼外调解是指由当事人所在单位、群众团体、居民或村民委员会、人民调解委员会等组织与当事人协商，促使当事人就离婚纠纷达成和解协议的活动。诉讼内调解是指由人民法院与当事人协商，促使当事人就离婚纠纷达成和解协议的活动。

诉讼离婚能否成功，取决于人民法院的判决。根据《民法典》第一千零七十九条第三款的规定，有下列情形之一，调解无效的，应当准予离婚：① 重婚或者与他人同居；② 实施家庭暴力或者虐待、遗弃家庭成员；③ 有赌博、吸毒等恶习屡教不改；④ 因感情不和分居满二年；⑤ 其他导致夫妻感情破裂的情形。此外，一方被宣告失踪，另一方提起离婚诉讼的，以及经人民法院判决不准离婚后，双方又分居满一年，一方再次提起离婚诉讼的，也应当准予离婚。

【例 6-5】甲乙婚后时常因家庭琐事发生争执，甲多次打骂乙，乙曾多次向当地公安机关、妇联反映情况，相关部门也多次对甲进行教育，但甲屡教不改。某日，甲再次殴打乙，导致乙受伤住院。乙痊愈出院后，向人民法院起诉要求离婚。人民法院首先对双方进行调解，但调解无效。人民法院审理后认为，甲经常对乙实施家庭暴力，已造成夫妻感情完全破裂，因此准予离婚。

（二）离婚的法律后果

离婚后，夫妻双方的人身关系和财产关系解除。下面具体介绍离婚后的子女抚养、离婚时的财产清算和离婚时的经济补偿。

1. 离婚后的子女抚养

下面从夫妻离婚后父母与子女的关系、对未成年子女的抚养、子女探望权三个方面进行介绍。

（1）父母与子女的关系。在父母离婚后，无论子女随父或随母生活，其与父母之间的权利义务关系都不会变化。《民法典》第一千零八十四条第一款和第二款规定："父母与子女间的关系，不因父母离婚而消除。离婚后，子女无论由父或者母直接抚养，仍是父母双方的子女。离婚后，父母对于子女仍有抚养、教育、保护的权利和义务。"

（2）对未成年子女的抚养。《民法典》第一千零八十四条第三款规定："离婚后，不满两周岁的子女，以由母亲直接抚养为原则。已满两周岁的子女，父母双方对抚养问题协议不成的，由人民法院根据双方的具体情况，按照最有利于未成年子女的原则判决。子女已满八周岁的，应当尊重其真实意愿。"此外，父母离婚后仍负有支付子女抚养费的义务。《民法典》第一千零八十五条第一款规定："离婚后，子女由一方直接抚养的，另一方应当负担部分或者全部抚养费。负担费用的多少和期限的长短，由双方协议；协议不成的，由人民法院判决。"

法律锦囊

不满两周岁的子女更加依赖母亲，因此以由母亲直接抚养为原则。但有下列情形之一的，父亲可以请求由其抚养不满两周岁的子女：① 母亲患有久治不愈的传染性疾病或者其他严重疾病，子女不宜与其共同生活；② 母亲有抚养条件但不尽抚养义务；③ 因其他原因，子女确不宜随母亲生活。

知法用法

甲乙婚后育有一女。双方离婚时约定，女儿由母亲甲抚养，父亲乙每年向甲支付女儿抚养费 20 000 元，直至其年满 18 岁。后来，女儿在满 10 岁时改随母姓。自女儿改姓后，乙便未再按离婚协议支付抚养费。

讨论：乙对女儿的抚养义务是否会随着女儿姓氏的改变而终止？

（3）子女探望权。《民法典》第一千零八十六条规定："离婚后，不直接抚养子女的父或者母，有探望子女的权利，另一方有协助的义务。行使探望权利的方式、时间由当事人协议；协议不成的，由人民法院判决。父或者母探望子女，不利于子女身心健康的，由人民法院依法中止探望；中止的事由消失后，应当恢复探望。"

以案释法

夫妻离婚，孩子抚养权究竟该归谁

● 基本案情：

张某，教师，收入中等，在北京工作 10 余年但一直未在北京落户。张某的丈夫王某系北京本地人，从事互联网行业，收入颇丰。张某因与王某感情破裂，向人民法院提起离婚诉讼，双方就 9 岁女儿王小某的抚养权产生争执。王某主张自己收入丰厚，孩子跟随自己比跟随张某生活更宽裕，未来还能在北京直接入学，享受北京优质的教育资源。

● 裁决结果：

法官在考虑双方抚养能力和抚养意愿的基础上，在没有双方当事人在场的情况下，与王小某进行单独沟通。王小某表示，其日常生活由张某及其母亲照料，而父亲王某沉迷于网络游戏，对自己疏于关心，因此她愿意同母亲张某共同生活。

虽然王某在经济上比张某更有优势，但是在对女儿的陪伴和教育上都有所欠缺。王小某现在一直同张某及其母亲共同生活，且张某作为一名教师，在教育子女方面具有

一定的职业优势。人民法院从最有利于保障未成年人权益和妇女权益的角度出发，将王小某的抚养权判决归张某，同时规定了王某的探望时间，保障了王某的探望权利。

（资料来源：宋光、欧阳艺纯，《夫妻离婚，孩子抚养权究竟该归谁？》，中国法院网，2023年3月29日）

2. 离婚时的财产清算

离婚时的财产清算主要包括夫妻共同财产的处理和夫妻共同债务的清偿。

（1）夫妻共同财产的处理。《民法典》第一千零八十七条规定："离婚时，夫妻的共同财产由双方协议处理；协议不成的，由人民法院根据财产的具体情况，按照照顾子女、女方和无过错方权益的原则判决。对夫或者妻在家庭土地承包经营中享有的权益等，应当依法予以保护。"

（2）夫妻共同债务的清偿。《民法典》第一千零八十九条规定："离婚时，夫妻共同债务应当共同偿还。共同财产不足清偿或者财产归各自所有的，由双方协议清偿；协议不成的，由人民法院判决。"

3. 离婚时的经济补偿

离婚时的经济补偿主要包括家务补偿、生活帮助、损害赔偿和侵害共同财产的补偿。

（1）家务补偿。《民法典》第一千零八十八条规定："夫妻一方因抚育子女、照料老年人、协助另一方工作等负担较多义务的，离婚时有权向另一方请求补偿，另一方应当给予补偿。具体办法由双方协议；协议不成的，由人民法院判决。"

【例6-6】甲和乙结婚20余年，育有一子一女。多年来，甲在家操持家务，乙在外经商养家。后因各种矛盾，乙不愿维持婚姻，请求人民法院判决离婚。甲同意离婚，但认为自己因抚育子女、照料老人、协助配偶工作等，失去事业发展机会，主张其多年为家庭付出的劳动应当得到补偿。乙最后同意支付甲55万元，作为对其多年来全职为家庭付出的补偿。

（2）生活帮助。《民法典》第一千零九十条规定："离婚时，如果一方生活困难，有负担能力的另一方应当给予适当帮助。具体办法由双方协议；协议不成的，由人民法院判决。"

（3）损害赔偿。根据《民法典》第一千零九十一条的规定，有下列情形之一，导致离婚的，无过错方有权请求损害赔偿：① 重婚；② 与他人同居；③ 实施家庭暴力；④ 虐待、遗弃家庭成员；⑤ 有其他重大过错。

（4）侵害共同财产的补偿。《民法典》第一千零九十二条规定："夫妻一方隐藏、转移、变卖、毁损、挥霍夫妻共同财产，或者伪造夫妻共同债务企图侵占另一方财产的，在离婚分割夫妻共同财产时，对该方可以少分或者不分。离婚后，另一方发现有上述行为的，可以向人民法院提起诉讼，请求再次分割夫妻共同财产。"

六、收养

(一) 收养的概念和基本原则

1. 收养的概念

收养是指领养他人子女,将其作为自己子女的行为。收养应当符合法律规定的条件和程序,我国只保护合法的收养关系。

2. 收养的基本原则

《民法典》第一千零四十四条规定:"收养应当遵循最有利于被收养人的原则,保障被收养人和收养人的合法权益。禁止借收养名义买卖未成年人。"由此可见,收养的基本原则如下。

(1) 最有利于被收养人的原则。收养应当最有利于被收养人而不是收养人,这是为了保障被收养人的身心健康,维护弱势群体的利益。

(2) 保障被收养人和收养人的合法权益的原则。收养关系的当事人主要包括被收养人和收养人,双方的权利义务是统一的。收养人抚育被收养人,使之幼有所育;当收养人年迈时,被收养人就应当尽赡养义务,使之老有所养。

(3) 禁止借收养名义买卖未成年人的原则。被收养的未成年人不是商品,不容买卖。借收养名义买卖未成年人,实际上是买卖而不是收养,必须旗帜鲜明地予以禁止。

(二) 收养关系的成立

《民法典》规定,收养关系成立应当具备一定的实质要件和形式要件。

1. 实质要件

收养关系成立的实质要件是指法律规定的涉及收养关系当事人和当事人关系本质的要件。

(1) 被收养人的条件。根据《民法典》第一千零九十三条的规定,下列未成年人,可以被收养:① 丧失父母的孤儿;② 查找不到生父母的未成年人;③ 生父母有特殊困难无力抚养的子女。

(2) 送养人的条件。根据《民法典》第一千零九十四条的规定,下列个人、组织可以作送养人:① 孤儿的监护人;② 儿童福利机构;③ 有特殊困难无力抚养子女的生父母。

(3) 收养人的条件。根据《民法典》第一千零九十八条的规定,收养人应当同时具备下列条件:① 无子女或者只有一名子女;② 有抚养、教育和保护被收养人的能力;③ 未患有在医学上认为不应当收养子女的疾病;④ 无不利于被收养人健康成长的违法犯罪记录;⑤ 年满三十周岁。此外,《民法典》第一千一百零一条规定:"有配偶者收养子女,应当夫妻共同收养。"第一千一百零二条规定:"无配偶者收养异性子女的,收养人与被收养人的年龄应当相差四十周岁以上。"

(4) 当事人的收养合意。《民法典》第一千一百零四条规定:"收养人收养与送养人送养,应当双方自愿。收养八周岁以上未成年人的,应当征得被收养人的同意。"

项目六 婚姻家庭和继承

知法用法

甲，男性，中学语文教师，无子女，向A福利院提出想要收养一名小孩。A福利院了解到，甲现年46岁，丧偶，身体健康，收入稳定，无不良嗜好，无违法犯罪记录。A福利院里有一女孩乙刚满8岁，其父母因为交通事故身亡。甲见乙聪明伶俐，想要收养她。A福利院询问乙的意见，乙表示愿意接受甲的收养。

讨论：甲能否合法收养乙？为什么？

2. 形式要件

我国收养关系成立的法定程序为收养登记，同时以收养协议和收养公证为补充。《民法典》第一千一百零五条规定："收养应当向县级以上人民政府民政部门登记。收养关系自登记之日起成立。收养查找不到生父母的未成年人的，办理登记的民政部门应当在登记前予以公告。收养关系当事人愿意签订收养协议的，可以签订收养协议。收养关系当事人各方或者一方要求办理收养公证的，应当办理收养公证。县级以上人民政府民政部门应当依法进行收养评估。"

法律锦囊

从办理顺序上看，收养公证一般在签订收养协议并且办理收养登记后进行。如果尚未办理收养登记，仅就收养协议进行公证，只能证明收养协议是真实、合法的，并不能证明收养关系已经成立。

以案释法

李某与张某、王某收养关系纠纷案

● 基本案情：

李某于2021年7月诞下一名男孩。因李某未婚生子且产后身体虚弱，男孩父亲擅自与张某、王某协商，将孩子交由二人抚养。一年后，李某思子心切，要求张某、王某将孩子交还，但遭到二人拒绝。李某诉至人民法院，请求人民法院确认张某、王某与孩子的收养关系不成立，并判决由自己抚养孩子。

● 裁决结果：

孩子被送养未经其母李某同意，且张某、王某未办理收养登记。经法官调解，双方最终达成以下协议：张某、王某将孩子交由李某抚养，李某一次性向张某、王某支付一定数额的抚养费和经济补偿。

（资料来源：冯梅，《未成年人保护典型案例（九）|收养未登记，收养关系不成立》，陕西省榆林市神木市人民法院网，2023年3月22日）

（三）收养的效力

根据《民法典》的规定，自收养关系成立之日起，相关当事人之间将产生以下法律效力。

1. 养子女与养父母及其近亲属形成权利义务关系

《民法典》第一千一百一十一条第一款规定："自收养关系成立之日起，养父母与养子女间的权利义务关系，适用本法关于父母子女关系的规定；养子女与养父母的近亲属间的权利义务关系，适用本法关于子女与父母的近亲属关系的规定。"

2. 养子女与生父母及其近亲属的权利义务关系消除

《民法典》第一千一百一十一条第二款规定："养子女与生父母以及其他近亲属间的权利义务关系，因收养关系的成立而消除。"也就是说，收养关系成立后，养子女与生父母、祖父母、外祖父母、兄弟姐妹等自然血亲之间的权利义务关系消除。

（四）收养关系的解除

当收养人或被收养人死亡，收养关系因主体缺位而自然终止。除此之外，收养关系还可以依法解除。

1. 解除收养关系的条件

根据《民法典》的相关规定，解除收养关系的条件如下。

（1）在被收养人未成年以前，收养人、送养人双方协议解除收养关系的。养子女八周岁以上的，应当征得本人同意。

（2）收养人不履行抚养义务，有虐待、遗弃等侵害未成年养子女合法权益行为的。

（3）养父母与成年养子女关系恶化、无法共同生活的。

（4）养子女成年后虐待、遗弃养父母的。

> 【例6-7】甲和乙签订收养协议，由甲收养乙2岁的女儿丙，双方共同到当地民政部门办理了收养登记。某日，丙的幼儿园教师向甲反映，丙性格孤僻，经常独自发呆，智力有点问题。经医生检查，丙患有脑病，智商偏低。于是，甲找到乙，以丙患有疾病为由，提出解除收养关系。乙认为双方已签订收养协议，不同意解除收养关系。在乙不同意解除收养关系、丙又未成年的情况下，甲无法单方面解除收养关系。

2. 解除收养关系的方式

解除收养关系的方式有协议解除和诉讼解除两种。

（1）协议解除。《民法典》第一千一百一十六条规定："当事人协议解除收养关系的，应当到民政部门办理解除收养关系登记。"当事人协议解除收养关系的，应当持居民户口簿、居民身份证、收养登记证和解除收养关系的书面协议，共同到被收养人常住户口所在地的收养登记机关办理解除收养关系登记。

（2）诉讼解除。当事人可以向人民法院提起解除收养关系的民事诉讼。通常来说，人民法院会首先对收养关系纠纷进行调解，促使当事人在自愿的基础上达成保持或解除收养关系的协议。调解无效时，人民法院会做出准予或不准解除收养关系的判决。

> 【例 6-8】甲乙二人未生育，收养了丙，并办理了收养登记。30 余年过去了，丙在甲和乙的抚育下长大成人、结婚生子，但在甲乙二人生病、受伤期间对其不闻不问。丙在得知甲和乙变卖一套房屋用来养老后，多次上门闹事。甲乙二人不堪其扰，诉至人民法院，要求解除与丙的收养关系，社区、人民法院多次调解无果。人民法院认为甲乙二人与丙确已无法再以父母子女关系共同生活，最终判决解除其收养关系。

3. 解除收养关系的法律后果

解除收养关系会对养子女与养父母及其近亲属的权利义务关系、养子女与生父母及其近亲属的权利义务关系产生影响。《民法典》第一千一百一十七条规定："收养关系解除后，养子女与养父母以及其他近亲属间的权利义务关系即行消除，与生父母以及其他近亲属间的权利义务关系自行恢复。但是，成年养子女与生父母以及其他近亲属间的权利义务关系是否恢复，可以协商确定。"

任务实施

婚姻家庭案例分析

任务描述

【案例一】王某和吴某于 2022 年 3 月举行了结婚仪式。2022 年 5 月，吴某的父亲去世，留下一套商品房。2022 年 6 月，王某和吴某领取了结婚证书。2023 年 3 月，吴某生下一子。其间，王某向朋友借款 10 000 元，用于购买各种母婴用品，另外瞒着吴某向朋友借款 30 000 元帮胞弟购房。

因养育孩子的琐事，王某和吴某经常争吵、闹离婚。王某认为商品房为婚姻存续期间的夫妻共同财产，自己所欠的 40 000 元为夫妻共同债务，但吴某不同意。王某于 2023 年 10 月向人民法院提起离婚诉讼。

【案例二】李某收养了 5 岁的朱某，办理了收养登记，并让朱某改名为李大某。10 年后，李某生育一子，取名为李小某。李大某得知李某非自己的亲生母亲后，心存芥蒂，但仍与李某一起生活，并在李某的抚养下长大成人。

近几年，李某罹患重病，无力抚养正在上小学的李小某，李大某的生父母也因年迈，生活陷入困境，而李大某事业有成，收入丰厚。李某要求李大某支付李小某的学费，李大某的生父母也要求李大某支付生活费。

实施流程

（1）学生自由分组，每组2~4人，并选出一名小组长。

（2）小组成员阅读上述案例，并就以下问题进行讨论：① 案例一中，王某对夫妻共同财产和共同债务的认识是否正确？为什么？② 案例一中，假如王某与吴某于2024年1月离婚，一般情况下，儿子会由谁直接抚养？夫妻共同债务应如何处理？③ 案例二中，李大某是否有义务支付李小某的学费？④ 案例二中，李大某是否有义务支付生父母的生活费？

（3）小组成员一起查阅《民法典》，找出可以支持上述问题答案的法条。

（4）小组长汇总讨论结果，并在课堂上分享。

（5）教师对各小组的表现进行评价。

任务二　认识继承

任务导入

张某和妻子袁某生有张某甲、张某乙两个儿子。张某于2022年去世，袁某于2023年去世。张某甲在袁某去世后支取了张某名下的银行存款200 000元。张某乙诉至人民法院，要求依法继承张某的银行存款。

张某甲不同意张某乙的诉讼请求，认为父亲生前留有遗嘱，对遗产已经有了处理意见，即将遗产留给自己处分，张某乙没有继承权。张某甲提供了一份遗嘱，该遗嘱载明：张某的个人银行存款，由长子张某甲负责支取和支配。该遗嘱上显示有"张某"字样的签名，落款日期为2020年6月12日。张某乙对该遗嘱的真实性不予认可，认为遗嘱中的签名非父亲本人签署。张某甲提出的遗嘱鉴定申请被鉴定机构退回，张某甲也未能提供其他旁证材料证明遗嘱的真实性，故人民法院对于该遗嘱的真实性不予认可。上述遗产应按法定继承处理。因张某甲已将银行存款支取，故其应将相应的款项支付给张某乙。最终人民法院判决张某甲给付张某乙10 0000元。

思考：

（1）张某有哪些法定继承人？

（2）法定继承和遗嘱继承有什么区别？

（3）如果张某甲提供的遗嘱被证明是真实的，张某乙还能够继承张某的银行存款吗？

一、继承法的基本原则

继承是指继承人依法承受死者（被继承人）生前权利和义务的民事法律行为。继承仅限于财产方面的权利和义务，如所有权、债权、债务等，人身方面的权利和义务因与主体不能分割，不能继承。

继承法是规定各种继承制度的法律规范的总称。我国继承法的基本原则如下。

（1）保护公民私有财产继承权原则。该原则主要体现在以下三个方面：① 凡属于自然人死亡时遗留的个人合法财产均可作为遗产，由继承人依法继承；② 自然人的继承权不得非法剥夺；③ 自然人的继承权受到非法侵害时，有权寻求司法救济。

（2）继承权平等原则。继承权平等原则主要体现为：继承权男女平等，非婚生子女、养子女、有扶养关系的继子女与婚生子女的继承权平等，儿媳与女婿的继承权平等，同一顺位继承人的继承权平等。

> 【例6-9】甲和乙系亲姐弟。甲和乙的父母去世时留有三套房产，且生前未立遗嘱。甲要求继承房产遭到乙的拒绝。乙辩称，按习俗，房产都是留给儿子的，不能分给甲。乙关于女儿不能继承遗产的主张，侵害了甲的继承权，是对继承权平等原则的漠视。

（3）养老育幼原则。养老育幼原则体现在对弱势群体的保护上。具体而言，分割遗产时，应当为缺乏劳动能力又没有生活来源的继承人保留必要的遗产份额；对生活有特殊困难又缺乏劳动能力的继承人，应当予以照顾；对继承人以外的依靠被继承人扶养的人，可以分给适当的遗产；应当保留胎儿的遗产份额。

法律锦囊

《民法典》第一千一百五十五条规定："遗产分割时，应当保留胎儿的继承份额。胎儿娩出时是死体的，保留的份额按照法定继承办理。"《最高人民法院关于适用〈中华人民共和国民法典〉继承编的解释（一）》第三十一条规定："应当为胎儿保留的遗产份额没有保留的，应从继承人所继承的遗产中扣回。为胎儿保留的遗产份额，如胎儿出生后死亡的，由其继承人继承；如胎儿娩出时是死体的，由被继承人的继承人继承。"

（4）权利义务相一致原则。继承人是否享有继承权，以及继承人如何行使继承权，与继承人对被继承人生前所尽义务的情况和继承人对被继承人所遗留债务的清偿情况等密切相关。该原则在遗产的分配上体现得尤为明显，具体如下：① 对被继承人尽了主要扶养义务或者与被继承人共同生活的继承人，可以多分遗产；② 有扶养能力和有扶养条件的继承人，不尽扶养义务的，应当不分或者少分遗产；③ 继承人以外的对被继承人扶养较多的人，可以适当分得遗产；④ 丧偶儿媳对公婆、丧偶女婿对岳父母尽了主要赡养义务的，可获得法定继承

人资格,并作为第一顺序继承人;⑤ 遗嘱继承或者遗赠附有义务的,继承人或者受遗赠人应当履行义务,没有正当理由不履行义务的,人民法院可以取消其接受附义务部分遗产的权利。

二、继承权

《民法典》第一百二十四条规定:"自然人依法享有继承权。自然人合法的私有财产,可以依法继承。"

(一)继承权的取得

根据《民法典》的规定,继承权可以基于婚姻关系、血缘关系、抚养和赡养等关系取得。

(1)因婚姻关系而取得。婚姻关系是取得继承权的重要依据之一。《民法典》第一千零六十一条规定:"夫妻有相互继承遗产的权利。"

(2)因血缘关系而取得。子女、父母、祖父母、外祖父母、兄弟姐妹等可基于血缘关系取得继承权。

(3)因抚养和赡养等关系而取得。继承权可以基于抚养关系、赡养关系取得,这是权利义务相一致原则的体现。例如,养父母可因抚养关系继承养子女的遗产,丧偶儿媳(女婿)可因赡养关系继承公婆(岳父母)的遗产。

 以 案 释 法

丧偶儿媳尽到赡养义务,法院依法支持其继承房屋

● 基本案情:

周某与陈某生有一儿一女,分别为周某甲和周某乙。李某是周某甲的妻子,结婚后一直与公婆(即周某和陈某)共同生活,并育有两个子女。周某乙远嫁后少有机会回乡探望父母。后来,李某的公公周某重病卧床,生活不能自理,而丈夫周某甲常年在外奔波,婆婆陈某又行动不便,因此,周某的日常护理、外出就医、康复活动等事宜全部落在李某一人肩上。2015年周某因病去世,2017年周某甲也突发疾病死亡,李某没有再嫁,而是强忍悲痛独自扛起家庭重担,照顾婆婆和两个子女。

周某与陈某早年在老家修建了一栋房屋,并于2011年取得房产证,登记权利人为周某。公公周某和丈夫周某甲去世后,李某提出将房屋变更登记到自己名下。陈某和周某乙认为李某与周某并无血缘关系,没有资格继承房屋。双方为继承事宜发生争议,诉至人民法院。

● 裁决结果:

李某自结婚后便与丈夫共同赡养、照料公婆,为公公养老送终,丈夫去世后李某更是独自一人承担起照顾婆婆、养育子女的重担。实际上,李某已经履行了作为子女应当履行的赡养义务。按照《民法典》的相关规定,李某可以作为第一顺序继承人继承相关

遗产。李某主张继承房屋于法有据，于情合理。法官耐心向双方解释法条，最终所有继承人均同意李某作为第一顺序继承人继承周某的房屋。念及儿媳多年的辛勤付出，陈某也自愿将自己享有的房屋份额赠与李某。

（资料来源：陈玉婷，《开州：丧偶儿媳尽到赡养义务，法院依法支持其继承房屋》，重庆市开州区人民法院官方微信公众号，2023年11月20日）

（二）继承权的放弃

继承人有放弃继承的权利。《民法典》第一千一百二十四条第一款规定："继承开始后，继承人放弃继承的，应当在遗产处理前，以书面形式作出放弃继承的表示；没有表示的，视为接受继承。"放弃继承是继承人对自己继承权的一种处分，是单方民事法律行为。继承人放弃继承权的同时，也不承担清偿被继承人债务的义务。

（三）继承权的丧失

继承权的丧失又称继承权的剥夺，是指在特定事由发生时依法取消继承人拥有的继承权。根据《民法典》第一千一百二十五条的规定，继承人有下列行为之一的，丧失继承权：① 故意杀害被继承人；② 为争夺遗产而杀害其他继承人；③ 遗弃被继承人，或者虐待被继承人情节严重；④ 伪造、篡改、隐匿或者销毁遗嘱，情节严重；⑤ 以欺诈、胁迫手段迫使或者妨碍被继承人设立、变更或者撤回遗嘱，情节严重。此外，继承人有前述第③项至第⑤项行为，确有悔改表现，被继承人表示宽恕或者事后在遗嘱中将其列为继承人的，该继承人不丧失继承权。

【例6-10】甲与乙育有二子，分别为丙与丁。丁成年后与父母频频争吵，后离家务工。甲与乙由丙独自照顾，丁并未履行赡养父母的义务。甲与乙年事已高、疾病缠身，两人立下遗嘱，将绝大部分遗产留给丙。丁因在外拖欠债款，无奈返回家乡，得知此事后心生怨气，认为丙抢夺了自己应得的遗产。于是，丁某天深夜来到丙家将丙杀害。本案中，丁为争夺遗产而杀害其他继承人，将丧失继承权并承担相应的刑事责任。

三、法定继承

法定继承又称无遗嘱继承，是指按照法律规定的继承人范围、继承顺序、遗产的分配原则等进行的继承。

（一）法定继承的适用范围

法定继承主要适用于以下情形：① 被继承人生前未立遗嘱，未订遗赠扶养协议；② 遗嘱继承人放弃继承或者受遗赠人放弃受遗赠；③ 遗嘱继承人丧失继承权或者受遗赠人丧失受

遗赠权；④ 遗嘱继承人、受遗赠人先于遗嘱人死亡或者终止；⑤ 遗嘱无效部分所涉及的遗产；⑥ 遗嘱未处分的遗产。

（二）法定继承的顺序

法定继承人包括配偶、子女、父母、兄弟姐妹、祖父母、外祖父母。在特定情况下，儿媳、女婿和其他近亲属也可纳入法定继承人的范围。法定继承的顺序是指各法定继承人继承遗产的先后次序。只有在没有前一顺序继承人或者前一顺序继承人放弃或丧失继承权的情况下，才由后一顺序的继承人继承。根据《民法典》的规定，法定继承的顺序为：

（1）第一顺序：配偶、子女、父母。其中，子女包括婚生子女、非婚生子女、养子女和有扶养关系的继子女，父母包括生父母、养父母和有扶养关系的继父母。尽了主要赡养义务的丧偶儿媳和丧偶女婿也可作为第一顺序继承人。

（2）第二顺序：兄弟姐妹、祖父母、外祖父母。其中，兄弟姐妹包括同父母的兄弟姐妹、同父异母或者同母异父的兄弟姐妹、养兄弟姐妹、有扶养关系的继兄弟姐妹。

（三）代位继承

代位继承是指被继承人的子女或兄弟姐妹先于被继承人死亡，由被继承人的已死亡子女的直系晚辈血亲或兄弟姐妹的子女代其继承遗产的制度。《民法典》第一千一百二十八条规定："被继承人的子女先于被继承人死亡的，由被继承人的子女的直系晚辈血亲代位继承。被继承人的兄弟姐妹先于被继承人死亡的，由被继承人的兄弟姐妹的子女代位继承。代位继承人一般只能继承被代位继承人有权继承的遗产份额。"

> 【例 6-11】甲白手起家，创办了一家工厂，并将其发展成大型企业集团。甲有两个儿子乙和丙，老伴已去世。乙在集团任总经理，丙因车祸于 2022 年 1 月死亡。2022 年 2 月，甲突发脑溢血死亡，没有留下遗嘱。乙继任集团董事长，并掌管甲留下的所有遗产。丙的两个女儿数次提出继承甲的遗产的要求，均遭到拒绝，于是她们向人民法院起诉，要求继承自己父亲应继承的甲的遗产份额。依照《民法典》的相关规定，丙的两个女儿有权成为代位继承人，继承甲的遗产中属于丙的法定份额。

（四）转继承

转继承又称再继承或第二次继承，是指继承人在被继承人死亡以后、遗产分割之前死亡的，其应继份额转移给他的合法继承人继承的制度。《民法典》第一千一百五十二条规定："继承开始后，继承人于遗产分割前死亡，并没有放弃继承的，该继承人应当继承的遗产转给其继承人，但是遗嘱另有安排的除外。"

【例6-12】甲有乙和丙两名子女，其老伴早已去世。2022年1月，甲因病死亡，且生前未立遗嘱。2022年2月，乙因车祸意外死亡。由于继承已经开始，继承人乙于遗产分割前死亡且没有放弃继承，乙应当继承的遗产份额转给乙的女儿和配偶。

四、遗嘱继承和遗赠

（一）遗嘱继承

遗嘱是指被继承人生前依照法律规定的方式处理遗产或其他事务并于死亡时发生效力的民事法律行为。遗嘱继承是指按照被继承人生前所立遗嘱进行的继承。生前立遗嘱的被继承人称为遗嘱人，依遗嘱享有继承权的继承人称为遗嘱继承人。

1. 遗嘱继承的适用条件

遗嘱继承的适用条件如下：① 被继承人立有合法、有效的遗嘱；② 遗嘱中指定的继承人未丧失或放弃继承权；③ 被继承人未与他人订立遗赠扶养协议。

> **法律锦囊**
>
> 《民法典》第一千一百四十三条规定："无民事行为能力人或者限制民事行为能力人所立的遗嘱无效。遗嘱必须表示遗嘱人的真实意思，受欺诈、胁迫所立的遗嘱无效。伪造的遗嘱无效。遗嘱被篡改的，篡改的内容无效。"此外，无民事行为能力人或者限制民事行为能力人所立的遗嘱，即使其本人后来具有完全民事行为能力，仍属无效遗嘱。遗嘱人立遗嘱时具有完全民事行为能力，后来成为无民事行为能力人或者限制民事行为能力人的，不影响遗嘱的效力。

2. 遗嘱的形式

遗嘱人立遗嘱的形式有以下几种。

（1）自书遗嘱。自书遗嘱是指遗嘱人亲笔书写而设立的遗嘱。《民法典》第一千一百三十四条规定："自书遗嘱由遗嘱人亲笔书写，签名，注明年、月、日。"此外，自然人的遗书中涉及死后个人财产处分的内容，确为死者的真实意思表示，有本人签名并注明了年、月、日，又无相反证据的，可以按自书遗嘱对待。

（2）代书遗嘱。代书遗嘱是指由他人代替遗嘱人执笔书写而设立的遗嘱。为了减少代书遗嘱引起的纠纷，《民法典》第一千一百三十五条规定："代书遗嘱应当有两个以上见证人在场见证，由其中一人代书，并由遗嘱人、代书人和其他见证人签名，注明年、月、日。"

（3）打印遗嘱。打印遗嘱是指以打印方式记录遗嘱内容而设立的遗嘱。为了避免遗嘱内容被篡改，《民法典》第一千一百三十六条规定："打印遗嘱应当有两个以上见证人在场见证。

遗嘱人和见证人应当在遗嘱每一页签名，注明年、月、日。"

（4）录音录像遗嘱。录音录像遗嘱是指以对遗嘱人进行录音、录像的方式记载遗嘱内容的遗嘱。为了证明录音录像遗嘱的真实性，《民法典》第一千一百三十七条规定："以录音录像形式立的遗嘱，应当有两个以上见证人在场见证。遗嘱人和见证人应当在录音录像中记录其姓名或者肖像，以及年、月、日。"

（5）口头遗嘱。口头遗嘱是指遗嘱人在法定的特定情形下，以口头语言表述而不以其他方式记载遗嘱内容的遗嘱。口头遗嘱完全依靠见证人证明其真实性，很容易引起纠纷，对此，《民法典》第一千一百三十八条规定："遗嘱人在危急情况下，可以立口头遗嘱。口头遗嘱应当有两个以上见证人在场见证。危急情况消除后，遗嘱人能够以书面或者录音录像形式立遗嘱的，所立的口头遗嘱无效。"这里的"危急情况"主要是指遗嘱人已经濒临死亡或者随时有生命危险的情况。

（6）公证遗嘱。公证遗嘱是指遗嘱人以公证机关公证的方式处分自己死后个人合法财产，以证明其真实性、合法性而设立的遗嘱。《民法典》第一千一百三十九条规定："公证遗嘱由遗嘱人经公证机构办理。"

法苑广角

遗嘱见证人的回避制度

为了减少纠纷，设立代书遗嘱、打印遗嘱、录音录像遗嘱和口头遗嘱时，要求有见证人在场。为了充分保障遗嘱人的意思表示真实与自由，《民法典》第一千一百四十条规定："下列人员不能作为遗嘱见证人：（一）无民事行为能力人、限制民事行为能力人以及其他不具有见证能力的人；（二）继承人、受遗赠人；（三）与继承人、受遗赠人有利害关系的人。"其中，与继承人、受遗赠人有利害关系的人主要包括继承人、受遗赠人的近亲属、债权人、债务人、共同经营的合伙人。

知法用法

（1）王某在住院治疗期间，主要由其女儿赵某照顾。某日，王某口头向赵某承诺将自己的全部遗产留给赵某。

（2）王某在住院治疗期间，主要由其女儿赵某照顾。某日，王某病情恶化，随时有生命危险。王某在意识清醒时，在两名医生的见证下，承诺将自己的全部遗产留给赵某。

（3）王某在住院治疗期间，主要由其女儿赵某照顾。某日，王某病情恶化，随时有生命危险。王某在意识清醒时，在赵某的两个儿子的见证下，承诺将自己的全部遗产留给赵某。

讨论：上述情况中设立的遗嘱，哪个是合法、有效的？为什么？

3. 遗嘱的撤回、变更

《民法典》第一千一百四十二条第一款规定："遗嘱人可以撤回、变更自己所立的遗嘱。"其中，撤回遗嘱是指取消原所立遗嘱的全部内容，变更遗嘱是指改变原所立遗嘱的部分内容。

（1）遗嘱撤回、变更的条件

遗嘱人撤回、变更原所立的遗嘱，须具备以下条件才能发生效力：① 撤回、变更遗嘱时，遗嘱人须具有完全民事行为能力；② 遗嘱的撤回、变更须为遗嘱人的真实意思表示；③ 须由遗嘱人亲自依法定的方式和程序进行。

（2）遗嘱撤回、变更的方式

遗嘱撤回、变更的方式有以下两种。

1）明示方式。明示方式是指遗嘱人以公开表示的方式，明确表示出撤回或变更原所立遗嘱的意思。

2）推定方式。推定方式是指根据遗嘱人的行为，在法律上推定遗嘱人撤回或变更原所立遗嘱。可推定遗嘱人撤回、变更遗嘱的情形主要有以下三种：① 立遗嘱后，遗嘱人实施与遗嘱内容相反的民事法律行为的，视为对遗嘱相关内容的撤回；② 立有数份遗嘱，内容相抵触的，以最后的遗嘱为准，视为对遗嘱相关内容的变更；③ 遗嘱人故意销毁遗嘱的，视为对遗嘱相关内容的撤回。

> 【例6-13】5年前，甲在遗嘱中表明，将其名下房产平均分配给两个儿子。3年前，甲再次立遗嘱，表明将其名下房产分配给大儿子50%、小儿子30%、女儿20%。在此之后，甲再未立遗嘱，则应以3年前甲所立的遗嘱为准。

4. 遗嘱的执行

遗嘱的执行是指遗嘱人死亡后，由遗嘱执行人实现遗嘱内容的一系列行为及其过程。

（1）遗嘱执行人的确定

执行遗嘱是一种民事法律行为，且涉及利害关系人的利益，因此，遗嘱执行人须为完全民事行为能力人。根据不同的情形，遗嘱执行人的确定方式有所不同，具体规则如下。

1）遗嘱人在遗嘱中指定了执行人的，被指定的人为遗嘱执行人。《民法典》第一千一百三十三条第一款规定："自然人可以依照本法规定立遗嘱处分个人财产，并可以指定遗嘱执行人。"法定继承人被指定为遗嘱执行人的，不得拒绝担任遗嘱执行人。法定继承人以外的人被指定为遗嘱执行人的，有权决定是否担任遗嘱执行人。

2）遗嘱中未指定执行人或者指定的人不能执行遗嘱的，遗嘱人的法定继承人为遗嘱执行人。

3）无法根据上述两种方式确定遗嘱执行人的，遗嘱人生前所在的单位或继承开始地点的基层组织（村民委员会、居民委员会）为遗嘱执行人。

（2）遗嘱执行人的职责

遗嘱执行人的职责主要包括以下内容：① 查明遗嘱的真实性与合法性；② 清理遗产并制作遗产清单；③ 管理遗产；④ 向全体继承人与受遗赠人公开遗嘱内容，并对有关遗产的情况做出说明；⑤ 排除执行遗嘱时的各种障碍；⑥ 按照遗嘱内容完成遗产转移。

（二）遗赠

1. 遗赠的概念

遗赠是指自然人生前以遗嘱方式将其财产的一部分或全部赠与国家、社会团体、集体组织或个人并于死亡时发生效力的民事法律行为。《民法典》第一千一百三十三条第三款规定："自然人可以立遗嘱将个人财产赠与国家、集体或者法定继承人以外的组织、个人。"赠与财产的人称为遗赠人，接受赠与财产的人称为受遗赠人。

法苑广角

遗嘱继承与遗赠的异同

一、遗嘱继承与遗赠的相同点

遗嘱继承与遗赠的相同点如下：① 均是被继承人或遗赠人生前处分财产的方式；② 均需要依据合法、有效的遗嘱执行；③ 均为单方法律行为，无须征得遗嘱继承人或受遗赠人的同意；④ 均是在遗嘱人或遗赠人死后发生法律效力的行为。

二、遗嘱继承与遗赠的不同点

遗嘱继承与遗赠的不同点如下。

（1）主体范围不同。遗嘱继承人是法定继承人范围以内的人，受遗赠人是法定继承人范围以外的人。

（2）权利和义务不同。遗嘱继承人不但享有继承遗产的权利，也负有清偿遗嘱人债务的义务。受遗赠人一般只获得财产利益，而不承担清偿债务的义务。

（3）接受或放弃的规定不同。遗嘱继承人在继承开始后、遗产处理前，未以书面形式表示放弃继承的，视为接受继承；受遗赠人应在知道受遗赠后60日内，做出接受或者放弃受遗赠的表示；到期未做出表示的，视为放弃接受遗赠。

（4）参与遗产分配的方式不同。遗嘱继承人可直接参与遗产的分配。受遗赠人不直接参与遗产的分配，仅从遗嘱执行人处获得受遗赠的财产。

---

2. 遗赠扶养协议

遗赠扶养协议是指遗赠人和扶养人签订的关于遗赠人的财产于其死后转移给扶养人所有，扶养人对遗赠人承担生养死葬义务的协议。《民法典》第一千一百五十八条规定："自然人可以与继承人以外的组织或者个人签订遗赠扶养协议。按照协议，该组织或者个人承担该自然人生养死葬的义务，享有受遗赠的权利。"扶养人与遗赠人签订遗赠扶养协议后，无正当理由不履行，导致协议解除的，不能享有受遗赠的权利，其支付的供养费用一般不予补偿；遗赠人无正当理由不履行，导致协议解除的，则应当偿还扶养人已支付的供养费用。

以案释法

居委会与老人签订遗赠扶养协议后，可以接受遗赠吗

● 基本案情：

某日，某社区居委会与曹某签订协议，约定由该居委会照看关心曹某，每月给予其基本生活费，免费为其看病诊治，逢年过节给予其各类生活补助及慰问品等，为其养老至寿终；在曹某寿终后，其遗产全部移交该居委会。此后，该居委会按照约定履行了扶养义务。在曹某去世后，曹某的四个子女就曹某的遗产与该居委会产生争议。该居委会遂将曹某的四个子女起诉至人民法院。

● 裁决结果：

人民法院审理后认为，曹某与该居委会签订的协议符合法律有关遗赠扶养协议的规定，属于有效的遗赠扶养协议。该居委会承担了对曹某的日常生活照料、精神慰藉并为其养老送终，应认定为已经对曹某履行了生养死葬的义务。人民法院判决曹某的遗产归该居委会所有。

（资料来源：常志远，《案例7 某居委会诉吴某等人遗赠扶养协议纠纷案》，沈阳市中级人民法院网，2023年8月3日）

五、遗产处理

（一）继承开始

继承开始是指继承法律关系发生。

1. 继承开始的时间

《民法典》第一千一百二十一条第一款规定："继承从被继承人死亡时开始。"死亡时间包括以下三种类型。

（1）生理死亡时间。被继承人自然死亡的，以医学上公认的死亡时间为死亡时间。

（2）宣告死亡时间。被继承人被宣告死亡的，以判决宣告死亡的时间为死亡时间。

（3）推定死亡时间。《民法典》第一千一百二十一条第二款规定："相互有继承关系的数人在同一事件中死亡，难以确定死亡时间的，推定没有其他继承人的人先死亡。都有其他继承人，辈份不同的，推定长辈先死亡；辈份相同的，推定同时死亡，相互不发生继承。"

【例6-14】甲（有配偶和儿子）驾驶小汽车载着父亲乙（有配偶和儿女）和弟弟丙（有配偶和女儿）回家，因驾驶时操作不当，三人当场死亡，且难以确定各自的死亡时间。根据上述法律规定，由于甲、乙和丙相互有继承关系且都有其他继承人，因此推定长辈乙先死亡，甲和丙继承乙遗产中自身应得的份额；推定甲和丙同时死亡，相互之间不发生继承，他们的遗产分别由各自的其他继承人继承。

2. 继承开始的通知

继承开始的通知是指将继承开始的事实告知继承人和遗嘱执行人。《民法典》第一千一百五十条规定："继承开始后，知道被继承人死亡的继承人应当及时通知其他继承人和遗嘱执行人。继承人中无人知道被继承人死亡或者知道被继承人死亡而不能通知的，由被继承人生前所在单位或者住所地的居民委员会、村民委员会负责通知。"负有通知义务的人或单位有意隐瞒继承开始的事实，造成其他继承人损失的，应当承担民事赔偿责任。

（二）遗产管理

遗产管理是指继承开始至遗产分割前，遗产管理人对遗产进行的清理和保管。

1. 确定遗产管理人

《民法典》第一千一百四十五条规定："继承开始后，遗嘱执行人为遗产管理人；没有遗嘱执行人的，继承人应当及时推选遗产管理人；继承人未推选的，由继承人共同担任遗产管理人；没有继承人或者继承人均放弃继承的，由被继承人生前住所地的民政部门或者村民委员会担任遗产管理人。"

《民法典》第一千一百四十七条规定："遗产管理人应当履行下列职责：（一）清理遗产并制作遗产清单；（二）向继承人报告遗产情况；（三）采取必要措施防止遗产毁损、灭失；（四）处理被继承人的债权债务；（五）按照遗嘱或者依照法律规定分割遗产；（六）实施与管理遗产有关的其他必要行为。"

2. 确定遗产范围

遗产包括以下内容：① 被继承人的收入；② 被继承人的房屋、储蓄和生活用品；③ 被继承人的林木、牲畜和家禽；④ 被继承人的文物、图书资料；⑤ 法律允许被继承人所有的生产资料；⑥ 被继承人的著作权、专利权中的财产权利；⑦ 被继承人的其他合法财产。

对于共有财产，《民法典》第一千一百五十三条规定："夫妻共同所有的财产，除有约定的外，遗产分割时，应当先将共同所有的财产的一半分出为配偶所有，其余的为被继承人的遗产。遗产在家庭共有财产之中的，遗产分割时，应当先分出他人的财产。"

【例6-15】甲和乙是夫妻，共有财产为10万元，除此之外，甲再无其他财产。甲未立遗嘱，则甲的遗产为5万元，由乙和其他继承人按份额继承。

（三）遗产分割

遗产分割是指继承开始后，遗嘱执行人或遗产管理人依据合法有效的遗嘱或按照法律规定分配遗产的民事法律行为。遗产分割时，除遵循继承法的基本原则外，还应遵守以下规则。

（1）物尽其用。《民法典》第一千一百五十六条规定："遗产分割应当有利于生产和生活需要，不损害遗产的效用。不宜分割的遗产，可以采取折价、适当补偿或者共有等方法处理。"在分割遗产时，应当遵循有利于发挥其效用和继承人实际需要的原则，兼顾各继承人的利益进行处理。

【例6-16】甲（无配偶）有一套房屋，甲和其大儿子乙一直居住在该房屋中，且乙承担了该房屋的装修费用。在甲死亡后，由于房屋不宜分割，且乙无其他居所，因此可由乙继承该房屋，并向其他继承人支付房屋折价补偿款。

（2）清偿税款和债务。分割遗产时，应当首先清偿被继承人依法应当缴纳的税款和债务；但是应当为缺乏劳动能力又没有生活来源的继承人保留必要的遗产，以保证其生存。继承人以所得遗产实际价值为限清偿被继承人依法应当缴纳的税款和债务；对于超过遗产实际价值部分的税款和债务，继承人不负清偿的义务，但继承人自愿清偿的不受限制。

【例6-17】甲向银行贷款购买了一套房屋。在甲死亡后，应由其继承人继承房屋并向银行偿还剩余的借款。

任务实施

继承纠纷判一判

任务描述

马某生有一女于某甲、一子于某乙，除于某甲和于某乙外，马某再无其他继承人。几年前，马某患病后生活不能自理，一直由于某甲照顾其饮食起居。马某为了补偿于某甲，立遗嘱将自己的房产指定由于某甲全部继承，但马某不会写字，故请姜某及女儿刘某见证，由刘某代书，宣读后，马某在签名处按指印。

实施流程

(1) 学生自由分组,每组2~4人,并选出一名小组长。

(2) 小组成员阅读上述资料,就以下问题进行讨论:① 上述案件中的继承属于哪种类型?② 马某所立遗嘱是否有效?为什么?

(3) 小组长汇总讨论结果,并在课堂上分享。

(4) 教师对各小组的表现进行评价。

学习成果自测

1. 填空题

(1) 亲属包括配偶、血亲和_____。

(2) 夫妻关系包括夫妻人身关系和_____。

(3) 在我国,离婚的方式有协议离婚和_____两种。

(4) 我国收养关系成立的法定程序为_____,同时以收养协议和收养公证为补充。

(5) 根据《民法典》的规定,继承权可以基于婚姻关系、血缘关系、_____ _____等关系取得。

2. 选择题

(1) 下列选项中,不属于结婚的要件的是(　　)。

　　A. 男女双方完全自愿

　　B. 办理结婚登记

　　C. 举行结婚仪式

　　D. 男女双方均达到法定婚龄

(2) 下列选项中,属于甲、乙夫妻二人共同财产的是(　　)。

　　A. 甲婚前购买的车辆　　B. 乙购买的女士化妆品

　　C. 乙婚后的年终奖　　　D. 甲因工伤获得的赔偿金

(3) 下列选项中,不属于人民法院判决可以离婚的理由的是(　　)。

　　A. 有赌博、吸毒等恶习屡教不改

　　B. 因感情不和分居满一年

　　C. 实施家庭暴力

　　D. 虐待家庭成员

(4) 李某年过半百都未得一个孩子，欲收养一个孩子为自己养老送终。对于收养的相关事项，以下说法正确的是（　　）。

　　A．李某必须与被收养的子女签订收养协议

　　B．如果是亲戚朋友的孩子，可以不用进行收养登记

　　C．县级以上人民政府民政部门无须对李某进行收养评估

　　D．李某应当向县级以上人民政府民政部门登记

(5) 下列关于继承的说法，正确的是（　　）。

　　A．第一顺序继承人为配偶、子女、兄弟姐妹

　　B．遗产不包括公民自己收藏的书画、古玩、艺术品

　　C．继承人未在规定时间内明确做出接受表示的，视为放弃继承

　　D．遗嘱继承优先于法定继承

3．判断题

(1) 直系血亲包括父母、自己所生育的子女及同胞的兄弟姐妹。（　　）

(2) 电工周某的儿子因车祸死亡，其儿媳也因病去世，所以周某有抚养其6岁孙子的义务。（　　）

(3) 离婚后，不满三周岁的子女，以由母亲直接抚养为原则。（　　）

(4) 继承人放弃继承权的同时，也不承担清偿被继承人债务的义务。
（　　）

4．简答题

(1) 简述婚姻家庭法的基本原则。

(2) 简述夫妻人身关系的内容。

(3) 简述收养的基本原则。

(4) 简述法定继承的顺序。

学习成果评价

请进行学习成果评价,并将评价结果填入表 6-2 中。

表 6-2　学习成果评价表

班级		组号		日期	
姓名		学号		指导教师	
项目名称		婚姻家庭和继承			
评价项目	评价内容		分值	自我评分	教师评分
知识（40%）	婚姻家庭法的基本原则、亲属的概念和范围、结婚的要件、无效婚姻和可撤销婚姻		10		
	家庭关系、离婚的方式和法律后果		10		
	收养的概念和基本原则、收养关系的成立、收养的效力、收养关系的解除		10		
	继承法的基本原则、继承权、法定继承、遗嘱继承和遗赠、遗产处理		10		
技能（40%）	能够判断婚姻关系是否成立		10		
	能够识别判决离婚的条件		10		
	能够判断收养关系是否成立		10		
	能够分析遗产继承问题		10		
素养（20%）	具备良好的学习态度		5		
	具备团队精神		5		
	树立正确的婚姻观和家庭观		5		
	树立正确的法治观念		5		
合计			100		
总分（自我评分×40%+教师评分×60%)					
自我评价					
教师评价					

参考文献

[1] 曹后军，李敏．以案说法：民法典热点聚焦［M］．北京：中国法制出版社，2023．

[2] 法规应用研究中心．民法典一本通［M］．北京：中国法制出版社，2021．

[3] 何炜炜，徐明．民法教程［M］．4版．北京：中国人民公安大学出版社，2021．

[4] 李少伟．民法学教程［M］．4版．北京：法律出版社，2021．

[5] 蔺存宝．故事里的民法典［M］．北京：中国法制出版社，2023．

[6] 彭万林，覃有土．民法学［M］．9版．北京：中国政法大学出版社，2022．

[7] 唐树源．民法典实用教程［M］．北京：清华大学出版社，2023．

[8] 杨立新．民法案例分析教程［M］．5版．北京：中国人民大学出版社，2021．

[9] 中国法制出版社．生活中的民法典：案例普法版［M］．北京：中国法制出版社，2021．